BERNHARD PÖRKSEN

Die große Gereiztheit

GOLDMANN
Lesen erleben

Buch

Die vernetzte Welt existiert längst in einem Zustand rauschhafter Nervosität, einer Stimmung der großen Gereiztheit, weil alles sichtbar geworden ist, das Banale und das Bestialische, die enthemmte Pöbelei und die anonyme Attacke. Bernhard Pörksen analysiert die Erregungsmuster des digitalen Zeitalters und das große Geschäft mit der Desinformation.

Er führt vor, wie sich unsere Idee von Wahrheit, die Dynamik von Enthüllungen, der Charakter von Debatten und die Vorstellung von Autorität und Macht verändern. Heute ist jeder zum Sender geworden, der Einfluss etablierter Gatekeeper schwindet. In dieser Situation gehört der kluge Umgang mit Informationen zur Allgemeinbildung und sollte in der Schule gelehrt werden. Medienmüdigkeit ist zur Existenzfrage der Demokratie geworden.

Autor

Bernhard Pörksen, geboren 1969, ist Professor für Medienwissenschaft an der Universität Tübingen und bekannt durch seine Arbeiten zur Skandalforschung sowie seine Bücher mit dem Kybernetiker Heinz von Foerster (»Wahrheit ist die Erfindung eines Lügners«) und dem Psychologen Friedemann Schulz von Thun (»Kommunikation als Lebenskunst«, »Die Kunst des Miteinander Redens«).

Außerdem von Bernhard Pörksen im Goldmann Programm:
Die Kunst des Miteinander Redens (zusammen mit Friedemann Schulz von Thun)

Bernhard Pörksen

DIE GROSSE GEREIZTHEIT

Wege aus der kollektiven Erregung

Mit einem neuen Vorwort zur Taschenbuchausgabe

GOLDMANN

MIX
Papier aus verantwortungsvollen Quellen
FSC® C014496

Penguin Random House Verlagsgruppe FSC® N001967

1. Auflage
Erweiterte Neuausgabe Juni 2021

Umschlaggestaltung: Uno Werbeagentur, München,
nach einem Umschlagdesign von Anzinger und Rasp, München
Rahmenstuktur: Yuan Wang
Satz: Satzwerk Huber, Germering
Druck und Bindung: GGP Media GmbH, Pößneck
Printed in Germany
KF · CB
ISBN 978-3-442-14272-9

Besuchen Sie den Goldmann Verlag im Netz

Für Julia

Inhalt

Das Ende der Gatekeeper-Gemütlichkeit

Vorwort zur Taschenbuchausgabe

Vielleicht werden sich in einer anderen, fernen Zeit Mentalitätshistoriker mit unseren Tweets und Facebook-Postings beschäftigen und sie als die Bewusstseinsspuren einer vergangenen Epoche studieren. Vielleicht werden sie unsere Debatten über Geflüchtete, den Klimawandel und die pandemische Erschütterung in Blogs und Podcasts, in Netzmagazinen und klassischen Zeitungen rekonstruieren und diese bis hinein in das mediale Paralleluniversum aufgeputschter Telegram-Gruppen verfolgen. Vielleicht werden sie im Bemühen, Zeitstimmungen zu erfassen, auf die Endlosdiskussion stoßen, ob man denn noch »alles« sagen dürfe oder ob die Gesellschaft zuerst in einen immer engeren Meinungskorridor und schließlich in eine Gesinnungsdiktatur hineindrifte. Und vielleicht werden sie bei all dem feststellen, dass die Stimmungslage der *großen Gereiztheit* Ausdruck und Folge einer in die Tiefe reichenden Neusortierung der Medien- und Machtverhältnisse gewesen ist, regiert und bestimmt von eigentümlichen Paradoxien. Denn wir erleben im Moment ein Zwischenreich, ein Interregnum der Kommunikation, das von der Gleichzeitigkeit des Verschiedenen geprägt ist. Einerseits hat jeder eine Stimme. Und kann sich, einen funktionierenden Netzzugang vorausgesetzt, an ein potenzielles Weltpublikum wenden und sich darum bemühen, für seine Ideen und Themen Aufmerksamkeit und Gefolgschaft zu organisieren. Andererseits ist mit dem Aufstieg der Digitalgiganten (Twitter, Facebook, You-Tube etc.) eine Kommerzialisierung und Monopolbildung im öffentlichen Raum entstanden, die in der Geschichte der Medien ihresgleichen sucht. Es sind Megamassenmedien, die eigene Anreizsysteme in Richtung einer Überhitzung des Kommunikationsklimas setzen und nach dem Prinzip der Interessantheit (und nicht nach dem der Relevanz) organisiert sind, getreu dem Motto: Was emotionalisiert, funktioniert. Und was emotionalisiert, bannt die Aufmerksamkeit der Userinnen und User, deren Datenspuren man auswerten und an die Werbebranche verkaufen kann. Darüber hinaus ist, auch das gehört zum Mischbild des Moments, die Zeit der Gatekeeper-Gemütlichkeit vorbei. Journalistinnen und Journalisten können am Tor zur öffentlichen Welt längst nicht mehr allein darüber entscheiden, was als interessant und relevant zu gelten hat. Ihre Autorität und Deutungshoheit sind gebrochen, denn die Erwartungen von größeren und kleineren Gruppen drücken sich in anderer Massivität und Direktheit durch und werden oft jetzt erst überhaupt sichtbar. Gleichzeitig existiert jedoch die klassische Medienordnung nach wie vor, auch wenn sie in vielen Ländern der Welt mit neuer Schärfe kritisiert und attackiert wird. – Also noch einmal: Was werden Historiker eines Tages über dieses Zwischenreich der Kommunikation im Übergang sagen? Vielleicht werden sie (und das wäre schön) diagnostizieren, dass all dies Auftakt und Vorspiel einer neuartigen Medienmündigkeit in der Breite der Gesellschaft war. Das bleibt unvermeidlich Spekulation, denn die Zukunft ist offen und wir existieren nun mal in der Gegenwart. Aber solche Was-wäre-wenn-Gedankenexperimente erlauben es, die normative Herausforderung des Moments klarer zu fassen. Ja, wir leben in einer Zwischenphase, medienmächtig, aber noch nicht medienmündig. Etablierte Regeln der Kommunikation werden schwächer. Kontexte kollabieren. Neben die vierte Gewalt des klassischen Journalismus ist die fünfte Gewalt der vernetzten Vielen getreten. Dokumente der Aufklärung und des Hasses, seriöse

Informationen und banale Narrationen zirkulieren in sozialen Netzwerken, all dies gleichzeitig, nur einen Klick voneinander entfernt. Die Frage der Stunde lautet daher: Welche Techniken der Abkühlung könnte man trainieren? Und wie ließe sich die Auflösung der alten Ordnung ohne hysterische Abgesänge mit skeptischer Freundlichkeit, kritischer Distanz und der nötigen Portion Zuversicht begleiten? Die Antwort, die in diesem Buch präsentiert wird, ist zweifacher Natur: Zum einen gilt es, die Veränderungen möglichst präzise und im Detail zu beschreiben und herauszuarbeiten. Zum anderen ist es die große, in der aktuellen Entwicklung versteckte Aufgabe, eine Vision der Medienmündigkeit zu entwickeln, die es erlaubt, die Negativeffekte der laufenden Kommunikationsrevolution einzuhegen – auch dazu finden sich auf den folgenden Seiten Vorschläge und Ideen. Ich wäre froh und dankbar, wenn dieses Buch auf dem Weg in die redaktionelle Gesellschaft einen bescheidenen Beitrag zur Medienmündigkeit leisten kann, in der Gegenwart und vielleicht auch noch in naher Zukunft.

Bernhard Pörksen,
Tübingen, im Frühjahr 2021

Clash der Codes – oder das Zeitalter der indiskreten Medien

Es ist womöglich nur sehr wenig geschehen und doch gleichzeitig unendlich viel passiert. Wir sind, so der kanadische Medientheoretiker Marshall McLuhan in einem prophetischen Aphorismus aus dem Jahr 1964, »von den Nerven der gesamten Menschheit umgeben. Sie sind nach außen gewandert und bilden eine elektrische Umwelt.«[1] Heute trifft das zu. Alles, was geschieht, was das Nervenkostüm anderer Menschen an irgendeinem Ort der Welt erreicht, was sie bewegt, verstört, ängstigt, vermag auch uns zu erreichen und zu verstören. Es ist eine Zeit der Empörungskybernetik, in der miteinander verschlungene, sich wechselseitig befeuernde Impulse einen Zustand der Dauerirritation und der großen Gereiztheit erzeugen. Jeder, der postet und kommentiert, Nachrichten und Geschichten teilt, ein Handyvideo online stellt, leistet seinen Beitrag, wirkt daran mit, die Erregungszonen der vernetzten Welt endgültig zu entgrenzen. Und es vergeht kein Tag ohne Verstörung, keine Stunde ohne Push-Nachrichten, kein Augenblick ohne Aufreger. Man könnte, selbst wenn man wollte, den digitalen Fieberschüben nicht entkommen. Sie regieren die öffentliche Agenda der klassischen Medien und bestimmen, was kommentiert wird. Und es ist längst eine eigene Emotionsindustrie entstanden, die genau beobachtet, was funktioniert und viral geht, um durch die Analyse von Echtzeit-Quoten die Aufreger systematisch zu verstärken. Bis am Ende des Tages Millionen von Menschen über ein einzelnes Foto diskutieren, sich über einen Tweet erregen oder rund um den Globus über einen einzigen Scherz lachen.

Man kann jedoch, so die These dieses Buches, die Wirkungen einer nervösen, hoch reaktionsbereiten Medienmacht gar nicht erkennen, wenn man einfach nur die Ereignisgeschichte referiert und sich am gerade Aktuellen orientiert, also allein die gerade diskutierten Inhalte betrachtet. Damit ist nicht gemeint, die Ereignisse selbst seien unwichtig oder gar bloß fiktive Größen, Schimären im Impulsgewitter der vernetzten Welt. Natürlich entdeckt man jede Menge Kuriositäten und Seltsamkeiten auf diesem Planeten, über die man lachen oder aber sich auch aufregen kann. Selbstverständlich *gibt* es den Schrecken der Terroranschläge und Amokläufe, der unabhängig von statistischen Wahrscheinlichkeiten schockiert. Wer sie ins Reich des Irrealen verbannen will, wie jene gleichermaßen heiter und dämlich formulierenden Medientheoretiker, die überall nur Simulation und Spektakel sehen können, also das Ereignis letztlich zur Medienfiktion umdeuten, der ist ein Zyniker, der sich nicht berühren lassen will.[2] Medienanalyse ist dann Gedankenflucht, Legitimation von Ignoranz und Indifferenz. Denn natürlich gilt: Menschen bluten *wirklich*. Sie leiden real unter Naturkatastrophen, Armut und Folter. Sie sterben auf der Flucht, im Bombenhagel oder an verseuchtem Trinkwasser – unabhängig vom Akt der medialen Repräsentation, der die privilegierten Bewohner der Welt vielleicht nur als verwackeltes Handyvideo erreicht, über das man dann in den Sinnprovinzen akademischer Klubs philosophiert. Bilder totaler Armut oder des obszönen Reichtums verweisen auf eine Realität, die nicht in plakativen Simulationsthesen auflösbar ist und die nicht negiert werden darf. Aber im Hintergrund der Ereignisgeschichte wirken – als alles verändernde Einstrahlung – Effekte digitaler, vernetzter Medien; ebendiese Effekte sind das Thema dieses Essays. Sie verändern, wie zu zeigen sein wird, den Charakter dessen, was wir Öffentlichkeit nennen. Sie schließen das private und das öffentliche Bewusstsein kurz. Sie erzeugen eine eigene Dynamik und Dramatik der Enthüllungen. Sie treiben ganze Gesellschaften in Phasen rauschhafter Nervosität und der Verunsicherung hinein. Sie lassen Konflikte in Hochgeschwindigkeit eskalieren und erhalten sie am Leben, weil auf einmal alle ohne größere Schwierigkeiten mitzündeln und die einmal entstandene Aufregung immer wieder neu anfachen können.

Ein Beispiel? Es ist der 12. Januar des Jahres 2016, irgendwo in den Häuserschluchten von Berlin-Marzahn. An diesem Tag lügt die 13-jährige Lisa, nachdem sie 30 Stunden lang nicht auffindbar und nicht erreichbar war, ihre Mutter an.[3] Lisa ist am Vortag auf dem Weg zur Schule verschwunden. Sie war die Nacht über nicht zu Hause, und die Familie hat sie als vermisst gemeldet. Nun berichtet das russischstämmige Mädchen, drei südländisch aussehende Männer hätten sie in ein Auto gezerrt, in eine Wohnung gebracht, sie entführt, geschlagen, vergewaltigt. Später stellt sich heraus, dass es Schwierigkeiten in der Schule gab und man ihre Eltern zu einem Gespräch einbestellt hatte, vor dessen Ausgang sie sich offenbar fürchtete. Später wird klar, dass es in dieser Nacht keine Vergewaltigung gegeben hat, sondern eine Übernachtung in der Wohnung eines Freundes, der ihr nichts angetan hat. Später wird offenbar, dass Lisa sich die Verletzungen, die von der Horrornacht herrühren sollen, vermutlich selbst beigebracht hat.

Aber da hat die Lüge längst das Zwiegespräch von zwei Menschen verlassen. Sie diffundiert durch die digitale Welt und hinterlässt ihre Spuren im analogen Leben. Schon am 14. Januar 2016 brodelt es im Netz. Innerhalb der russischsprachigen Gemeinschaft in Deutschland, auf Facebook und Twitter kursiert das Gerücht, die 13-Jährige sei von Migranten missbraucht worden, Politiker und Medien würden jedoch die Wahrheit verschweigen und den Fall gezielt vertuschen. Nur einen Tag später tauchen aufgebrachte Russen am Eingang eines Flüchtlingsheims in Berlin-Marzahn auf. Fensterscheiben splittern, ein Sicherheitsmann wird verletzt. Die Erregung innerhalb der russlanddeutschen Gemeinschaften, von denen viele nach wie vor die Medien ihrer früheren Heimat konsumieren, nimmt weiter zu, als der Erste Kanal, der beliebteste Fernsehsender Russlands, am 16. Januar 2016 den Fall aufgreift. Die Moderatorin, die den Beitrag anmoderiert, behauptet, es gebe eine »neue Ordnung« in Deutschland. Sie bestünde darin, dass die Menschen im Angesicht der ungehindert ins Land strömenden Flüchtlinge nicht mehr sicher seien und sich nun auch an Kindern vergreifen würden. In den Städten herrsche längst Gewalt und Chaos. Der Berliner Korrespondent des Senders, Iwan Blagoj, berichtet, Ausländer hätten Lisa dreißig Stunden vergewaltigt und dann »auf die Straße« geschmissen, die Polizei hätte das Mädchen zwar mehrere Stunden lang verhört, würde jedoch nichts tun. All dies verbreitet sich in Hochgeschwindigkeit. Ausschnitte aus der Fernsehsendung werden blitzschnell übersetzt, tauchen auf den unterschiedlichsten Seiten im Netz auf, werden millionenfach geklickt. Noch am selben Tag veranstaltet die rechtsextreme NPD eine Kundgebung vor dem Einkaufszentrum Eastgate in Berlin-Marzahn. Auf einer weiteren NPD-Veranstaltung wird die Todesstrafe für Kinderschänder gefordert. Eine angebliche Cousine beklagt hier unter Tränen, was man dem Mädchen zugefügt habe.

Aber ist diese Zeugin der Anklage ernst zu nehmen, kann sie als authentisch gelten? Es gebe Hinweise, so wird in verschiedenen Medien angedeutet, dass es sich bei diversen öffentlich auftretenden Verwandten des Mädchens um Schauspieler gehandelt haben könnte – eine Behauptung, die sich nicht verifizieren lässt, aber doch ein Indiz einer allgemeinen Verunsicherung darstellt und die Frage aufkommen lässt, ob man womöglich einer großen Inszenierung beiwohnt. Jedenfalls verwandeln russische Medien die Geschichte eines vermeintlich vertuschten Verbrechens mit aller Macht in ein beherrschendes Thema. Mal ist auch die Rede von fünf Vergewaltigern und einer Art »Sex-Gefangenschaft«. Es kommt zu Demonstrationen von Russlanddeutschen in verschiedenen Städten. Allein vor dem Kanzleramt in Berlin tauchen 700 Demonstrierende auf. »Lisa! Lisa!«-Rufe ertönen hier, Schilder mit Parolen werden hochgehalten: »Heute mein Kind – morgen Dein Kind«, »Unsere Kinder sind in Gefahr!«, »Schützt unsere Frauen und Kinder«. Manche tragen T-Shirts, auf denen zu lesen steht: »Lisa, wir sind mit Dir«. Im digitalen Paralleluniversum haben sich längst Verschwörungstheoretiker und rechtsradikale Agitatoren des Themas angenommen. Man attackiert die angeblich lügende, vermeintlich kollektiv paktierende Front aus Polizei, Politik und etablierten Medien. Ein verwackeltes Amateurvideo, das seit 2009 im Netz kursiert und in dem sich junge Ausländer mit der Gruppenvergewaltigung einer Jungfrau brüsten, erscheint als eine Art dokumentarischer Beweis gänzlich haltlos gewordener Zustände. Der Fall wird komplizierter, als sich herausstellt, dass das Mädchen tatsächlich Sex mit einem Türken und einem türkischstämmigen Deutschen hatte, dies jedoch zu einem früheren Zeitpunkt und nach Aussage der Ermittler auch einvernehmlich, was nichts daran ändert, dass es sich um eine schwere Straftat handelt, den Missbrauch einer Minderjährigen. Aber den eigentlichen Fall hat es nicht gegeben, gleichwohl ist die Geschichte längst auf unzähligen Seiten zur gefühlten Gewissheit geworden, die selbst dann real sein könnte, wenn sie sich nicht in den entscheidenden Details bestätigen sollte. »Es ist Krieg«, so heißt es etwa im Kommentarforum eines rechtsradikalen Online-Magazins. »Im Krieg wird Propagandamunition verschossen! […] Lisa steht beispielhaft! Selbst wenn eine Vergewaltigung nicht vollendet worden wäre, so wurde das Mädchen gekidnappt und gequält bzw. hätte es vergewaltigt werden können, so wie unzählige zuvor. Ja zu Tode gebracht werden können, wie in so vielen Fällen, in denen Deutsche durch Fremdstämmige dieses Schicksal erleiden mussten.« Am 26. Januar wirft der russische Außenminister Sergej Lawrow im allgemeinen Getöse den deutschen Behörden vor, dem Verbrechen aus Gründen der politischen Korrektheit nicht wirklich nachzugehen – eine Behauptung, die vom deutschen Außenminister Frank-Walter Steinmeier scharf zurückgewiesen und auch von Seiten anderer Regierungsmitglieder ins Reich der Fabel verbannt wird. Die große Gereiztheit hat nun das Parkett der internationalen Diplomatie erreicht. Ein paar Tage später erklärt die Staatsanwaltschaft abschließend, dass das Mädchen das Verbrechen lediglich erfunden habe.

Man könnte es dabei bewenden lassen. Und doch illustriert diese Geschichte eine größere Geschichte, die von medialen Tiefeneffekten handelt. Sie macht offenbar, mit welcher Unmittelbarkeit und Geschwindigkeit Parallelöffentlichkeiten unter den modernen Medienbedingungen aufeinanderprallen. Sie lässt deutlich werden, wie leicht es ist, sich in Protestgemeinschaften zu verbünden und in den eigenen Selbstbestätigungsmilieus Gewissheiten zu verkünden, die zu gefühlten Realitäten werden. Sie macht klar, dass die Grenzen zwischen Peripherie und Zentrum in der Sphäre des Öffentlichen durchlässig werden, dass Gerüchte plötzlich in den medialen Mainstream gelangen und sich hier zu Themen verdichten, zu denen sich schließlich die Außenminister zweier Länder und die unterschiedlichsten Regierungsmitglieder äußern. Ohne die indiskreten Medien des digitalen Zeitalters hätte es die Ereignisse rund um das 13-jährige

Mädchen Lisa *so nicht gegeben.* Was ist damit gemeint? Es ist die Digitalisierung von Daten und Dokumenten im Verbund mit der Vernetzung, der leichten Zugänglichkeit und der barrierefreien Benutzbarkeit, die Medien in einem doppelten Sinne indiskret werden lässt.[4] Zum einen wird vor dem Hintergrund dieses Bedingungsgefüges die Veröffentlichung des gerade noch Privaten ungleich leichter möglich. Indiskretion heißt hier also konkret: das Vertrauliche und Verborgene offenbaren. Überdies werden, allgemeiner betrachtet, eben durch die Digitalisierung und Vernetzung und die Durchdringung der Welt durch Medientechnologien einst diskrete, voneinander getrennte Bewusstseins- und Lebenssphären miteinander verbunden. Indiskretion bedeutet somit auch: Verschmelzung des gerade noch Unterscheidbaren. Es verschmelzen im Zuge der Digitalisierung, der Vernetzung und des weltweiten Einsatzes von digitalen Medien das Hier und das Dort, das Vergangene und das Gegenwärtige, die Information und die Emotion, das Gesprochene und das Geschriebene, das Reale und das Simulierte, die Kopie und das Original. Das ist eine entscheidende Veränderung in der globalen Organisation von Information, ein Wechsel von der stärker *publikums- und kontextspezifischen Segmentierung* hin zur *integrierenden Konfrontation.* Man hat nicht mehr oder minder strikt getrennte Informationssphären für Junge und Alte, Kinder und Erwachsene, sondern alle können potenziell alles sehen. Sie können fortwährend senden und empfangen, immer und zu jeder Tages- und Nachtzeit, bei der Arbeit oder in der Freizeit, von jedem Ort der Welt. Es sind also – einerseits – die Ereignisse, die uns beunruhigen, die Kriege und Krisen, die schmutzigen Wahlkämpfe, die Zeichen für den Zerfall Europas, die Wiederkehr des Autoritarismus, die eskalierenden Konflikte. Und es ist – andererseits – die plötzliche Sichtbarkeit des Schreckens, die eine Stimmung der großen Gereiztheit forciert. Wir spüren ein untergründiges Beben, eine konstante Verstörung durch Vernetzung und können uns ihr kaum entziehen.

Einer solchen Stimmung aus Verunsicherung, aus Aufgewühltheit und plötzlich hervorbrechender Wut hat Thomas Mann einst im *Zauberberg* ein berühmt gewordenes Kapitel gewidmet und ihm den Titel »Die große Gereiztheit« gegeben. Es handelt sich um das Gesellschafts- und Gefühlspanorama einer anderen Zeit. Beschrieben wird die von Nervosität und plötzlichen Erregungsschüben geprägte Atmosphäre in einem Sanatorium am Vorabend des Ersten Weltkrieges. Hier heißt es: »Was gab es denn? Was lag in der Luft? – Zanksucht. Kriselnde Gereiztheit. Namenlose Ungeduld. Eine allgemeine Neigung zu giftigem Wortwechsel, zum Wutausbruch, ja zum Handgemenge. Erbitterter Streit, zügelloses Hin- und Hergeschrei entsprang alle Tage zwischen Einzelnen und ganzen Gruppen, und das Kennzeichnende war, daß die Nichtbeteiligten, statt von dem Zustande der gerade Ergriffenen abgestoßen zu sein oder sich ins Mittel zu legen, vielmehr sympathetischen Anteil daran nahmen und sich dem Taumel innerlich ebenfalls überließen. Man erblaßte und bebte.«[5] Die Insassen des Sanatoriums in den Schweizer Alpen fiebern, kränkeln und wüten vor sich hin, weil sich, wie Thomas Mann zeigt, die Luft der Epoche ändert und ein Gefühl des Unbehagens und des drohenden Unheils selbst jene infiziert, die sich in die vermeintlich abgeschlossene Oase des Sanatoriums mit vielen Wolldecken auf ihre Liegestühle geflüchtet haben. Sie sind hoch oben auf dem Berg eben nicht wirklich der Welt abhandengekommen, ihre Isolation ist pure Fiktion, weil »das Dasein von seiner Umwelt gelebt wird und nur vermeintlich selbst lebt«, wie der Philosoph Martin Heidegger die Grundaussage des Romans gleich nach Beginn der Lektüre in einem Brief an seine

Geliebte Hannah Ahrendt resümiert.[6] Heute hat sich, eben durch die indiskreten Medien der Gegenwart, die Luft der Epoche geändert, weil das Dasein, um Heideggers eigenwillige Formulierung aufzugreifen, durch die Tatsache der digitalen Vernetzung »gelebt« und verstört wird und die Bewohner der digitalen Welt von blitzschnell übertragenen Schmerzen heimgesucht werden, die sie, eben wie die keuchenden und keifenden Luxuswesen auf dem Zauberberg mit ihren wirklichen und ihren eingebildeten Krankheiten, nicht zur Ruhe kommen lassen. Informationelle und damit emotionale Isolation ist im digitalen Zeitalter illusionär; ebendies ist mediengeschichtlich eine Zäsur, die das Kommunikationsklima der Gesellschaft elementar verändert.

Natürlich muss man solche Diagnosen der Neuartigkeit vorsichtig und mit Bedacht formulieren. Die Beschwörung eines Epochenbruchs – ganz gleich ob es um die Erfindung der Schrift, der Druckerpresse, des Telegrafen oder des Telefons, des Radios, des Fernsehens oder des Internets geht – ist lange schon ein eigenes Genre aufgeregter Zeitdiagnostik. Und sie ist immer fraglich, weil sie Kontinuität übersieht und einzelne Veränderungen womöglich überbewertet. Und selbstverständlich erzeugt jedes einzelne in der Geschichte der Menschheit erfundene Medium neue Möglichkeiten und Bedingungen, um die Stimmungs- und Gemütslage von Gesellschaften zu transformieren, Erregung öffentlich zu machen und dann präsent zu halten; das also ist keineswegs eine Besonderheit. Schon mit dem Gedruckten, dem Flugblatt, dem Buch und der Zeitung löst sich die Erinnerung von der Person, lässt sich Vergangenes, vielleicht nur flüchtig Dahingesagtes und für den Moment Gesprochenes fixieren.[7] Das Foto entreißt den Augenblick der Vergänglichkeit. Tonaufnahmen und Radio erlauben die authentische Reproduktion der einzelnen Äußerung, geben einen Eindruck von Stimme und Stimmung, der das Gefühl des Authentischen steigert. Film und Fernsehen erzeugen ein Gefühl der Vertrautheit mit dem eigentlich Unvertrauten, weil Prominente und Mächtige, zur besten Sendezeit ins heimische Wohnzimmer gebeamt, auf einmal wie persönliche Bekannte wirken, über deren Anzüge oder Frisur man debattieren und sich bei Bedarf auch erregen kann. Aber bei aller gesellschaftsverändernden Dynamik hat sich doch bislang jedes Medium, gefesselt an das von Verfall und Vernichtung bedrohte Material, selbst in seiner Reichweite begrenzt. Es gab vor dem Kulturbruch der Digitalisierung eine automatische, womöglich manchmal unverdiente Gnade des Vergessens, die eine Begebenheit mitunter einfach verschwinden oder hinter den dicken Mauern einer Bibliothek aus dem allgemeinen Bewusstsein geraten ließ. Das ist heute anders. Die indiskreten Medien der Gegenwart schlucken die verschiedenen Einzelmedien, nehmen ihre Eigenschaften der speziellen Dokumentation in sich auf und erzeugen in der Summe eine neue Stufe situationsunabhängiger Sichtbarkeit, permanenter, ortloser Präsenz und unabweisbarer Evidenz. Man kann auch das gerade Flüchtige fixieren und barrierefrei verbreiten. Alles, was digital vorliegt, lässt sich blitzschnell und ohne Rücksicht auf Ursprungskontexte für ein Riesenpublikum zugänglich machen. Im Extremfall entsteht so eine *deterritorialisierte Simultanität* in der Ereigniswahrnehmung: Millionen von über den Erdball verstreuten Menschen befassen sich dann mit ein und demselben Thema, setzen sich mit ein und demselben Inhalt – nur eben unvermeidlich aus ihrer jeweils besonderen Perspektive, vor dem Hintergrund ihrer je besonderen Kultur oder auch Ideologie – auseinander.[8] Aus dem Kollaps der Kontexte, dem Verschwimmen von Situations- und Informationsgrenzen infolge der umfassenden Durchdringung der Welt durch Medieneffekte folgt zum einen, dass Schutzzonen der Unsichtbarkeit und Rückzugsräume der Unbefangenheit schwinden. Und es ergibt sich zum anderen ein fortwährender *Clash der Codes,* eine Sofortkonfrontation und Ad-hoc-Vergleichbarkeit von äußerst unterschiedlichen Wahrnehmungsweisen.

Der Effekt einer solchen elementaren Neuorganisation der Informationswelt besteht darin, dass sich die Weltbewohner oft unerträglich nahe kommen. Sie sind genötigt, einander anzuschauen, und können sich nicht ausweichen. Sie sehen sich in ihrer ganzen Fremdartigkeit, ihrer Radikalität und Brutalität, auch in ihren Versuchen, doch zu begütigen, für Ruhe zu sorgen, in ihrer Gleichgültigkeit oder in ihrem Mitgefühl. Die Bewohner im Weltinnenraum der vernetzten Kommunikation werden in eine Art der Nachbarschaft hineingezwungen und mit einer Transparenz der Differenz konfrontiert, die sie im Letzten überfordert. Und das globale Dorf, diese so romantisch klingende Urmetapher des Medientheoretikers Marshall McLuhan, ist, wie sich nun sagen lässt, eine Welt, die den Clash der Codes durch den weltweiten Einsatz indiskreter Medien programmiert. Wir sind gereizt, weil uns der Gedanken- und Bewusstseinsstrom anderer Menschen in nie gekannter Direktheit erreicht, wir ungefiltert der Gesamtgeistesverfassung der Menschheit oder den Einfällen eines delirierenden amerikanischen Präsidenten ausgesetzt werden, der seine Tweets in die Welt feuert. Wir sind gereizt, weil wir nicht sicher wissen können, was von dem, was gerade noch als Gewissheit erscheint, eigentlich stimmt und wer Daten und Dokumente aus welchen Gründen und mit welchen Absichten manipuliert. Wir sind gereizt, weil wir im Informationsgewitter und einem medientechnisch produzierten Dauerzustand der Ungewissheit in heller Aufregung nach Fixpunkten und Wahrheiten suchen, die doch, kaum meinen wir, ihrer habhaft geworden zu sein, schon wieder erschüttert und demontiert werden. Und wir sind gereizt, weil zivilisierende Diskursfilter weggebrochen sind, Autoritäten in rascher Folge demontiert werden und wir untergründig ahnen, dass wir, wie jenes vor aller Augen der Lüge überführte Mädchen aus Berlin-Marzahn, eines Tages womöglich selbst angreifbar werden, verletzbar auf der weltweit einsehbaren Bühne des Netzes.

Es ist dieses unterschiedliche politische und soziale Gruppen verbindende Gefühl der Gereiztheit, das ich in diesem Buch in Form von fünf Krisendiagnosen analysiere. Den Auftakt bildet die Diagnose einer *Wahrheitskrise.* Hier wird gezeigt, dass Gewissheiten in Zeiten der Bild- und Videofälschung, der gekauften Trolle, der Geheimdienstaktivitäten, der Fake-Profile und Social Bots und der perfekt orchestrierten Propaganda immer fragwürdiger werden. Die alte, stärker hierarchisch strukturierte Medien- und Wissenswelt stellte, eben weil sie von vergleichsweise mächtigen Gatekeepern und einer gewissen Stabilität der Materialien und Dokumente geprägt wurde, eine implizite Stütze klassischer Wahrheitskonzepte dar, die heute unter Druck geraten. Die Angst vor postfaktischen Zeiten und die aktuelle Fake-News-Panik ist in diesem Sinne Symptom einer allgemeinen informationellen Verunsicherung, einer Angst vor der Totalimplosion realer Bezüge. Das zweite Kapitel skizziert die Konturen einer *Diskurskrise* und lässt deutlich werden, dass die Grenzen des Sagbaren und Konsensfähigen dabei sind, sich rasant zu verschieben. Der Grund besteht zum einen darin, dass der etablierte Journalismus in vielen Ländern an Einfluss und Deutungsmacht verliert und sich zum anderen auch radikale, abseitige und hasserfüllte Botschaften ohne großen Aufwand bekannt machen lassen. Heute, im Übergang von der Mediendemokratie zur Empörungsdemokratie, können sich alle öffentlich äußern, die Wut über die Wut der jeweils anderen Seite ist längst zum kommunikativen Normalfall geworden. Wer will, der kann sich mit anderen zur bloß gefühlten oder aber tatsächlich politisch wirkungsvollen Macht verbünden, einer *fünften Gewalt* der vernetzten Vielen.

Was hat das für Folgen? Deutlich wird: Die große Gereiztheit hat längst auch den Diskurs über den Diskurs erreicht; Gesellschaftsbeobachter fürchten eine Art Kommunikationsanarchie durch den Verlust zivilisierender Filter und werden, weil Sortierinstanzen weggebrochen oder doch schwächer geworden sind, im Angesicht von enthemmter Aggression und distanzloser Bösartigkeit spürbar nervös. Im dritten Kapitel, das von der *Autoritätskrise* des digitalen Zeitalters handelt, zeige ich am Beispiel von Politikerinnen und Politikern, dass vermeintliche Vorbilder und gerade noch unumstritten scheinende Autoritäten unter den gegenwärtigen Medienbedingungen unvermeidlich in ihrer Gewöhnlichkeit, Widersprüchlichkeit und Fehlerhaftigkeit sichtbar werden. Autorität und Selbstmystifikationen basieren immer auch auf Informationskontrolle, Distanz, der weitgehend ungestörten Inszenierung und der verborgenen PR, der effektiven Beschönigung der Vergangenheit. Aber ebendiese Informationskontrolle ist im digitalen Zeitalter immer weniger möglich. Vom Smartphone bis zum Pranger-Blog funktionieren die indiskreten Medien der Gegenwart als Instrumente der systematischen Enttäuschung und der Instant-Entlarvung. Sie pulverisieren Autorität, Aura und Charisma und erlauben die permanente Produktion beunruhigender Enthüllungen. Was bedeuten Transparenz und Totalausleuchtung, so kann man fragen, für die Zukunft von Vorbildern? Werden Helden der Gewöhnlichkeit und Prototypen der Kumpelhaftigkeit die neuen Stars? Verwandelt sich Autorität in das Ideal der Authentizität? Oder betreten zunehmend *Heroen der Negativität* die öffentliche Bühne, die ihren Anhängern auch deshalb imponieren, weil sie die moralischen Maßstäbe ignorieren und attackieren? Das muss offenbleiben. Unabweisbar ist jedoch, dass Autorität unter den aktuellen Bedingungen auf einem fragilen Konsensus beruht, Resultat einer vielleicht nur kurzfristigen, nicht mehr primär institutionell garantierbaren Akzeptanz. Im vierten Kapitel – die *Behaglichkeitskrise* – gilt es zu verdeutlichen, was es für den vernetzten Menschen heißt, wenn gerade noch lokal begrenzte Konflikte in unverhältnismäßiger Weise eskalieren, Kontexte kollabieren und Lebenswirklichkeiten konstant aufeinanderprallen. (Ich spreche hier in Analogie zu Eli Parisers Theorie der *Filter Bubble* vom *Filter Clash* und arbeite heraus, warum die Behauptung, wir existierten alle in abgeschlossenen, unverbundenen Filterblasen, unter den Bedingungen der Vernetzung nicht stimmen kann.) Man sieht, wie andere leben, ist den Bildern des Reichtums, der Armut, des blutigen Protests und den Echtzeit-Dokumentationen des Bestialischen (Livestreaming von Attentaten, Folter- und Vergewaltigungsvideos etc.) ausgesetzt. Es ist die unmittelbare Erreichbarkeit für Informationen und Nachrichten aller Art, die die Behaglichkeitsidylle schleift und die gesellschaftliche Stimmung prägt. Auch dies ist Ursache der Gereiztheit, die in einer eigenen Dialektik der Kulturentwicklung die Sehnsucht nach Ruhe, Stille und Digital-Detox-Programmen erzeugt. In dem Kapitel über die *Reputationskrise* gehe ich von der Überlegung aus, dass Reputation im digitalen Zeitalter zum prinzipiell gefährdeten Gut geworden ist, und zwar unabhängig von gesellschaftlicher Macht und dem Grad der Prominenz. Unter den gegenwärtigen Medienbedingungen werden auch gänzlich unbekannte Einzelne – losgelöst vom massenmedial bedeutsamen Kriterium der Fallhöhe – auf Pranger-Seiten oder in sozialen Netzwerken zum Objekt unerwünschter Aufmerksamkeitsexzesse; das Publikum selbst ist im Zusammenspiel mit klassischen Massenmedien zum mächtigen Player in der Erregungsarena der Gegenwart geworden; es kann Themen setzen, Missstände anprangern, Mächtige und Ohnmächtige gleichermaßen attackieren, mal mit guten und mal mit schlechten Argumenten. Das ist die neue Leichtigkeit der Skandalisierung. Die Reputationskrise ist jedoch wie alle hier beschriebenen Krisen des digitalen Zeitalters ambivalent, doppelgesichtig. Sie produziert neue Opfer, gibt aber andererseits auch Opfern eine Stimme, um ihre Peiniger an den Pranger zu stellen. Sie unterminiert systematisch Autorität, bringt aber gerade noch gefährliche Charismatiker und Despoten handstreichartig zu Fall. Und das bedeutet: Man wird, wie zu zeigen sein wird, der vielgestaltigen Welt der digitalen Öffentlichkeit und ihren Krisen weder durch pauschale Euphorie noch durch einen ebenso pauschalen Pessimismus gerecht. Schönheit und Schrecken, Ambivalenz und Polymorphie, mediale Zwänge und individuelle Freiheiten gleichermaßen sichtbar zu machen – darauf kommt es an. Eine Opfertheorie oder ein Modell des digitalen Totaldeterminismus wird hier nicht angeboten. Mediale Umwelten sind ein bewegliches Korsett, in dem der Einzelne sich auf verantwortliche oder unverantwortliche Weise bewegen kann.

Am Schluss dieses Buches gilt es, bildungspolitisch groß zu träumen. Denn in der gegenwärtigen Situation zeigt sich, davon bin ich überzeugt, eine gesellschaftlich noch unverstandene, noch gar nicht entzifferte Bildungsherausforderung. Wir leben in einer Phase der mentalen Pubertät im Umgang mit neuen Möglichkeiten, erschüttert von Wachstumsschmerzen der Medienevolution, denen wir mit konzeptioneller Klugheit begegnen müssen. Es ist nötig, sich geistig von den kleinformatigen Didaktik- und Medienkompetenz-Programmen zu lösen, die auf den Kulturbruch der Digitalisierung lediglich mit ein paar Seminarangeboten an Schulen und Hochschulen und den neuesten technischen Spielereien reagieren, aber eben nicht mit elementaren Ideen und einem Ideal der Medienmündigkeit auf der Höhe der Zeit. Sie sind einfach zu mickrig geträumt. Ich selbst will im letzten Kapitel dieses Buches die Utopie einer *redaktionellen Gesellschaft* zur Diskussion stellen. Es ist eine Gesellschaft reflektierter Publikationsentscheidungen, in der die Grundfragen des Journalismus nach der Glaubwürdigkeit und Relevanz von Information zu einem Element der Allgemeinbildung geworden sind. Diese Grundfragen nach der Seriosität von Quellen, dem Prozess der Recherche oder den Mechanismen der möglichst unvoreingenommenen Informationsauswahl sind längst kein Spezialproblem von Journalisten mehr. Sie gehen heute alle an, denn jeder Mensch, der ein Smartphone in der Tasche trägt, ist zum Sender geworden. Ebendarin liegt die bildungspolitische Bedeutung eines ideal gedachten Journalismus, er liefert ein Wertegerüst für das öffentliche Sprechen, verknüpft den Akt der Publikation mit der Prüfung von Faktizität und Relevanz, er hat Rechercheroutinen und Formen des Faktcheckings und der Quellenprüfung entwickelt, die einen aus dem Gehäuse eigener Vorannahmen und Vorurteile herauskatapultieren können.[9] Guter Journalismus will – im Idealfall – systematisch »zu einer zweiten Natur der Offenheit erziehen« (so der Journalismusforscher Horst Pöttker), denn er weiß um die allgemein menschliche Neigung zur Selbstbestätigung, die erste Natur des Menschen, seine gedankliche Bequemlichkeit. Und er zielt auf die Verständigung und den Austausch. Das gesellschaftliche Klima, die Art, wie wir miteinander reden und streiten, wie wir Kompromisse finden, bedeutungsvolle Information von Pseudo-News trennen, Fakten von Propagandamüll und echte Skandale von blödsinnigen Aufregern, wird davon bestimmt werden, ob es gelingt, ein *redaktionelles Bewusstsein* zu schaffen, so lautet die abschließende Überlegung. Zu diesem Zweck braucht es ein eigenes Fach an den

Schulen des Landes, dessen Konturen und Programm (Mediengeschichte, Medienpraxis, Machtanalyse und *angewandte Irrtumswissenschaft*) ich skizziere. Dazu ist es notwendig, dass sich der real existierende Journalismus ändert und ein neues, weniger asymmetrisches, stärker von Transparenz und dem Ideal des Dialoges geprägtes Berufsbild entwickelt. Es gilt das Verhältnis zum Publikum anders und weniger hierarchisch zu entwerfen, sich um eine Form des Austausches auf Augenhöhe zu bemühen, die ich als *dialogischen Journalismus* bezeichne. Und schließlich sind auch die Plattformmonopole in der Pflicht, die in der redaktionellen Gesellschaft der Zukunft die Selbstaufklärung über die eigene Macht energisch vorantreiben und die Prinzipien ihrer Ethik offenlegen müssen. (Ich nenne mögliche Instrumente auf diesem Weg wie beispielsweise das Konzept eines *Plattformrates,* eines Selbstkontrollorgans in Analogie zum Presserat). All das sind große, noch unverstandene Bildungsaufgaben der Zukunft, ohne deren Schilderung dieses Buch unvollständig wäre und die Position des Autors vielleicht als eine Spielform des handelsüblichen Netzpessimismus erschiene, die sie nicht ist. Denn Bildung fordern heißt, an die Fähigkeiten des Gegenübers zu glauben und auf seine Entwicklungsfähigkeit zu vertrauen – und sich nicht in der Beschwörung der Aussichtslosigkeit zu verlieren; ebendarin besteht das universale Pathos jeder Bildungsidee. Und Bildung zu fordern bedeutet, die Krisen des digitalen Zeitalters, trotz ihrer verstörenden Macht und in scharfem Kontrast zu einer kulturpessimistischen Fehlinterpretation, als offene, nach Gestaltung verlangende Entscheidungssituationen der Gesellschaft zu begreifen. Sie sind ein Aufruf zur Analyse und Aufklärung – auf dem Weg zu einer Medienmündigkeit und einer Autonomie des Denkens und Handelns, die möglich ist, aber doch gewollt sein und gefördert werden muss. Nichts ist ohne Alternative.

1 Die Wahrheitskrise – oder die gefühlte Manipulation

Der moderne Turing-Test

Es ist schwer und oft prinzipiell unmöglich, unter den herrschenden Informationsbedingungen zu entscheiden, was denn nun stimmt und was nicht. In der Situation einer allgemeinen Verunsicherung wuchert der Verdacht, regiert der Zweifel und dominiert das Geraune, das den Durchblick suggeriert, aber eigentlich doch nur Verwirrung und Verstörung offenbart. Man kommt der speziellen Erkenntnissituation des digitalen Zeitalters und der allgemeinen Stimmung gefühlter Manipulation genauer auf die Spur, wenn man für einen Moment an den Turing-Test erinnert, dieses aus der Ur- und Frühgeschichte des Computerzeitalters stammende Experiment. Erstmals beschrieben hat das Verfahren der genialische Mathematiker und Kryptograf Alan Turing im Jahr 1950. Geklärt werden soll mit seinem Test eigentlich, ob man Maschinen intelligent nennen darf, ob sie sich als klug bezeichnen lassen. Um dies herauszufinden, kommuniziert ein Mensch mit einer Entität, die nicht näher bestimmt ist. Man sieht sie nicht, man hört sie nicht. Es kann sich um einen Menschen handeln oder um eine Maschine. Wenn die Testperson aufgrund der Antworten zu der Schlussfolgerung gelangt, es handele sich um einen Menschen, man es jedoch faktisch mit einer Maschine zu tun hat, dann muss man ebendieser auch Intelligenz attestieren, so Alan Turings Argument. Über dieses Verfahren gibt es seit Jahrzehnten einen Streit unter Philosophen und Bewusstseinsforschern. Manche halten den gesamten Ansatz für irreführend, weil die Antworten, die unter den extrem reduzierten Informations- und Kommunikationsbedingungen präsentiert werden, noch nichts über die Klugheit oder das Bewusstsein von Maschinen verraten, sondern eigentlich verdeutlichen, dass der Proband versagt und Fehleinschätzungen produziert hat. Das hieße dann, dass das Verfahren nicht wirklich etwas über die Intelligenz von Maschinen aussagt, aber sehr viel über die Fähigkeit des Menschen, die Herkunft von Kommunikation sicher einzuschätzen. Andere meinen hingegen, Turings Experiment sei durchaus praktikabel, und arbeiten beständig an der Verbesserung der Programme, denen es tatsächlich immer wieder gelingt, die Illusion menschlicher Kommunikation vorzuspielen. Zuletzt bekam man im Jahr 2014 in einer Mitteilung der University of Reading zu lesen, ein Chatbot, also ein Computerprogramm, das in der Lage ist, ein Gespräch zu simulieren, habe den Test bestanden. Der Name des Chatbots war Eugene Goostman, der die Kommunikationsformen und den Wissensstand eines 13-jährigen Jungen aus der Ukraine simulierte.

Solche Jubelmeldungen müssen im Zweifel Spezialisten der KI-Forschung interessieren. Zeitdiagnostisch brisant ist hingegen das Verfahren selbst, weil es als Paradigma einer Kommunikationssituation taugt, die typisch geworden ist. Der vernetzte Mensch kommuniziert unter den gegenwärtigen Medienbedingungen konstant mit »Entitäten«, deren Absichten und Interessen, deren Integrität oder Status – Mensch oder Maschine, neutraler Beobachter oder Propagandist – sich nicht sicher einschätzen lassen. Es gibt einen neuen, global zelebrierten, den digitalen Kommunikationsformen eingeschriebenen Turing-Test, geleitet von der Frage, was überhaupt als echte, wahrheitsgetreue und authentische Kommunikation betrachtet werden kann – und was eben nicht. Der Ort für dieses Experiment ist nicht die Wissenschaft und nicht das Gebäude einer Universität, sondern die digitale Öffentlichkeit. Hier wird der vernetzte Mensch vor das Problem gestellt, ob er die zahlreich verbreiteten Falsch- und Fehlinformation überhaupt erkennen kann. Und man weiß ja selbst längst: Diese zu produzieren und in Umlauf zu bringen ist heute leichter denn je. Jeder kann unter den Bedingungen digitaler Kommunikation Fake-Identitäten kreieren, die eigene Geschichte mit einiger Raffinesse inszenieren und dann ausprobieren, ob sein Publikum die medial erschaffene Realität für echt hält. Jeder kann mit Identitäten und Rollen spielen, kann sich maskieren, das eigene Selbst und die eigene Person als eine variable Projektion entwerfen, an deren Authentizität andere glauben – bis sie den Trick begreifen oder man ihnen das Betriebsgeheimnis einer erfolgreichen Manipulation offenbart hat. »On the Internet«, so heißt es in einem legendären Cartoon des *New Yorker* aus dem Jahr 1993, der einen am Computer sitzenden Hund zeigt, »nobody knows you're a dog«. Wie leicht man selbst nächste Angehörige und gute Freunde zu täuschen und mit einer schönen Geschichte zu blenden vermag, hat die niederländische Kunststudentin Zilla van den Born im Jahr 2014 in Form eines amüsanten Selbstexperiments vorgeführt, auch dies eine moderne Variante des Turing-Tests unter den Bedingungen der digitalen Kommunikation.[10] Zilla van den Born informierte Verwandte und Bekannte, dass sie durch Thailand, Laos und Kambodscha reisen werde, sie postete fortwährend bezaubernde Urlaubsbeweise auf Facebook. Sie schickte Fotos von einem weißen Palmenstrand und Bilder von Schnorcheltouren in türkisblauem Wasser. Man sah sie beim Essen mit Stäbchen und beim Besuch eines Tempels neben einem Mönch in orangefarbener Kutte – Ferienfotos einer hübschen jungen Frau, die jedoch tatsächlich 42 Tage lang in Amsterdam in ihrer Wohnung hockte und diese für die Skype-Sessions mit der Familie immer wieder umdekorierte. Die mit Hilfe von Photoshop die Illusion einer Reise kreierte, um schließlich ihre Bachelorarbeit an der Kunsthochschule in Utrecht über das sogenannte *Fakecationing* – die Simulation eines spektakulären Urlaubs – zu verfassen.

Niemand kam der Kunststudentin in all den Wochen einer angeblichen Abwesenheit auf die Spur. Schließlich entlarvte sie sich und die am Rechner konstruierte Ferienpersönlichkeit selbst und filmte die konsternierten Reaktionen ihrer Freunde und Verwandten, denen sie unter den Augen einer Kamera erklärte, mit welchen Tricks sie über Wochen die Traumreise durch Asien simuliert hatte. Damit ließ sich zweifelsfrei demonstrieren, was denn nun stimmt und was nicht und warum die Illusion einer Wirklichkeit entstehen konnte, die es nicht gab. Ebendieser doppelte Blick, der zunächst die Kulisse des Scheins präsentiert und dann die Sicht auf die Hinter- und Hebelbühne des eigentlichen Geschehens freigibt, ist jedoch längst nicht immer möglich. Die Normalsituation der Erkenntnis in Medienwelten sieht anders aus: Man muss die Möglichkeit der Täuschung zwar prinzipiell in Rechnung stellen, verfügt jedoch kaum über die Möglichkeit privat-persönlicher Authentizitätskontrolle. Man hat zwar eine Ahnung, dass etwas nicht stimmen könnte, vermag jedoch nicht selbst hinter den Vorhang zu schauen, kann keine definitiven Belege liefern, schon gar nicht aus eigener Anschauung und persönlicher Recherche. Die diffuse Ahnung des Zweifelhaften und eine charakteristische Echtheitsungewissheit werden aus mehreren Gründen genährt und verstärkt. Zum einen hat sich das Spiel mit der öffentlichkeitswirksamen Inszenierung von Wirklichkeiten demokratisiert; es steht nun allen offen. Natürlich waren Medienbilder immer schon ein beliebtes Objekt der Fälschung. Und die Möglichkeiten der digitalen Bildmanipulation existieren seit Jahrzehnten. Aber heute kann jeder selbst, sei es mit Photoshop oder irgendeiner anderen Software, bequem kleine Fälschungsexperimente machen und diese barrierefrei in die öffentlichen Kreisläufe einspeisen. Und man braucht – im Gegensatz zu früheren Epochen – keine Dunkelkammer, keine Chemikalien und keine Schaber für die Foto- und Realitätsretusche mehr, es genügen ein paar Klicks in einer bequem vorkonfigurierten Struktur. Die Möglichkeit der Fälschung ist also durch die persönliche Erfahrung gedeckt; das ist die *private* Empirie der Manipulation. Zum anderen gehört die Annahme, man könne in der *öffentlichen* Sphäre leichthändig getäuscht werden, inzwischen zum Alltagswissen oder doch zur Alltagsahnung des Medienkonsumenten. Es gibt jede Menge Berichte über Hacker und Trollarmeen, über bezahlte Kommentatoren, die Großmächte in die digitale Welt entsenden, um Meinungs- und Aufmerksamkeitsströme zu manipulieren und im Akkord Kampagnen anzuzetteln und Stimmung zu machen. Man kann leicht herausfinden, dass selbst Augenzeugenvideos, also scheinbar besonders authentische Dokumente, zum Instrument der Propaganda geworden sind und von NGOs und Aktivisten gezielt benutzt werden – ganz gleich ob dies im Syrienkrieg, in den blutigen Auseinandersetzungen zwischen Israelis und Palästinensern oder irgendeinem anderen Konfliktherd der Welt geschieht. Es ist bekannt, dass PR-Leute das Netz als ein besonders leicht manipulierbares System feiern und dass Unternehmen und Lobbyorganisationen für Postings und Empfehlungen ihrer Produkte und Positionen bezahlen, Wikipedia-Artikel gezielt umbauen und Klick- und Like-Wunder fingieren. Und man weiß, dass der britische Geheimdienst GCHQ darüber nachdenkt, wie sich soziale Netzwerke und Blogs für Rufmordkampagnen einsetzen lassen, und sich mit der Frage befasst, wie sich Klickzahlen und Online-Umfragen gezielt manipulieren lassen. (Die entsprechenden Strategiepapiere hat der Journalist Glenn Greenwald zugänglich gemacht.) Darüber hinaus gibt es tatsächlich gute Gründe, sich zu fragen, wer eigentlich spricht, wenn scheinbar die Masse online die Stimme erhebt. Handelt es sich um Menschen oder um Maschinen? Hat man es mit realen Personen, bezahlten Propagandisten oder mit Fake-Accounts zu tun, von denen es angeblich, wie Journalisten argwöhnen, bis zu 100 Millionen auf den großen Plattformen geben soll? Es ist offensichtlich, dass die *Integrität* und die *Identität des Kommunikators* – dies sind zentrale Ankerpunkte zur Einschätzung von Glaubwürdigkeit und Wahrheit – in der digitalen Öffentlichkeit fundamental dubios geworden sind. Das Problem für den vor dem Vorhang sitzenden Medienkonsumenten besteht darin, dass er einerseits zu viel weiß, um noch fraglos zu vertrauen, aber andererseits zu wenig exaktes Wissen besitzt, um unter den gegenwärtigen Kommunikationsbedingungen klar zu entscheiden, mit wem er es eigentlich zu tun hat. Man weiß zu viel diffus und zu wenig genau.

Dieses Dilemma lässt sich exemplarisch nachvollziehen, wenn man die Erfolge des sogenannten Roboterjournalismus betrachtet. Hier geht es um automatisiert erstellte Texte, die längst öffentlich kursieren, die sich aber nicht mehr eindeutig einschätzen und zuordnen lassen. Eigentlich ist dies ein ganz undramatisches Beispiel, aber eben doch ein Symptom einer typischen Erkenntnissituation des digitalen Zeitalters. Denn auch hier stellt sich die Frage: Wer spricht eigentlich, wer schreibt überhaupt? Bekommt man als Leser womöglich einen maschinell erstellten Bericht zu lesen? Ganz konkret: Als sich am 17. März 2014 ein Erdbeben in Los Angeles ereignete und die Software Quakebot durch Signale des U.S. Geological Survey alarmiert wurde, lieferte Quakebot blitzschnell eine Meldung, die die *Los Angeles Times* bereits nach drei Minuten veröffentlichte.[11] Das heißt: Hier warnte die Maschine den Menschen, hier schrieb eine Software. Noch war die Warnnachricht entsprechend markiert, aber im Prinzip ist dies der Turing-Test in verdeckter Form, dieses Mal unter Hochgeschwindigkeitsbedingungen und im Miniformat einer Meldung. Und Fakt ist: Die altehrwürdige amerikanische Nachrichtenagentur *Associated Press* (AP) bringt bereits heute Tausende Berichte in Umlauf, die – maschinell erstellt – mal vom Wetter, dann von Sportereignissen oder auch von Wirtschaftsnachrichten handeln. Zukünftig will man bis zu 80 Prozent des Nachrichtenangebotes von Computerprogrammen schreiben lassen. Nur folgerichtig erscheint in diesem Zusammenhang, dass die *New York Times* ihren Lesern einmal spaßeshalber ein paar Textstellen zur Auswahl vorgelegt hat, um sie dann mit einem Quiz zu konfrontieren, das sehr direkt an Alan Turings Urfrage erinnert: »Did a Human or a Computer Write This?« Die Anschlussfrage lautet jedoch: Was soll ein Leser aus einem solchen Verwirrspiel schließen? Natürlich, er kann konkret und in diesem Fall mit Hilfe der Zeitungsmacher entscheiden, wie sich das Rätsel lösen lässt, aber bekommt grundsätzlich mitgeteilt, dass es womöglich längst Maschinen sind, die Texte schreiben, die er als Schriftstücke von Menschen wahrnimmt.

Welches Ausmaß die Verunsicherung über die Identität des Kommunikators unter den gegenwärtigen Bedingungen annehmen kann, zeigt sich auch an der öffentlichen Diskussion über sogenannte Meinungsroboter, im Fachjargon: Social Bots. Ihr Einfluss auf die politische Meinungsbildung wird inzwischen international diskutiert und aller Wahrscheinlichkeit nach massiv überschätzt. Und doch ist die Debatte selbst aufschlussreich, weil hier Merkmale und Muster des allgemeinen Manipulationsglaubens offenbar werden.[12] Worum geht es? Social Bots sind intelligent wirkende Softwareprogramme, die menschliche Verhaltensweisen imitieren. Es sind Programme, die ihre Schöpfer an plausibel bzw. unverdächtig wirkende Schlaf- und Wachrhythmen und statistisch unauffällige Kommunikationsrituale angepasst haben, so dass sie nicht einfach maschinell erkannt und dann abgeschaltet werden können. Sie erzeugen, getarnt mit Comicbildchen oder den Profilfotos irgendwelcher Personen, auf Twitter oder in sozialen Netzwerken Stimmung. Sie greifen in politische Debatten ein. Sie posten endlos Fertigkommentare. Sie agitieren und verbreiten Propaganda und simulieren Meinungsmacht. All dies ist bekannt, über all dies wird berichtet. Und doch ist für diejenigen, die vor dem Vorhang sitzen, die einfach nur in sozialen Netzwerken unterwegs sind, sich von Tweets anregen lassen oder ziellos umhersurfen, nicht unmittelbar erkennbar, dass ihnen womöglich gerade eine Stimmungsmehrheit von einer Armada von Social Bots vorgegaukelt wird. Grundsätzlicher betrachtet bedeutet dies: Der moderne Turing-Test beginnt und endet in der Regel in einer Bewusstseinslage quälender Ungewissheit. An die Stelle der eindeutigen Entscheidung, was denn nun der Fall ist und wer denn nun aus welchen Gründen verdeckt intrigiert, tritt die fiebrige Spekulation und die gefühlte Manipulation in einer diffusen Erkenntnissituation, die den Zweifel und die Unsicherheit zum zentralen Effekt sehr unterschiedlicher Medienberichte werden lassen. Man sammelt *Hinweise*, aber vermag diese nicht mehr zu einem klaren Bild der *Beweise* zusammenzufügen, das im Letzten eine präzise, eindeutige Entlarvung der Handelnden hinter dem Vorhang ermöglichen könnte. Es ist die konstante Suggestion des Scheins unter den aktuellen Medienbedingungen, es ist die Gleichzeitigkeit von allgemeiner Verunsicherung und der Möglichkeit, für den eigenen Verdacht sofort Bestätigung zu finden oder ihn doch plausibel erscheinen zu lassen, die ein pauschales Misstrauen befeuert und die Wahrheitskrise verschärft.

Prinzipien der Informationswäsche

Eines ist sicher, bei aller Unsicherheit: Irgendwo da draußen wird gerade jetzt, in diesem Moment, ziemlich intensiv daran gearbeitet, die traditionelle Idee einer Nachricht, Inbegriff seriöser Information, nach allen Regeln der Kunst zu zersetzen. Es kursieren in den sozialen Netzwerken jede Menge frei erfundene Behauptungen, die als Nachrichten präsentiert und als solche ausgeflaggt werden. So heißt es etwa, Angela Merkel sei in Wahrheit Jüdin, wolle den Deutschen schaden und habe ein Selfie mit einem Flüchtling aufgenommen, der später zum Terroristen geworden sei. Es wird behauptet, Barack Obama, einst Präsident der USA, sei gar nicht wirklich US-Amerikaner. Man bekommt zu lesen, dass Impfungen Autismus erzeugen und osteuropäische Banden mit einem weißen Lieferwagen Kinder oder auch die Hunde oder die Katzen unschuldiger Bürger entführen.[13] Die Welt der Fake-News bildet eine eigene Realitätssphäre, ein sehr spezielles, von Fieberschüben der Erregung geprägtes Sinnbiotop, in der das Drama die neue Normalität geworden ist und die spektakuläre Enthüllung zur alltäglichen Erfahrung. Wie aber funktioniert das Geschäft mit den Falschnachrichten? Das zentrale Prinzip ist der Versuch einer gezielten Verwirrung, die letztlich die Unterscheidbarkeit von belegbaren Annahmen und bloßen, gänzlich haltlosen Gerüchten unterminiert.[14] So imitieren diejenigen, die Fake-News verbreiten, gezielt das Design, das Logo, die Namensgebung und andere Seriositätssignale klassischer Nachrichtenmedien.

Beispielsweise hat eine bekannte Plattform, die Falschnachrichten in Umlauf bringt, die Netzadresse *abcnews.com.co* gewählt; man zielt hier in der Art der Aufmachung und der gesamten Machart darauf ab, mit dem Nachrichtenanbieter *ABC News* (Netzadresse: *abcnews.go.com*) verwechselt zu werden. Es gilt, eben durch die Imitation, Autorität zu suggerieren; es gilt, durch angebliche Beweisfotos und oftmals anonyme Zeugen zu behaupten, man besäße tatsächlich ernst zu nehmende Belege für die abstrusesten Annahmen. Objektivität ist hier zu einem Ritual erstarrt, zur bloß inszenierten Geste, die nicht mehr auf eine äußere Realität verweist. Man kann nun weiterfragen: Was ist das Motiv? Zum einen geht es bei all diesen Versuchen, glaubwürdig zu erscheinen, um Geld, denn mit den intensiv geklickten Falschnachrichten lassen sich Werbeerlöse generieren. Zum anderen dienen Fake-News der politisch motivierten Desinformation, der möglichst effektiven Propaganda, die im digitalen Zeitalter an Macht gewonnen hat. Es sind also ziemlich unterschiedliche Akteure und Gruppen, die all dies in Umlauf bringen. Man trifft auf den Typus des Ideologen, begegnet denjenigen, die Fake-News als satirische Scherze verstanden wissen wollen, aber eventuell doch zur allgemeinen Verunsicherung beitragen. Und man stößt auf die Fraktion der kühl Rechnenden, die im großen Aufmerksamkeitspoker der digitalen Sphäre mit der kostengünstig produzierten Ware des Erfundenen möglichst schnell möglichst viel verdienen wollen. Und der klassische Journalismus? Natürlich ist auch diese Wahrheits- und Verifikationsinstanz der Moderne keineswegs gegen die Verbreitung von Falschnachrichten immun – sei es aus Nachlässigkeit oder Bequemlichkeit, sei es, weil man sich der Hektik des Tagesgeschäfts nicht gewachsen zeigt oder weil einem die Gier nach Klicks oder dem Scoop, der aufsehenerregenden Enthüllung, den Blick für das tatsächlich Belegbare vernebelt.

Was dann schließlich – warum auch immer, von wem auch immer – in Umlauf gebracht wird, hat Wirkung, dies ist gewiss. Spätestens im Nachgang des zur Schlammschlacht eskalierten Präsidentschaftswahlkampfes in den USA wurde die Macht der Falschnachrichten belegbar.[15] Die 20 erfolgreichsten Artikel zur US-Wahl erzeugten im Zeitraum von August bis zum Wahltag am 8. November 2016 auf Facebook 7,3 Millionen Shares, Likes und Kommentare. Die 20 meistgeteilten Lügenstorys waren jedoch erfolgreicher und kamen auf die gewaltige Zahl von 8,7 Millionen Reaktionen. Eine Untersuchung aus dem Jahr 2016 ergab überdies, dass bis zu 75 Prozent der Amerikaner, die mit Fake-News konfrontiert waren, diese nicht unmittelbar als Lügengespinst zu enttarnen vermochten, sondern sie für mehr oder minder akkurate Beschreibungen der Realität hielten.[16] Die Neigung zum Irrglauben war umso größer, je häufiger sich die Befragten auf Facebook als zentrale Informationsquelle stützten. Dass Donald Trump, der ein Tremolo von Fake-Informationen und Halbwahrheiten produzierte und in einer einzigen Redestunde eines Wahlkampfauftritts nachweislich 71 Faktenfehler unterbrachte,[17] vom Papst zur Wahl empfohlen wurde, mochten 64 Prozent der Befragten für immerhin möglich halten. 72 Prozent hielten es für denkbar, dass Hillary Clinton auf diffuse Weise in die Ermordung eines FBI-Agenten verwickelt sein könnte. 79 Prozent meinten, die Meldung, ein Anti-Trump-Demonstrant habe 3500 Dollar für seine inszenierte Protestshow bekommen, sei durchaus realistisch.

All dies, so muss man immer wieder betonen, ist Nonsens, Quatsch. Aber die Korrektur ist doch unendlich mühevoll und scheitert häufig, allen Bemühungen von seriösen Medien und ehrenamtlichen Organisationen zum Trotz, ein umfassendes Faktchecking zu betreiben. Die Schwierigkeit liegt darin begründet, dass typische Fake-News-Inhalte in Form sofort verständlicher, oft schockierend wirkender, narrativ infektiöser Geschichten erzählt werden. Sie werden geglaubt, weil sie als scheinbar plausible Aufreger taugen, die ohnehin kursierende Vorurteile bestätigen. Sie kombinieren den Wow-Effekt der Überraschung mit dem Sedativum der Bestätigung dessen, was man ohnehin für richtig hält. Was emotionalisiert, so lautet die Grundregel in sozialen Netzwerken, funktioniert. Was überrascht und erregt, was Begeisterung und Wut, Mitgefühl und Hass auslöst, wird geteilt, erscheint als Nachricht von Freunden, die man für gewöhnlich ebendeshalb nicht unmittelbar anzweifelt. Die Korrekturnachricht, der eher fade, nicht gerade zur Verbreitung animierende Hinweis »Stimmt nicht!« oder womöglich gar die detailreiche, unvermeidlich komplexe Rekonstruktion einer Fälschungsgeschichte sind demgegenüber unvermeidlich weniger spektakulär. All dies wird weniger geteilt, erreicht somit häufig sehr viel weniger Menschen und womöglich auch nur diejenigen, die zuvor ohnehin schon überzeugt waren.

Außerdem muss man einräumen, dass Korrekturen äußerst unattraktiv sind – wer macht schon gerne bekannt, dass ihm ein Irrtum unterlaufen ist, sendet also im Akt des Teilens, der immer auch eine Minisequenz im Fluss der persönlich-privaten Selbstdarstellung bildet, ein Signal, das eigentlich peinlich ist? Und wer revidiert schon gerne eigene Vorurteile? Selbst wenn also die Korrektur tatsächlich wahrgenommen wird, so lassen sich bei denen, die einer Falschinformation aufsitzen, sogenannte *Backfire-Effekte* beobachten, wie verschiedene Experimente zeigen. Das heißt: Die Korrektur wird entwertet, die Fehlüberzeugung im Prozess der Auseinandersetzung vielleicht sogar stabilisiert und weiter ins Bewusstsein hineinbetoniert, indem sich Menschen mit großer Energie und in engagierter Starrköpfigkeit auf die Gründe für ihre falsche Überzeugung besinnen.[18] Hinzu kommt, auch das begünstigt die Dominanz von Fakes und erschwert ihre Erkennbarkeit, dass das Bewusstsein für die Qualität einer Quelle in der digitalen Öffentlichkeit schwindet.[19] Dies liegt zum einen daran, dass Informationen sehr unterschiedlicher Güte unterschiedslos auf einer hochfrequentierten Plattform wie Facebook zusammenfließen oder undifferenziert, ohne begleitende Qualitäts- und Glaubwürdigkeitssignale auf dem Display des Smartphones erscheinen. In diesem Zusammenfließen des Verschiedenen liegt ein impliziter Relativismus; hier zeigt sich eine wortlose Ideologie, die ich die *Gleichwertigkeitsdoktrin der Informationspräsentation* nennen möchte.[20] Diese Gleichwertigkeitsdoktrin erzeugt den falschen Eindruck, man habe es mit zu Recht unmittelbar konkurrierenden, scheinbar gleichermaßen gehaltvollen Deutungen zu tun. Überdies verlieren die nach wie vor sichtbaren Nachrichten- und Medienmarken (stammt der Artikel aus der *New York Times* oder von einem halbseidenen Klatschportal?) an orientierender Kraft, weil der eilig über sein Smartphone wischende Leser diese entweder gar nicht beachtet oder aber die Quellenbindung an ein Urmedium durch die Plattform, die die Präsentationsweise der Nachricht bestimmt, gelockert oder ganz aufgehoben wird; die rasche Einschätzung, der Glaubwürdigkeitscheck anhand der Metabotschaft, woher die Nachricht denn nun stammt, wird damit schwieriger oder ganz unmöglich.[21]

Und schließlich kann man – gerade im Falle von Fake-News – einen Prozess der allmählichen Quellenverdunkelung beobachten, den man in Analogie zum Geschäft der Geldwäsche, der Spezialität von Kriminellen, als *Informationswäsche* bezeichnen könnte. Damit ist gemeint, dass im leichtgängigen Prozess des Kopierens, des wechselseitigen Zitierens und Verlinkens auch komplett unseriöse Behauptungen schrittweise aufgewertet werden und von bestenfalls randständigen Medien aus in die Mitte und die Breite der Gesellschaft diffundieren können, weil zunehmend unklar wird, aus welchen seltsamen Kanälen und zweifelhaften Quellen die Urbotschaft eigentlich stammt. Ein Beispiel aus der Spätphase des amerikanischen Wahlkampfes illustriert dieses Phänomen der schrittweisen Akzeptanz und Aufwertung komplett unseriöser Information im Prozess ihrer Verbreitung. So kursierten Ende 2016 Gerüchte im Netz, die Präsidentschaftskandidatin Hillary Clinton sei in einem Pädophilenring aktiv, der in der Pizzeria Comet Ping Pong in Washington angesiedelt sei.[22] Ausgelöst wurden die Spekulationen durch von Hackern geleakte E-Mails aus dem Umfeld von Hillary Clinton und ihres Wahlkampfmanagers John Podesta, die Wikileaks veröffentlichte. In diesen E-Mails, so hieß es gerüchteweise, gebrauche man Codewörter einer finsteren Geheimsprache. »Pizza« stehe in Wahrheit für *Mädchen,* »cheese« für ein *junges Mädchen,* »sauce« bedeute tatsächlich *Orgie,* mit »pasta« sei eigentlich ein *kleiner Junge* gemeint. Und so weiter. Aufschlussreich ist: Die erste tatsächlich aufgegriffene Meldung zu Hillary Clintons angeblicher Verwicklung in pädokriminelle Kreise wurde von einem gewissen David Goldberg auf Twitter veröffentlicht, der seinerseits auf ein Facebook-Posting mit den Gerüchten verlinkte, dessen Herkunft sich nicht klären lässt. Goldberg präsentiert sich als ein jüdischer Anwalt in New York; faktisch handelt es sich jedoch um einen Unbekannten, der auch in Kreisen amerikanischer Neonazis unter diesem Pseudonym auftritt. Dann tauchte die sogenannte Enthüllung auf den Seiten von Verschwörungstheoretikern *(Godlike Production, Lunatic Fringe)* auf, wurde in Foren diskutiert, auch von Bots auf Twitter verbreitet, schließlich mit weiteren »Belegen« (z.B. den Aussagen selbstverständlich anonymer Insider) angereichert. Wenige Tage nach der Erstveröffentlichung der frei erfundenen Behauptungen publizierte die Gerüchteseite *True Pundit* im Verbund mit neuen Falschbehauptungen die Geschichte, was den Urheber David Goldberg in einem bizarren Akt der zirkulären Selbstbestätigung einer Erfindung durch eine andere Erfindung zu der Jubelmeldung veranlasste, nun sei alles bewiesen: »Meine Quelle«, so schrieb er, »lag richtig!« Nun wurde die Geschichte von dem Pädophilenring – auf dem Weg der schrittweisen Aufwertung im Akt der Vermittlung – auch von Michael Flynn, dem designierten Sicherheitsberater von Donald Trump, auf Twitter verlinkt (»must read!«) und auch von seinem Sohn, damals ebenfalls im Trump-Team beschäftigt, empfohlen: »Bis #Pizzagate widerlegt ist«, so lautete sein Tweet, »bleibt es eine Nachricht.« Die angebliche Skandalmeldung, längst in zahlreiche Sprachen übersetzt, kursierte überdies auf Facebook, sie wurde nach Kräften in den unterschiedlichsten Foren verbreitet, zog immer breitere Kreise; in den Hoch-Zeiten der Erregung zählten entsetzte Angestellte der Pizzeria bis zu fünf Tweets pro Minute, die unter dem Hashtag #pizzagate erschienen. Mit dem nun einmal entstandenen Hype, eben durch die schlichte Dominanz und weite Verbreitung in unterschiedlichen Netzwerken, war die Fake-Nachricht vom Stigma des total Wahnhaften befreit, der Prozess der Informationswäsche also geglückt. Das Ende des Dramas ereignete sich schließlich in der analogen Welt. Am 4. Dezember 2016 stürmte ein junger Mann mit einem Gewehr in die Pizzeria Comet Ping Pong, um sich, wie er nach seiner Festnahme behauptete, selbst ein Bild zu machen.

Offensichtlich muss man den schwindenden Geltungsanspruch des empirisch Gesicherten diagnostizieren, nicht nur bei den Anhängern von Donald Trump. So wurde vor einiger Zeit bekannt, dass auch der pakistanische Verteidigungsminister Khawaja Asif einen frei erfundenen, im Netz kursierenden Artikel für bare Münze nahm.[23] Hier heißt es, Israel werde Pakistan mit Atomwaffen zerstören, sollten pakistanische Bodentruppen in Syrien einmarschieren – wohlgemerkt: nichts davon stimmt. Tatsächlich erschütternd war jedoch der Ad-hoc-Tweet, den Khawaja Asif daraufhin schrieb. Israel, so seine kaum verhüllte Drohung, solle nicht vergessen, dass auch Pakistan eine Atommacht sei. Das also ist die reale Gefahr des Irrealen, die eine Neufassung des Thomas-Theorems erforderlich macht, jenes zentralen sozialpsychologischen Postulats, das besagt: »Wenn die Menschen Situationen als real definieren, so sind auch ihre Folgen real.« Bezogen auf das Universum umherwirbelnder, global zirkulierender Falschnachrichten muss das Thomas-Theorem jetzt lauten: »Wenn das Erfundene vorschnell für wahr gehalten wird, dann hat dies womöglich fatale Folgen in der wirklichen Welt.« Dann wird der Reaktionsreflex des Moments im Verbund mit dem Erfundenen zum echten Drama. Bis hin zur Drohung mit einem atomaren Krieg.

Angst vor dem postfaktischen Zeitalter

Wenig verwunderlich ist vor dem Hintergrund von derartigen Reaktionsketten und den geringen Chancen der effektiven Korrektur, dass das Weltwirtschaftsforum (World Economic Forum) mitteilt, Desinformation in der digitalen Öffentlichkeit müsse zu den zentralen Bedrohungen der menschlichen Gesellschaft gerechnet werden.[24] Wenig verwunderlich ist auch, dass die Diagnose eines *postfaktischen Zeitalters* als Signatur der Epoche taugen soll und die zeitdiagnostischen Interpretationen bestimmt. Die unmittelbar erlebbare Wahrheitskrise und die Verschärfung der öffentlich ausgetragenen Wahrheitskriege haben ein solches Angstwort hervorgebracht, seine rasche, inzwischen epidemische Verbreitung begünstigt. Hier verdichtet sich in einem einzigen Begriff die Horrorvision von der Totalimplosion realer Bezüge.[25] *Postfaktisch* – eine Lehnübersetzung von *post truth* und seit 2004 in den Büchern amerikanischer Intellektueller wie Ralph Keyes und Eric Alterman nachweisbar – wurde 2016 von einer Jury von Sprachwissenschaftlern und Sprachkritikern zum deutschen Wort des Jahres gewählt, zuvor schon hatte es eine Jury des Oxford-Dictionary auf internationaler Bühne gekürt. In der *New York Times* (William Davies) und im *New Yorker* (Jill Lepore), fraglos tonangebende Blätter, war aus der Feder von Wissenschaftlern zu lesen, mit dem Tsunami der Fake-News, den Tricksereien der Brexit-Befürworter und dem Aufstieg von Donald Trump sei jetzt das Zeitalter der Fakten zu Ende.[26] Nun beginne die Phase der permanenten Stimmungsbeobachtung und der frei flottierenden, dann nach Belieben im Gefüge der eigenen Gefühle und Vorurteile interpretierten Daten. Nun würden wir in die Ära der Leichtgläubigkeit eintreten, die auch dreiste Lügner und schamlose Wirrköpfe ungeschoren davonkommen lasse. Das klingt zunächst plausibel, aber ist doch bei genauerer Betrachtung selbst ein Symptom, Ausdruck einer elementaren Verunsicherung, einer Erschütterung von Gewissheit, die zur überreizten, resultathaften Totaldeutung der Gegenwart verleitet und zur haltlosen Übertreibung motiviert. Denn stimmt die Pauschalannahme, wir lebten im Kontrast zu einer Ära der Tatsachen heute in postfaktischen Zeiten? Nein, und dies aus gleich drei Gründen. Eine solche Post-Truth-Diagnose ist erstens geschichtsblind, weil sie, rein begriffslogisch gesprochen, besagt, dass Wahrheit früher einmal als das beherrschende Regulativ der Politik und des sozialen Miteinanders gegolten haben könnte.

Das hieße, dass Wahrheit in früheren Zeiten klar dechiffrierbar war, nur eben leider nicht mehr heute. Eine solche Prämisse bildet, sehr vorsichtig formuliert, die Wahrheitskriege auf diesem Planeten und die lange Blutspur der Phantasmen (»jüdische Weltverschwörung«) nicht korrekt ab. Und natürlich wird in der Aufregung der Gegenwartsanalyse übersehen, dass es, seit Medien existieren, schon immer auch Falschnachrichten gab und insbesondere die Industrie der Klatsch- und People-Magazine seit ihrer Gründung sehr gut vom Verkauf gefälliger, unterhaltsamer Lügen gelebt hat – und dies nach wie vor tut. Zweitens suggeriert der Begriff des Postfaktischen, man selbst sei im Besitz der Fakten, die andere Seite jedoch nicht. Das Etikett dient zur Stigmatisierung seltsamer, fremder Twitter-Stämme, die leider nicht wissen, dass Empirie mehr ist als ein diffuses Gefühl von Gewissheit. Das Wort taugt als ein Zeigefingerbegriff, der gerade nicht dazu anregt, überhaupt erst zu begreifen, wie und auf welche Weise der andere zu seiner Wahrheitsauffassung gelangt ist, die man selbst so unbedingt für falsch hält. Diese Zeigefingergeste ist analytisch steril, weil sie sich zur pauschalen Abwertung nutzen lässt, aber nicht zur nuancenreichen Untersuchung animiert, wie hermetisch abgedichtete Realitätsbilder unter den gegenwärtigen Kommunikationsbedingungen überhaupt zustande kommen. Der dritte Fehler der Zeitalterdiagnose besteht darin, dass man die Möglichkeit von Wahrheitserkenntnis implizit behauptet, ohne auch nur beiläufig anzudeuten, dass das sogenannte Faktische seit den frühen Skeptikern Anziehungspol des prinzipiellen Zweifels darstellt. Das heißt, die Beschwörung eines Epochenbruchs – Zeichen der großen Unruhe, sprachliche Manifestation der Erschütterung im Angesicht frei flottierender Lügen – ist erkenntnis- und wissenschaftstheoretisch naiv, Ausdruck eines vorphilosophischen Feuilletonismus, der primär dazu dient, die eigene Erregung auszudrücken. Denn man muss konstatieren: Wahrheit ist ein intersubjektiv gültiges, jedoch vielfältig bedingtes, unvermeidlich zeitspezifisches, deswegen jedoch keineswegs beliebiges Konstrukt. Das ist die Einsicht einer grundsätzlichen Befangenheit im Prozess der Weltwahrnehmung, die zahllose erkenntnistheoretische Entwürfe der Gegenwart eint, ganz gleich ob sie sich auf die Philosophie oder auf die Neurobiologie beziehen. Aber man muss sich gar nicht auf das Feld der Erkenntnistheorie bewegen, um zu erleben, dass Wahrnehmung nicht als punktgenaue Abbildung der Wirklichkeit verstanden werden kann. Dazu reicht schon die oberflächliche Betrachtung der Medienpraxis völlig aus. Jeder, der publiziert, so wird unmittelbar deutlich, arrangiert Erlebtes und Erfahrenes, Recherchiertes und im Extremfall Erfundenes, er komponiert Aussagen im Blick auf den Effekt; er wählt Geschichten und Szenen, Metaphern und Bilder, die ihm wichtig sind, montiert Handlungsstränge, personalisiert und fokussiert. Und blendet – schon im Akt der Auswahl – eine gigantische, als irrelevant klassifizierte Restwelt aus. Damit lautet das zentrale Axiom auch für diejenigen, die sich um intersubjektive Gültigkeit bemühen und das Wahrheitskonzept als orientierende Norm keinesfalls aufgeben wollen: Man kann nicht *nicht* konstruieren, aber es gibt selbstverständlich Wahrheits- und Wirklichkeitsentwürfe sehr unterschiedlicher Qualität und Glaubwürdigkeit. Wenn man dieses Axiom der grundsätzlichen Bedingtheit von Wirklichkeitskonstruktionen akzeptiert, wenn man also die Erklärungshysterie zu dämpfen versucht, den verborgenen Wahrheitsfuror ein wenig abkühlt, der in der Behauptung von einem postfaktischen Zeitalter und auch schon in dem Begriff Fake-News selbst steckt, dann bleibt doch – aller Relativierung zum Trotz – der zentrale Befund bestehen, dass zunehmend Unsicherheit darüber herrscht, was denn nun stimmt und wer denn nun mit welchen Absichten und Interessen spricht. Der vernetzte Mensch ist auch deshalb in Unruhe und im Zustand des Verstörtseins, weil sich Gewissheiten heute vor aller Augen auflösen, weil der Marktplatz der Ideen und Wahrheiten – dieser ideal gedachte Raum des Öffentlichen, diese Sphäre des Arguments und des Abwägens – so offenkundig durchlässig geworden ist für Propaganda, für Manipulation und Fälschung, die man zwar erahnt, aber doch nicht wirklich dingfest zu machen vermag. Wahrheit ist heute umstrittener und umkämpfter denn je; dies auch deshalb, weil sich jeder – vom einzelnen Blogger oder ehrenamtlich schuftenden Wikipedia-Mitarbeiter bis hin zum Geheimdienst einer fremden Macht – in die große Schlacht um die richtige Auffassung hineinzuwerfen vermag und weil die Auseinandersetzung selbst, in all ihren Verästelungen, ihren Abzweigungen und Formen für jeden, der einen Netzzugang besitzt, erlebbar und doch oft nur schwer einschätzbar ist. Man kann sich diese neuartige Sichtbarkeit von Versionen und Varianten des Realen an den mitunter absurd scheinenden Wahrheitskriegen verdeutlichen, die sich auf Wikipedia in den Versionsgeschichten einzelner Artikel einsehen lassen. Hier wird in Gestalt von Metadaten (Diskussionen, Belege, Links zu weiteren Materialien etc.) die Verschiedenartigkeit der Wirklichkeitsauffassungen manifest. Hier sind die unterschiedlichsten Gewissheiten dokumentiert, über die manchmal auch dann erbittert gestritten wird, wenn es eher ums Detail geht. Zum Typus des eher pingeligen, kleinteiligen Wahrheitskrieges zählt beispielsweise die fanatisch ausgefochtene Fehde auf der englischsprachigen Wikipedia, wie die Berliner Voßstraße korrekt geschrieben wird, ob es Voßstrasse, Vossstrasse, Voss Strasse oder Voss-Straße heißen muss. Zu dieser Kategorie gehört ebenso der mehrere Monate andauernde, fatal eskalierte Streit, ob es sich bei dem Donauturm in Wien nun um einen Aussichtsturm oder – Vorsicht! – um einen Aussichts- *und* Fernsehturm handele. Strittig scheint auch, ob man den Meeresgolf zwischen dem Iran und den arabischen Staaten als »Arabischen« oder »Persischen« Golf bezeichnen sollte. Weiter verkompliziert wird die Lage inzwischen dadurch, dass einzelne Wikipedia-Autoren die Aufgabe der Korrektur von angeblichen Fehlern und Falschheiten inzwischen an selbstprogrammierte Editier-Bots delegiert haben, die Artikel nach Änderungen absuchen und diese gemäß der Auffassung ihrer Herren wieder zurückändern.[27]

Was sich am Beispiel solcher von Menschen oder Bots ausgeführter Edit-Wars zeigt, ist die Verschiedenartigkeit der Auffassungen, die ungefilterte Unmittelbarkeit unterschiedlicher Wirklichkeiten. Damit wird deutlich: Der Angriff auf die Idee eines Wahrheitsmonopols ist die wortlose Zentralbotschaft der digitalen Zeit. Die Idee letzter Gewissheit oder auch nur die Idee eines einigermaßen stabilen Realitätskonsens zerfällt und zerbröselt öffentlich, für alle sichtbar und in unabweisbarer Deutlichkeit. Das ist der »symbolic fallout« (ein Ausdruck des Kulturkritikers Ivan Illich), die implizite, unmittelbar erfahrbare Kernaussage eines medial blitzschnell manifestierbaren Pluralismus. Damit sind Erfahrung einer *informationellen Verunsicherung* und der Eindruck einer prinzipiellen Fraglichkeit von Wissen und Wahrheit unvermeidlich. Allerdings ist diese Erfahrung nicht nur negativ, weil sie sehr unterschiedliche Effekte auszulösen vermag. Sie kann das Weltbild des Dogmatikers produktiv erschüttern; sie kann von der Diktatur der Monoperspektive befreien und als Bereicherung und als Stimulus eines Aufbruchs in Richtung der autonom fabrizierten Erkenntnis verstanden werden. Aber die Konfrontation mit Kontingenz vermag eben auch, dies ist die menschlich wahrscheinlichere Reaktion, zu verstören und zu schockieren, wird doch die Ruhebank fester Wahrheiten vor aller Augen demoliert. Allerdings muss man bei der Suche nach den Gründen für die prinzipielle Fraglichkeit des Wissens sehr behutsam vorgehen, den Facettenreichtum der Anlässe und Bedingungen sichtbar machen. Es braucht, um die Wahrheitskrise des digitalen Zeitalters zu begreifen und die Tiefeneffekte der Verstörung und Verunsicherung zu dechiffrieren, das breitere Bild, die umfassendere Perspektive. Das Spezialdrama der Fälschungen und die hysterisch-apokalyptische Interpretation ebendieser Fälschungen als Eintritt in eine postfaktische Phase der Menschheitsgeschichte ist noch nicht aussagekräftig genug, weil sie zu stark an der Oberfläche des Ereignishaften und der seltsam wirkenden Kuriosität hängenbleibt. Man muss die Geschichte medialer Veränderungen in einer Form erzählen, die das Verschwimmen der Grenze zwischen Fakt und Fiktion als Resultat einer tektonischen Verschiebung der Informationsarchitektur und als Konsequenz einer *Deregulierung des Wahrheitsmarktes*[28] spürbar werden lässt; die Geschichte, um die es geht, handelt von der prinzipiellen Neuordnung der Welt- und Wirklichkeitsbezüge unter den Bedingungen der Digitalisierung.

Die Katastrophe, der Terror und die Gesetze digitaler Medien

Wenn man diese Neuordnung der Welt- und Wirklichkeitsbezüge besser verstehen will, lohnt sich die Frage: Wie verbreiten sich Informationen? Und was fangen Menschen mit ihnen an, wie gehen sie mit ihnen um? Es sind, paradox genug, Berichte über Katastrophen und Anschläge, also die Auseinandersetzung mit Extremereignissen unterschiedlichster Gestalt, die die allgemeinen Gesetze der Informations*verbreitung* und die grundsätzlich gültigen Muster der Informations*verarbeitung* im digitalen Zeitalter greifbar werden lassen. Sie offenbaren die Normalität am ungewöhnlichen Fall, die Regel am Beispiel der Ausnahme. Es ist, um ein erstes Beispiel zu wählen, die Geschichte des Piloten Charles Sullenberger, die Hinweise darauf gibt, welche Verbreitungsdynamik heute beherrschend ist. Sullenberger, der am 15. Januar 2009 mit der US-Airways-Maschine A320 kurz nach dem Start vom New Yorker Flughafen LaGuardia in einen Schwarm von Gänsen gerät, die sich in den Turbinen verfangen und die Triebwerke des Flugzeugs zerstören, hat eine der spektakulärsten Notlandungen der Fluggeschichte hingelegt. Er steuert, weil er bemerkt, dass die Maschine nicht mehr genug Schub besitzt, um einen Flughafen zu erreichen, direkt in den Hudson River, wohl wissend, dass sein Manöver viele Menschen das Leben kosten kann. Aber das Flugzeug zerbricht nicht, die Tanks explodieren nicht. New Yorker Ausflugschiffe und Fährboote, die wie auf ein geheimes Kommando zu dem allmählich sinkenden Flugzeug fahren, holen sämtliche Passagiere an Bord. Neben der spektakulären Notlandung und der sofortigen Rettung gibt es noch eine weitere, von der Wucht des Ereignisses überdeckte, längst seltsam normal wirkende Sensation, nämlich die Art und Weise der Informationsverbreitung vom Unglücksort.[29] Ganz konkret: Um 15.31 Uhr stößt das Flugzeug im Hudson River auf die Wasseroberfläche. Zwei Minuten später geht der erste erregt formulierte, vermutlich auch deswegen orthografisch nicht ganz korrekte Tweet von Jim Hanrahan online, der alles beobachtet hat: »I just watched a plane crash into the hudson river in manhattan.« Fünf Minuten nach der Landung schießt der Geschäftsmann Janis Krums, der sich auf einer der Fähren befindet, ein erstes Foto und verbreitet es mit den Worten über Twitter: »There's a plane in the Hudson. I'm on the ferry going to pick up the people. Crazy.« 15 Minuten benötigen die klassischen Medien, um mit den ersten Berichten nachzuziehen. Unterdessen rasen der erste Tweet und das erste Foto vom Ort des Geschehens um die Welt und werden tausendfach gelesen und angeschaut.

Es sind drei zentrale unser Welt- und Wirklichkeitsbild prägende Gesetze der Informationsverbreitung, die sich an diesem Beispiel zeigen. Erstens, Information ist unter digitalen Bedingungen irrwitzig schnell *(das ist das Gesetz der blitzschnellen Verbreitung).* Sie lässt sich zweitens barrierefrei einer Weltöffentlichkeit zugänglich machen *(das ist das Gesetz der ungehinderten Veröffentlichung).* Sie ist drittens gerade im Falle von emotionalisierenden Themen hochgradig kombinations- und reaktionsbereit, wird rasch kopiert, von Website zu Website transportiert, in immer neuen Kontexten publiziert, mit anderen Informationen kombiniert *(das ist das Gesetz der einfachen Dekontextualisierung und Verknüpfung).* Diese Formen der Informationsverbreitung sind für sich genommen weder gut noch schlecht, aber sie sind, um eine erhellende Formulierung des Technikhistorikers Melvin Kranzberg aufzugreifen, auch nicht neutral.[30] Sie wirken verschärfend, begünstigen und befördern eine Dynamik der unmittelbaren Eskalation und erzeugen den Schock der direkten Gegenwart, der totalen Präsenz des Ereignisses.[31] Dieser medial produzierte Gegenwartsschock kann äußerst positive Folgen haben, wenn entsetzliches Unrecht sofort bekannt wird. Er kann enorm lehrreich sein, wenn weit entfernte Ereignisse mit Hilfe von Smartphones und sozialen Netzwerken im Live-Modus übertragen werden und sich eine Weltgemeinde von Augenzeugen bildet, die ungefiltert betrachtet, was sich auf den Straßen von Kairo, Kiew oder auf den Plätzen von Istanbul ereignet. Und doch geraten die Gesetze der *Informationsverbreitung* unvermeidlich in Widerspruch zu einem Ideal der *Informationsverarbeitung* und dem Bemühen um die ausgeruhte Wahrheitssuche, die möglichst vorurteilsfreie, abwägende Überprüfung von Annahmen, die sich eben nicht im Ad-hoc-Modus bestätigen oder widerlegen lassen. »Information ist schnell«, so formuliert der Netzphilosoph Peter Glaser das Dilemma der digitalen Moderne, »Wahrheit braucht Zeit.«[32]

Dass wir zwar rasch informiert sind, dass irgendetwas Furchtbares passiert ist, aber nicht in vergleichbarer Geschwindigkeit wissen können, was von alldem wirklich stimmt, wird offensichtlich, wenn man sich mit der Berichterstattung über Attentate und Terroranschläge befasst. Hier zeigen sich in brutaler Regelmäßigkeit folgende Muster: Sofortberichte, Sofortreaktionen, Falschmeldungen in Serie, allgemeine Desorientierung, pauschale Verdächtigungen; dies alles in den sozialen Netzwerken, aber durchaus auch in den etablierten Medien und den klassischen Redaktionen, die im Wettlauf um Geschwindigkeitspokale unbedingt mitmischen wollen. So geschehen – beispielsweise – kurz nach den Terroranschlägen von Boston am 15. April 2013.[33] An diesem Tag im April detonierten inmitten einer Zuschauermenge in Rucksäcken versteckte Sprengsätze in der Zielgeraden einer Marathonstrecke. Getötet wurden drei Menschen, Hunderte verletzt. Was dann folgte, war das Spektakel einer fiebrigen Tätersuche, an der sich alle beteiligten. Plattformen und Websites wie Twitter, Reddit, Facebook und 4chan wurden für einen langen Augenblick zu den Instrumenten einer modernen Hexenjagd. Und auch CNN und die Nachrichtenagentur *Associated Press* (AP) verbreiteten Falschmeldungen, angesteckt vom allgemeinen Wettlauf um die Attentäter-Trophäe. Die *New York Post* veröffentlichte das Foto eines zu Unrecht Verdächtigten auf der Titelseite. Die Bilanz des Informationsdesasters: millionenfach verbreitete Gerüchte, fatale Fehlinterpretationen grobkörniger FBI-Fahndungsfotos und angeblicher Polizeifunkmeldungen, Hassausbrüche gegenüber der Familie eines fälschlich beschuldigten Studenten, die ihren unter Depressionen leidenden, später tot aufgefundenen Sohn vermisst gemeldet hatte und nun im Moment einer verzweifelten, immer noch hoffenden Suche am öffentlichen Pranger stand. Das Dauerbombardement mit fehlerhaften, unverdauten Neuigkeiten sei endgültig sinnlos geworden, so schrieb der Journalist Farhad Manjoo in dem Online-Magazin *Slate* in einer kritischen Auseinandersetzung mit der Berichterstattung. »Wir bekommen«, so seine Diagnose, »Nachrichten viel schneller, als wir daraus klug werden können, informiert via Handyfotos, Augenzeugen, die wir in Social Networks finden und zweifelhaften offiziellen Quellen wie den Polizeifunk. Das echte Leben bewegt sich viel langsamer als diese Technologien.«[34]

Deutlich wird – neben den hier analysierten Temposchäden – auch, dass die vernetzte Gesellschaft noch kein kommunikatives Register entwickelt hat, um mit dem Horror der Ungewissheit, der Extremereignisse wie Anschläge und Terrorattentate unvermeidlich umgibt, umzugehen. Gewiss, es gibt hektisch zuckende Live-Ticker, die in Echtzeit für Aufklärung sorgen sollen. Selbstverständlich, man bekommt immer wieder auch Sondersendungen zu sehen, in denen demütig wirkende Journalisten in einer Endlosschleife der Wiederholung proklamieren, dass jede ihrer Behauptung mit einem großen Fragezeichen zu versehen sei. Natürlich, man hat neue Formate der Nachrichtenaufbereitung (»was wir wissen – und was wir nicht wissen«) erfunden, mit deren Hilfe man sich bemüht, die Grenzen zwischen Gewissheit und bloßer Spekulation sehr viel präziser und transparenter auszuleuchten. Aber das Unerwartete eines Attentats oder Anschlags erzeugt im Verbund mit dem Geschwindigkeitsrausch der vernetzten Welt und dem Bedürfnis nach sofortiger Klärung, so lässt sich zeigen, notwendig ein *vierfaches Informationsvakuum,* auf das man dann mit Falschdarstellungen und der Beschädigung Unschuldiger und Unbeteiligter und anderen Grenzüberschreitungen reagiert.[35]

Auch zur Illustration dieses vierfachen Informationsvakuums lohnt es sich, ein Beispiel aus der jüngeren Katastrophengeschichte anzuführen. Es lässt das Zusammenspiel von verstörender Dramatisierung und dem Bedürfnis des Publikums, sofort alles ganz genau zu wissen, exemplarisch greifbar werden. Am 24. März 2015 steuert der Pilot Andreas Lubitz auf einem Linienflug von Barcelona nach Düsseldorf einen German-Wings-Airbus 320 bewusst gegen eine Bergwand in den französischen Alpen. Er selbst und alle 149 Mitreisenden sterben, sie werden durch den Suizid des an Depressionen leidenden Piloten in den Tod gerissen. Das Zusammentreffen von Katastrophe, elementarer Ungewissheit bei gleichzeitigem Sofortsendezwang lässt in den Tagen danach erstens ein *Nachrichtenvakuum* offenbar werden, dass man zunehmend, eben in Ermangelung von relevanten Neuigkeiten, mit Nonsens- und Pseudo-News (»Website von German-Wings nicht erreichbar!« »Komiker Stefan Raab lässt seine Sendung ausfallen!«) füllt. Es entsteht in einer solchen Situation der elementaren Ungewissheit zweitens ein *Faktizitätsvakuum,* auf das man in diesem Fall schlicht durch Falschbehauptungen reagiert. Man weiß wenig Genaues – und präsentiert dementsprechend Vermutungen vorschnell als Gewissheiten. So wird beispielsweise suggeriert, die Lufthansa sei aufgrund ihrer Unternehmenspolitik und des Einstiegs in den von Preiskämpfen bestimmten Markt der Billigflieger irgendwie mitschuldig am Absturz des Flugzeugs; vielleicht habe man sich nicht ausreichend um die Sicherheit der Maschine gekümmert, um Kosten zu drücken – eine Behauptung, die man trotz der Unkenntnis der eigentlichen Umstände bereits als mehr oder minder feststehende Tatsache präsentiert. Die hektische Suche nach Ursachen, der Versuch, sofort Erklärungen, Motive und Hintergründe zu präsentieren, bringt darüber hinaus drittens ein *Interpretationsvakuum* hervor. Im Falle von Andreas Lubitz sind es wahlweise Journalisten, Experten der Luftfahrttechnik, aber auch Psychologen oder gar ein Pizzabäcker, der den Piloten kannte, die mit Spekulationen aushelfen und die unterschiedlichsten Deutungen zur Unglücksursache oder der Persönlichkeit und Seelenlage des Piloten liefern. Schließlich erzeugen der allgemeine Bilderhunger und das Bedürfnis nach einer Sofortillustration des Schreckens viertens unvermeidlich ein *Visualisierungsvakuum*. Man braucht Bilder, hat aber womöglich keine.[36] Was bekommt man im Falle des Flugzeugabsturzes zu sehen? Beispielsweise einen weinenden Nachbarn, das Wohnhaus des Piloten und seiner Eltern, trauernde, erschütterte Schüler, die ihre Klassenkameraden bei dem Todesflug verloren haben und verzweifelt beieinanderstehen. Es sind seltsam kontextfrei präsentierte Aufnahmen, die dem Noch-nicht-Wissen mit einer Art Abwehrzauber der Verbildlichung begegnen, die Aufklärung lediglich simulieren, weil die gewählten Bilder nur als diffus-bedrückende Chiffren des Schreckens taugen, nicht jedoch zur Illustration von Einsicht und Erklärung.

Das übergeordnete Muster, das sich im Falle von solchen Ad-hoc-Berichten offenbart, könnte man die Tabuisierung der Ratlosigkeit nennen. Man weiß nichts sicher, aber darf ebendies nicht zugeben; man will sich nicht eingestehen, dass man noch nicht sagen kann, was das Geschehen eigentlich bedeutet, welche Nachrichten und welche Fakten tatsächlich relevant, welche Interpretationen und Bilder wirklich sinnvoll sein könnten. Damit stellt sich die Frage, warum dieser in der digitalen Sphäre so leicht herstellbare Zustand der Ungewissheit kognitiv so schwer aushaltbar ist. Die Antwort ist anthropologischer Pessimismus pur, sie lautet: Menschen sind in hohem Maße sinn- und sicherheitsbedürftige Wesen, eingehüllt in ihre Sehnsucht nach Bestätigung, verkapselt im Kokon ihrer Urteile und Vorurteile, äußerst energisch in dem Versuch, eigene Überzeugungen und auch bloß diffus gefühlte Gewissheiten (der amerikanische Comedian Stephen Colbert nennt dieses Wahrheitsgefühl erhellend »truthiness«) zu verteidigen.

Die Unaushaltbarkeit der Ungewissheit in einer intensiv vernetzten, blitzschnell reaktionsbereiten Gesellschaft zeigt sich an einem weiteren Beispiel, das hier beschrieben werden soll. Es geht um die Silvesternacht des Jahres 2015/2016, in deren Verlauf es zwischen dem Kölner Hauptbahnhof und dem Kölner Dom (und an anderen Orten und in diversen anderen Städten in Deutschland) zu massiven sexuellen Übergriffen auf Frauen kommt, zumeist begangen von Männern aus Nordafrika und dem arabischen Raum. Auch im Falle dieses Ereignisses ist über Tage hinweg vieles unklar. Etablierte Medien berichten mit der Ausnahme einiger Lokalzeitungen eher zögerlich. Die Polizei liefert zunächst geschönte Berichte. Aber als die Meldungen vom Ausmaß der Attacken schließlich doch durchdringen und national und international für Aufsehen sorgen, lässt sich ein Phänomen beobachten, das ich als *kommentierenden Sofortismus* bezeichnen will.[37] Man interpretiert unmittelbar und viel zu schnell. Die unvermeidlich noch vorhandene Unübersichtlichkeit der Lage wird durch scharfe, mit maximalem Wahrheitsfuror formulierte Ad-hoc-Kommentare überspielt – ganz so, als ließe sich im Akt des Kommentierens und des Instant-Interpretierens wieder Sicherheit gewinnen, als sei das noch diffuse, ungeklärte Ereignis die entscheidende Gelegenheit, um ohnehin schon vorhandene Deutungsmuster, ungetrübt von präziser Kenntnis, zu stabilisieren. Und ganz so, als könne man durch die emotionale Sofortdeutung im Moment allgemeiner Erregung das Warten auf belastbare Faktizität verdrängen. Den kommentierenden Sofortismus praktizieren im Falle der Übergriffe in der Silvesternacht interessanterweise alle politischen Richtungen und alle Fraktionen. Für Rechte, die gleich eine Massenvergewaltigung behaupten oder in der Berichterstattung Indizien für eine Medienverschwörung und die Macht von Schweigekartellen sehen, scheinen die Hintergründe genauso klar wie für Linke, die sofort vor Rassismus warnen, von der angeblichen Sexualnot der Täter fantasieren oder die Übergriffe auf Frauen als allgemeines Gesellschaftsproblem verhandelt wissen wollen. Überdies gibt es, auch das ist typisch für die erregte Sofortkonstruktion von Gewissheit, alsbald visuelle Scheinbelege zur Bestätigung der ohnehin vorgefassten Meinungen. So kursiert ein angebliches Beweisfoto, das ein weißes Mädchen zeigt, das sich offenkundig gegen die Umarmung durch einen Schwarzen sträubt und sich die Nase zuhält. Das Foto stammt jedoch, anders als behauptet, nicht aus dem Köln der Silvesternacht, sondern ist seit Jahren unter dem Titel »funny picture, smelly Nigger« im Netz zu sehen.[38]

Was heißt dies, allgemeiner formuliert, im Blick auf die Mechanismen der Informationsverbreitung und der Informationsverarbeitung und die Frage der Wahrheit? Zum einen kann man, grundsätzlich betrachtet, festhalten, dass Menschen Wahrheiten und Gewissheiten brauchen und sich nach klarer Einschätzung sehnen. Zum anderen wird deutlich, dass die Gesetze der Informationsverbreitung dieses Gewissheitsbedürfnis sehr unmittelbar und sehr effektiv destabilisieren können, weil sich in Hochgeschwindigkeit Unsicherheit und diffuse Bedrohungsszenarien erzeugen lassen. Und schließlich wird die diffus-bedrohliche Ungeklärtheit der Situation durch Ad-hoc-Kommentare und Instant-Interpretationen abgewehrt, die sich häufig als übertrieben erweisen, also die Wahrheitskrise verschärfen.

Entfesselung des Bestätigungsdenkens

Allerdings: Das bisher entworfene Bild der Erkenntnissituation des digitalen Zeitalters ist noch unvollständig. Es fehlen ihm noch entscheidende Facetten. Denn man kann die Verunsicherung nicht nur blitzschnell, eben durch die unmittelbare Verbreitung von Schreckensnachrichten, *produzieren;* man kann sie nicht nur, wie geschildert, mehr oder minder souverän *überspielen.* Informationen, die Verunsicherung und Ungewissheit erzeugen, die womöglich beunruhigende »Sinnbedrohungen« (ein Ausdruck des Psychologen Travis Proulx), aber eben auch herausfordernde, den Horizont erweiternde Lernchancen darstellen, lassen sich überdies heute technisch ziemlich perfekt *unsichtbar machen,* passend zur elementaren Sehnsucht nach einer Bestätigung dessen, was man ohnehin glaubt und für richtig oder wichtig hält. Dieses Unsichtbarwerden von womöglich beunruhigenden Störsignalen, die das eigene Weltbild irritieren und eben auch in produktiver Weise verändern könnten, ist ein mögliches Resultat der Personalisierung von Suchergebnissen durch eine Suchmaschine wie Google. Das Prinzip ist simpel, aber der zugrunde liegende Mechanismus der algorithmischen Berechnung äußerst komplex und einigermaßen intransparent. Es ist unklar, auf welche Weise der Algorithmus von Google, Facebook oder eines anderen Netzgiganten funktioniert, der unterschiedlichen Menschen verschiedene Suchergebnisse und verschiedenartige Nachrichten präsentiert. Es handelt sich um eine Art Geheimrezept der Wirklichkeitskonstruktion. Man weiß lediglich, dass die eigene Suchhistorie (was hat man zu einem früheren Zeitpunkt recherchiert), das Profil der Interessen (was fand man womöglich interessant), der Standort (an welchem Ort der Welt hat man sich eingeloggt) und weitere konstant optimierte Parameter zu einem Persönlichkeitsprofil verdichtet werden, zu einem feingliedrig gesponnenen Geflecht aus wahrscheinlich ziemlich realistischen Hypothesen, die Aussagen darüber erlauben, was einen just in diesem Moment interessieren könnte und welche Werbeangebote einen eventuell faszinieren.

Diese unsichtbare, nur in ihren Effekten erfahrbare und nicht in ihrer Prozesshaftigkeit nachvollziehbare Kuratierung von Wirklichkeit lässt sich an einem Experiment demonstrieren, das bereits im Jahr 2009 durchgeführt wurde, also aus der Perspektive der Netzentwicklung schon eine kleine Ewigkeit her ist, jedoch die Brisanz der personalisierten Filterung nach wie vor illustriert. Die eigentlich ziemlich amüsante Untersuchung trägt den sperrigen Titel *Personal Web Search in the Age of Semantic Capitalism – Diagnosing the Mechanisms of Personalisation* und dreht sich um die Frage, wie der Google-Algorithmus wirkt, wie er auf sanfte, kaum dechiffrierbare Weise das Wirklichkeitsbild zu prägen vermag.[39] Um dies herauszufinden, schufen die Forscher Suchprofile von drei Philosophen, nämlich von Immanuel Kant, Friedrich Nietzsche und Michel Foucault. Sie nahmen sich je ein Buch der Denker vor, generierten aus Schlüsselbegriffen der Werke und weiteren wild zusammengesuchten Schlagwörtern Suchabfragen und trainierten in unterschiedlichen Sitzungen auf diese Weise den Google-Algorithmus. Sie simulierten also in immer neuen Anläufen ihres Google-Experiments durch die fortwährende Recherche drei unterschiedliche Persönlichkeits- und Interessenprofile. Das aufschlussreiche Ergebnis: Google personalisiert schon nach kurzer Zeit ziemlich radikal, vor allem jedoch im Feld der ersten zehn Suchergebnisse, die einem Nutzer angezeigt und aller Wahrscheinlichkeit nach auch geklickt werden. Im Durchschnitt waren rund 64 Prozent der Suchergebnisse spezifisch, was bedeutet, dass die virtuellen Suchpersönlichkeiten mit Namen Kant, Nietzsche und Foucault allmählich in deutlich unterschiedlich konfigurierte Wirklichkeiten hineindrifteten. Was Kant gleich an erster Stelle zu sehen bekam, wurde für Nietzsche oder Foucault womöglich als unwichtig und irrelevant aussortiert.

Wie schon angedeutet, all dies kann heute längst anders sein (die Filteralgorithmen werden beständig optimiert). Und natürlich ist die möglichst passgenaue Auswahl von Informationen unabdingbar, um die drohende Anarchie im Datenuniversum möglichst sinnvoll einzuhegen. Überdies wird kaum jemand die Welt allein und ausschließlich durch das Sichtfenster und die Maske einer Suchmaschine betrachten, sich also allein auf die Informationen verlassen, die er hier geliefert bekommt und die ganz andere sein mögen als die seines Nachbarn, den andere Themen umtreiben. Aber die grundsätzliche Gefahr eines radikal personalisierten Internets, die der Netzaktivist Eli Pariser in seinem Buch *Filter Bubble* beschreibt, ist damit nicht gebannt.[40] Sie besteht darin, dass sich der Einzelne – weitgehend ohne Korrektiv, ohne die Irritation durch andere Perspektiven – in seine höchstpersönliche Wirklichkeitsblase hineingoogelt. Man muss diesem Szenario, das Pariser beschreibt und das er zu dem Schreckensbild einer lernunwillig und irritationsunfähig gewordenen Gesellschaft verdichtet, nicht in allen Details folgen; denn das würde voraussetzen, dass die Algorithmen nur Bekanntes bestätigen, nicht jedoch auch den Lockruf in Richtung des Unbekannten und des Überraschenden programmieren, der schon aus ökonomischen Gründen – neue Bedürfnisse, neue Produkte, neue Märkte – attraktiv ist.[41] Es würde überdies bedeuten, dass man nur in einer einzigen Informationsumwelt lebt, was gerade unter den gegenwärtigen Bedingungen der medialen Hyperdiversität und der leichthändigen Verfügbarkeit unterschiedlichster Nachrichtenangebote hochgradig unwahrscheinlich ist. Kurzum: Die eigentliche Gefahr besteht nicht in einer algorithmisch determinierten Filter-Bubble, sondern in der Entfesselung des Bestätigungsdenkens in den gatekeeperfreien Zonen des Netzes. Das Problem ist nicht rein technischer Art, sondern technischer *und* sozialer Natur. Es geht nicht ausschließlich oder primär um die algorithmische Determinierung des Weltbildes, sondern um die selbstverschuldete kognitive Schließung mit Hilfe der neuen Medientechnologien.[42] Jeder, der mag, kann sich nun sein eigenes Sinnfeld erschaffen, innere Stabilität und größeres Selbstbewusstsein im Austausch mit anderen gewinnen und den jeweiligen Bestätigungsfehler *(confirmation bias)* leichthändig übersehen bzw. ihn immer wieder verifizieren. Aber auch hier muss man vor der vorschnellen Kritik warnen. Denn die Möglichkeit, sich rasch zu vernetzen und eigene Selbstbestätigungsmilieus zu entdecken, ist vielfach sehr hilfreich und äußerst nützlich; es handelt sich, grundsätzlich betrachtet, um eine gute Nachricht, die die Bildung von Wahlgemeinschaften ermöglicht. Denn es können sich nun diejenigen austauschen und verbünden, die ein sehr spezielles Hobby pflegen, unter Diskriminierung oder an einer seltenen Krankheit leiden, sich einfach nur unterhalten wollen. Die schlechte Nachricht lautet jedoch: In der digitalen Moderne wird auch der nach Bestätigung für seinen Fanatismus suchende Jäger und Sammler in die Lage versetzt, Gleichgesinnte zu entdecken, ideologisch verwandte Stämme ausfindig zu machen. Und er kann sich mit aller Entschiedenheit in Resonanzräume hineinbegeben, die seine bizarre, im Extremfall von Gewalt und Mordfantasien getränkte Privatwahrheit plausibel, vielleicht gar mehrheitsfähig erscheinen lassen. Dies hat das entsetzliche 1516 Seiten umfassende Manifest mit dem Titel »*2083*. Eine europäische Unabhängigkeitserklärung« von Anders Behring Breivik gezeigt, das er kurz vor seinen Mordtaten im Netz publizierte. Neun Jahre lang hat er, so heißt es, daran gearbeitet; neun Jahre hat er die Warnungen vor dem »Aufstieg eines alles kontrollierenden Multikulturalismus« und einer weltweiten Verschwörung von Marxisten, Humanisten und Menschenrechtsorganisationen zusammenkopiert, rechte, antiislamische Blogs besucht, Websites studiert, Belege und Autoritätenzitate in endloser Folge montiert, die seiner Paranoia scheinbar einen festen Grund gegeben haben, seinem Hass ein Fundament. Schließlich stilisierte er sich zum Kreuzritter an der Spitze einer »westeuropäischen Widerstandsbewegung«. Der letzte Eintrag des Textes lautet: »Es ist jetzt Freitag, der 22. Juli, 12.51 Uhr.« Wenige Stunden später zündete er vor dem Büro des Ministerpräsidenten in Oslo eine selbstfabrizierte Autobombe, die mehrere Menschen tötete. Er erschoss danach, als Polizist verkleidet, in einem Feriencamp auf der Insel Utøya wahllos Kinder und Jugendliche, die er unter dem Vorwand, sie über den Osloer Bombenanschlag zu informieren, mit der Autorität des Uniformierten zusammengerufen hatte. Insgesamt 77 Menschen starben. Dies ist gewiss ein Extrembeispiel einer medial möglich gewordenen Selbstradikalisierung mit furchtbaren Folgen. Entstanden ist hier, um ein kluges Wort des Netztheoretikers Michael Seemann aufzugreifen, ein *informationeller Meinungstresor,* zusammengesetzt aus eigenen Kommentaren, endlosen verzweigten Verweisen, feindseligen Blogeinträgen und den Hasskommentaren anderer; es handelt sich um einen Meinungs- und Hasstresor der Marke Eigenbau, der die Gefahren einer strikt selbstbezogenen, individualistisch-ideologischen Wirklichkeitskonstruktion offenbar werden lässt.[43]

Am bizarren Einzelfall wird greifbar, in welchem Maße sich die *Quellenbindung*, die *Methodenbindung*, die *Faktenbindung* und die *Expertenbindung*, also das Set einer traditionellen, einer klassischen, mehr oder minder hierarchisch strukturierten, in jedem Fall jedoch präfabrizierten, sozial vorgegebenen Wahrheitsordnung, im Universum frei umherwirbelnder, beliebig kombinierbarer Daten lockern lässt, um die persönliche Wahnvorstellung zu begründen. Ist das Netz also »schuld« an der Entstehung des Wahns? Dies gewiss nicht, denn eine solche Behauptung würde die Verantwortung des Einzelnen, die gerade an diesem Beispiel offenkundig ist, negieren. Ist das Netz somit »unschuldig«? Diese Frage ist schon deutlich schwieriger zu beantworten, aber letztlich auch falsch gestellt, weil sie nach wie vor strikte Kausalität suggeriert, die so nicht nachweisbar ist. Es geht um etwas anderes, nämlich um die eher diffusen, undeutlichen intellektuellen und sozialen Effekte, die in der medial erzeugten Kommunikationsumwelt selbst angelegt sind; es geht um die subtile Prägekraft medialer Umgebungen. Die entscheidende Frage lautet daher: Begünstigt das Netz – im Vergleich zu anderen Medien – die ideologische Selbstversiegelung? Dies muss man bejahen, denn Dokumente werden, einmal in einen Strom aus Bits und Bytes verwandelt, flüssig und wandelbar; sie lassen sich sehr viel leichter kombinieren, verbreiten, aus etablierten, gerade noch abgeschlossen wirkenden Formen und Formaten (z.B. einem Buch oder auch einer Zeitung) heraussprengen und damit eben auch als Bastel- und Baumaterial für Ideologien aller Art benutzen. Was als digitalisierte Information vorliegt, kann endlos verändert werden und verliert daher den Charakter der beharrungsstarken Instanz, die einen festen Ort in einer vorgegebenen Wahrheitsordnung besitzt, die dann ihre eigene Prägekraft entfaltet. Physisch-materielle Einschränkungen werden im digitalen Wirklichkeitsraum aufgehoben, Transformation ohne Kontexttreue ist mit einem Mal möglich; das scheinbar Gegebene wird grenzenlos veränderbar, kann leicht verschickt, empfangen und geteilt und endlos kopiert werden. »Mit der Digitalisierung gehen immer mehr Dinge, die zuvor an bestimmte unaustauschbare Materialien gebunden waren, in einen neuen Aggregatzustand über«, so der Netzphilosoph Peter Glaser. »Kulturdinge im weitesten Sinn – aus Zeichenbrettern, Tonstudios, Fernsehern, Büchern, you name it – werden Daten. Diese digitale Substanz hat eine grundlegend neue Leichtigkeit. Die digitalen Dinge lassen sich ungleich leichter bewegen als zuvor, weltweit senden, empfangen, verändern, kopieren, mit anderen teilen, remixen.«[44]

Gedruckt und auf Papier verewigt ist Information hingegen vergleichsweise statisch und fest, in der Regel schwerer zugänglich, kostet womöglich Geld und besitzt keinen leicht zu splittenden, eigenhändig transformierbaren Datenkörper. Konkreter und am Beispiel: Öffentlichkeit im Medium der klassischen gedruckten Zeitung besitzt unvermeidlich eine gebündelte Form. Und wer sich, diese Zeitung lesend, nicht für die Wirtschaftsberichte interessiert, muss den Wirtschaftsteil zumindest noch wegschmeißen. Wen das Feuilleton anödet, der kann es leichthändig entsorgen, wird aber immerhin – selbst im Akt der Abwehr, auf dem Weg zum Papierkorb – aus den Augenwinkeln noch über die Existenz eines besonderen Themenkanons informiert. Diese schwache Irritation in der Informationsorganisation will ich den *sanften Paternalismus der gebündelten Form* nennen, denn hier wird die Verschiedenartigkeit der fremden Perspektiven, hier wird die Gesamtheit der Inhalte als Setzung präsentiert, die sich zumindest nicht ganz ignorieren lässt. Es ist, darauf kommt es an, der Sender, der hier auf *seinem* Kanal das Themen- und Informationsbündel schnürt, die Agenda der Relevanz als Axiom verkündet. In alldem liegt ein stilles Drängen, sich mit fremden Wahrnehmungen zu befassen, sie ernst zu nehmen und überhaupt als existent zu registrieren.

Das Netz hingegen stellt von der Logik des Senders auf die Logik des Empfängers um und ordnet die Welt der beweglichen, nicht mehr in einer statischen Ordnung fixierten Daten und Dokumente passgenau in Richtung der eigenen Perspektive.[45] Man kann sich nun seine Realität, dies eben ohne Reibung mit der Agenda der Allgemeinheit, ohne Anbindung an eine fremdorganisierte Wahrnehmungswelt, konstruieren. Dies ist – einerseits – als Befreiung begreifbar, die eine neue Beweglichkeit zu stiften vermag und die Emanzipation von statisch-hierarchischen Wissenskonzepten ermöglichen kann, weil die gerade noch gegebenen Beschränkungen der Organisation von Informationen aufgehoben werden.[46] Andererseits kommt das Prinzip der Abfrage- und Empfängeröffentlichkeit der von eigenen Vorannahmen und Vorurteilen gesteuerten Informationssuche (der entsprechende Fachbegriff heißt *biased assimilation*) der Sehnsucht nach Bestätigung und Gewissheit sehr weit entgegen. Wer mag, kann sich jetzt, ob allein oder mit Gleichgesinnten, für die eigenen Dogmen jede Menge Gründe suchen, die ihm irgendwann als absolut zwingend erscheinen. Wer will, kann die wilde Vielfalt der Stimmen nutzen, um in einem Akt der gezielten Auswahl nur jenen Gehör zu schenken, die ihn bestätigen, um sich dann fortan in einer selbstgeschaffenen Echokammer oder auch einem Echobunker zu verbarrikadieren.[47] Das also ist das eigentümliche Paradox der digitalen Wahrheitsordnung, ihre ambivalente Gestalt. Sie erlaubt die kognitive Schließung und eine höchst wirksame Selbstdogmatisierung eben *aufgrund* ihrer Offenheit und einfachen Formbarkeit. Diese Wahrheitsordnung scheint – einerseits – so flexibel wie nie. Sie bildet kein festes oder gar erdrückendes System der Gewissheiten, keine hierarchisch exekutierbare Ideologie mit speziellen Inhalten, sondern sie zeigt sich als ein gewaltiger Fundus heftig rivalisierender Wirklichkeiten. Hierarchien werden eingeebnet, die Unterscheidung von Peripherie und Zentrum erodiert, orthodoxes Wissen verliert an Prägekraft. Aber das ist nur die eine, die helle Seite. Denn diese weiche, eigentlich die Idee der Vielfalt stützende Wahrheitsordnung gibt dem Fanatiker – andererseits – alle Möglichkeiten, seinen verstörenden Wahn als umfassend fundierte Weltsicht auszugeben und ihn mit dem Anschein der Plausibilität zu versehen. Er kann aus dem Fundus des Vorhandenen, gemeinsam mit Gleichgesinnten, neue Dogmen und Ideologien schöpfen, um dann die öffentliche Sphäre weithin sichtbar mit seinen Verrücktheiten zu fluten.

2 Die Diskurskrise – oder die Schwächung der Gatekeeper

Von der Mediendemokratie zur Empörungsdemokratie

Wie verändert sich der öffentliche Diskurs im digitalen Zeitalter? Wer gewinnt, wer verliert an Einfluss? Und wer darf überhaupt sprechen? Es ist die Geschichte von Martha Payne, einem kleinen Mädchen aus Schottland, die auf eine heitere, freundliche Weise Antworten liefert und zentrale Mechanismen illustriert. Sie beginnt im Jahr 2012 beim Abendbrot der Familie. Martha, damals neun Jahre alt, erklärt ihrem Vater, dass sie Journalistin werden will und täglich schreiben möchte. Ihr Vater richtet ihr einen Blog ein. Und sie entschließt sich, damit sie überhaupt etwas zu schreiben hat, gleichsam Stoff und Inhalte für die tägliche Produktion, über ihr Schulessen zu berichten, das sie jeden Tag in ihrer Grundschule bekommt. Sie leiht sich die Kamera des Vaters, fotografiert ihr Essen in der Schulküche, schreibt auf, was es so gibt – und entwickelt als frischgebackene Restaurantkritikerin eine Art Bewertungssystem: die Zahl der Bissen bei jeder Mahlzeit, ihre Einschätzung, ob das Essen gesund ist, schließlich: die Zahl der Haare, die sie findet und die nicht ihr gehören. Bald geht der erste Blogeintrag online, es gibt das erste Foto. Dieses Foto zeigt eine einzelne traurige Krokette, ein wenig Zuckermais, ein irgendwie vergilbt wirkendes Stück Pizza. Martha Payne notiert: »Ich bin ein Kind, das wächst, und ich muss mich den ganzen Nachmittag konzentrieren. Das schaffe ich nicht mit nur einer Krokette.«[48] Ihr Vater verlinkt den Blogeintrag über Twitter. Und dann geht alles ganz schnell. Martha hat mit einem Mal Tausende von Lesern. Es erscheinen die ersten Zeitungsberichte, der Starkoch Jamie Oliver schaltet sich über Twitter zu. Schulkinder aus Japan, Amerika, China, Korea, Finnland und vielen anderen Ländern der Welt schicken Bilder von ihren Mittagsmahlzeiten, die sie veröffentlicht. Alles explodiert endgültig, als Martha eines Tages in das Büro der Schulleiterin zitiert wird; man verbietet ihr, weitere Essensfotos zu machen – aus Angst vor noch mehr schlechter Presse im Angesicht all der entsetzlich verkochten Mahlzeiten, im Angesicht der brutalen Evidenz aus glasiger Dosenananas und organisierter Lieblosigkeit. Martha schreibt einen Blogeintrag mit dem Titel »Goodbye« und erzählt, dass sie traurig sei über das Verbot, aber nun aufhören werde. Ein Twitter-Sturm der Solidarität bricht los. Die *New York Times* und viele internationale Medien greifen jetzt die Geschichte auf. Innerhalb von 24 Stunden hat ihr Blog mehr als eine Million Besucher. Es kommt zu sogenannten *ragedonations,* Wutspenden. Viele Menschen sammeln jetzt Geld für Martha und ihr Anliegen. Und die Schulleitung lernt das Gesetz von der neuartigen Asymmetrie von Anlass und Effekt, von Ursache und Wirkung auf bittere Weise kennen: Minimale kommunikative Anstöße können maximale Wirkungen entfalten. Selbstverständlich wird das Fotoverbot angesichts des Empörungs-Tsunamis gleich wieder aufgehoben. Und Martha bloggt weiter. Sie erreicht, dass das Schulessen besser wird. Sie sammelt mehr als 100.000 Pfund und eröffnet von dem Geld eine eigene Schulküche im afrikanischen Malawi. Deutlich wird: Ein neunjähriges Mädchen kann im Zusammenspiel mit anderen ein Thema auf die globale Agenda setzen.

Was ist die Botschaft dieser Geschichte? Jeder ist heute zum Sender geworden und kann barrierefrei öffentlich machen, was ihn bewegt. Die Medienwissenschaft bezeichnet dieses Phänomen als *Disintermediation;* gemeint ist, dass sich die Gatekeeper alten Typs, die Wächter am Tor zur öffentlichen Welt in Gestalt von Journalistinnen und Journalisten, unter den aktuellen Kommunikationsbedingungen umgehen lassen und dass sie an Bedeutung verlieren.[49] Man kann nun, einen Netzzugang vorausgesetzt, sein eigenes Thema bekannt machen und auf ein Publikum hoffen, das sich interessiert. Gleichzeitig aber ist die Welt durchdrungen von Medien- und Netzwerkeffekten und neuen intransparent agierenden Gatekeepern, die als weitgehend unsichtbare Instanzen der Vorfilterung, der Auswahl und Gewichtung sowie der potenziell epidemischen Verbreitung wirken – ein Phänomen, das sich mit dem nicht minder sperrigen Begriff *Hyperintermediation* bezeichnen lässt.[50] Es sind Suchmaschinen und soziale Netzwerke, die es überhaupt erst ermöglichen, all die Ideen und Einfälle, all die Daten und Dokumente ausfindig zu machen und dann zu verbreiten. Sie werden von Milliarden von Menschen täglich genutzt. Und sie organisieren das, was öffentlich wirksam wird, mit Hilfe von Algorithmen und wirken als Weltbildmaschinen eigener Art, als globale Monopole der Wirklichkeitskonstruktion, die längst mächtiger sind als die klassischen Nachrichtenmacher und die traditionellen Massenmedien. Die algorithmische Vorfilterung ist, entgegen anderslautender Behauptungen, nicht notwendig neutral. Nur ein einziges Beispiel: Als am 9. August 2014 der schwarze Jugendliche Michael Brown bei einer Polizeikontrolle im amerikanischen Ferguson erschossen wird, kommt es in der Folge zu Demonstrationen, Protesten und Straßenschlachten. Die Bilder gehen um die Welt. Die amerikanische Soziologin und Bloggerin Zeynep Tufekci bemerkt, dass das Thema zunächst – im Gegensatz zu lustigen Meldungen über die nächste Runde in der Ice Bucket Challenge – in ihrem Facebook-Nachrichtenstrom kaum auftaucht, wohl aber auf Twitter, obwohl es auch hier trotz seiner offenkundigen Relevanz nicht zu einem sogenannten Trending-Topic aufrückt. Ursache ist die algorithmische Filterung, die darüber entscheidet, was als wichtig emporgespült wird und damit relevant erscheint. Das bedeutet, klassische Gatekeeper verlieren an Macht, weitgehend unsichtbare Instanzen der Informationsfilterung und -distribution gewinnen an Einfluss. Und der Einzelne agiert – befreit von der Vorabkontrolle durch Journalisten, aber geprägt von den intransparenten Gatekeepern der digitalen Zeit – mit seinen Einfällen und Anstößen in einem global vernetzten, hochsensiblen Kommunikationsuniversum, das seine Wirkung im Extremfall auf kaum kontrollierbare Weise maximiert.

Was heißt das für das Klima der Debatte und die Spielregeln des Diskurses? Es heißt, noch aus der Ferne und der Distanz betrachtet, dass im digitalen Universum ein offener, von kaum steuerbaren Netzwerkeffekten geprägter Raum entstanden ist, in dem die *Gleichzeitigkeit des Verschiedenen,* die Unterschiedlichkeit der Stimmungen und Stimmen unmittelbar zugänglich und unmittelbar erlebbar geworden ist. Man findet kluge, analytische Kommentare, erhellende und unterhaltende Beiträge in großer Zahl. Es gibt inspirierende Debatten auf Twitter und Facebook, in Blogs und Kommentarspalten; man entdeckt relevante Information und banale Narration, Berichte über echte Missstände und abstruse Behauptungen, das sinnlose Spektakel und die berührende Geschichte. Und man stößt auf Hass, Polarisierung und das Geraune der Verschwörungstheoretiker, die ihr Denken gegen jeden Einfluss gepanzert haben. All diese Parallelöffentlichkeiten sind simultan präsent. Die Möglichkeit der Disintermediation bei gleichzeitiger Hyperintermediation hat überdies zur Folge, dass sich allmählich eine neue Form und Formation der Diskursöffentlichkeit herausbildet, die hier *Empörungsdemokratie* genannt werden soll.[51] Was damit gemeint ist, wird deutlich, wenn man die massenmedial organisierte vordigitale Mediendemokratie als eine Art Kontrast- und Vergleichsfolie benützt. In der Mediendemokratie alten Typs besaßen publizistische Großmächte maximale Deutungs- und Inszenierungsautorität. Diese konnten – noch vor dem Kulturbruch der Digitalisierung und der Verbreitung von Web-2.0-Technologien – darüber entscheiden, was überhaupt als wichtig gelten konnte, wer in welcher Weise gehört wurde, welche Präsentationsmuster akzeptabel schienen. Es gab klar erkennbare, institutionell fassbare Zentren des publizistischen Einflusses in Gestalt von Zeitungen, Radio- und Fernsehsendern. Hier waren klassische Leitmedien Taktgeber der Themensetzung und Journalistinnen und Journalisten die Gatekeeper. Sie ordneten die Vielfalt der Informationen, sie sortierten die Inhalte, sie entschieden über ihre Bedeutung und Publikationswürdigkeit. Sie praktizierten »ein Regime der Kontrolle darüber, welche Inhalte aus den Produktionsprozessen in Druck- und Funkmedien an die Öffentlichkeit gelangen« konnten.[52] Schon im Akt der Auswahl und gewiss in der Form der Präsentation bahnten sie auf diese Weise die Urteilsfindung des Publikums und markierten die Grenzen des Sagbaren und öffentlich Vertretbaren, die Leitlinien des Diskurses. Das Publikum war vergleichsweise passiv, trat primär als Konsument in Erscheinung und tauchte im eigentlichen Prozess der Kommunikation allenfalls als Schlusslicht auf. Wer mit einem Artikel oder einer Sendung nicht einverstanden war, konnte sich bei dem jeweiligen Medium beschweren; sehr viel mehr blieb ihm nicht an Interaktions- und Interventionsmöglichkeit. Für diese Welt der Mediendemokratie galt, was der Soziologe Niklas Luhmann zu Beginn eines berühmt gewordenen Essays schrieb: »Was wir über unsere Gesellschaft, ja über die Welt, in der wir leben, wissen, wissen wir durch die Massenmedien.«[53]

Mit der Digitalisierung ist die Macht der Massenmedien keineswegs verschwunden. Überdies besteht die Mediendemokratie alten Typs, wenn auch sehr viel stärker interaktionsbezogen und publikumsgetrieben, als *eine* Form der Organisation von Öffentlichkeit weiterhin fort. All dies muss man, im Bemühen, vorschnelle Pauschalbehauptungen, die vom Ende der klassischen Medien künden, festhalten. Und doch ist die Zahl der Informationsquellen, die von der Welt handeln, in der wir leben, explosiv gewachsen. Die Medien als die Informationsträger sind andere geworden. Überdies lässt – neben den elementaren Prozessen der Disintermediation und der Hyperintermediation – ein Bündel medialer und ökonomischer Rahmenbedingungen den Einfluss der klassischen Gatekeeper und der Qualitätsmedien schwinden. Zum einen hat die PR-Industrie massiv aufgerüstet, und der Markt der Werbeeinnahmen ist eingebrochen, weil lukrative Anzeigen ins Netz abwandern und die Etats schrittweise in Richtung der Digitalgiganten (vor allem Google und Facebook) umgeschichtet werden. Insbesondere Printmedien bzw. Tageszeitungen befinden sich inzwischen in einem verschärften Existenzkampf.[54] Ihre Auflage bröckelt, ihre Rendite schwindet. Das Kernproblem besteht darin, dass die Grundfrage, wie sich journalistische Qualität refinanzieren lässt, nach wie vor ungelöst ist. Es fehlt das robuste, langfristig erfolgreiche Geschäftsmodell, um die sinkenden Einnahmen auszugleichen. Man experimentiert daher mit Nebengeschäften (Reisen, Bildungsangebote), erprobt unterschiedliche Werbe- und Marketingformate und Mischformen der Berichterstattung (Native Advertising, Content Marketing), die allerdings zu Lasten der Glaubwürdigkeit des gesamten Gewerbes gehen können, weil systematisch unklar wird, ob man es mit einer einigermaßen unabhängigen Analyse oder bezahlten Botschaften zu tun hat. Und man etabliert Bezahlschranken im Netz und arbeitet mit verschiedenen Paid-Content-Varianten, dies alles jedoch bislang ohne durchschlagenden Erfolg. Zum anderen, auch dies gehört zu den prägenden Rahmenbedingungen, sind Plattformen wie Facebook inzwischen derart mächtig geworden, dass der Journalismus allmählich die Hoheit über die Vertriebskanäle zu verlieren droht. Tatsächlich werden Nachrichten zunehmend, insbesondere von jüngeren Medienkonsumenten in sozialen Netzwerken rezipiert, nicht mehr notwendig auf der Ursprungswebsite oder gar in gedruckter Form, was die Markenbindung lockert und die Identifikation mit dem journalistischen Urmedium und der eigentlichen Quelle schwieriger macht. Hinzu kommt, dass in einer Zeit, in der manche Medien um ihre Existenz kämpfen und Redaktionen fusioniert und in immer neuen Anläufen kaputtgespart werden, das Vertrauen in die journalistische Informationsleistung abnimmt. Es mehren sich die ideologisch radikalisierten Stimmen, die Journalisten als Vertreter der *Lügenpresse*, der *Propaganda-* und *Systemmedien* verunglimpfen und sie mit Feindwörtern wie *MSM (Mainstream Media)* grundsätzlich der Manipulation verdächtigen. Verschiedene nationale und internationale Befragungen zeigen, dass Journalisten und etablierte Medienmacher gerade jetzt, in den Zeiten einer spürbaren Neuordnung der Kommunikations- und Machtverhältnisse, an gesellschaftlicher Akzeptanz und an Grundvertrauen verlieren, die eigentlich Grundlage ihrer Arbeit bilden, denn nur wenn ihnen das Publikum vertraut, können ihre Enthüllungen auch tatsächlich Wirkung entfalten. Fakt ist jedoch: In den USA, Frankreich und Ungarn besitzen nur etwa 30 Prozent grundsätzliches Vertrauen in die Nachrichten, so zeigt der *Reuters Digital News Report* des Jahres 2016.[55] In Griechenland sind es nur noch 20 Prozent; das ist der Negativrekord der Erhebung; am höchsten ist das Vertrauen in die Nachrichten hingegen in

Finnland (65 Prozent). In Deutschland meinen 52 Prozent der Menschen, dass sie »den meisten Nachrichten die meiste Zeit« vertrauen können. Andere Untersuchungen machen jedoch deutlich, dass hierzulande bis zu 20 Prozent der Bevölkerung die *Lügenpresse*-Vorwürfe für gerechtfertigt halten. Dass Journalisten »angeblich nicht objektiv berichten, sondern Sachverhalte verdrehen oder bestimmte Tatsachen ganz verheimlichen«, wollten nach einer Umfrage des Allensbach-Instituts aus dem Jahr 2015 sogar 39 Prozent der Befragten für möglich halten und stimmen damit einer Art *Lügenpresse-light*-Vorwurf zu.[56] Das bedeutet im Sinne einer Zwischenbilanz: Auch durch das Zusammenspiel von ökonomischer Krise, dem Aufstieg der Plattformmonopolisten und einem seit Jahren schleichenden, sich in einzelnen Milieus verstärkenden Vertrauens- und Ansehensverlust von Journalisten verändert sich das Diskursklima.

Der Netzpublizist Sascha Lobo vertritt die Auffassung, dass die Mediendemokratie – trotz der massiven Grenzverletzungen im Boulevardjournalismus – in der Summe eine Sphäre der Mäßigung darstellte, eine Welt der präzise und überlegt dosierten Gefühlsregungen. Emotionalität wurde in einem vergleichsweise statischen System von Darstellungsformen präsentiert und domestiziert, die klar zwischen Information (Nachricht) und Kommentar (Meinung, durchaus mit emotionaler Färbung) unterschieden. In der Medienwirklichkeit unserer Tage sei, vor allem getrieben durch die sozialen Netzwerke, das Primat der Emotion bestimmend geworden, nicht jedoch das der Information. »Was wir über die Welt wissen«, so parodiert Sascha Lobo die Sentenz des Soziologen Niklas Luhmann, »wissen wir aus einem kleinen Bildschirm, der uns sozial, redaktionell und algorithmisch aufbereitete Informationen präsentiert, dabei Sensationalisiertes, Zugespitztes, Radikales tendenziell bevorzugt, was durch die Echokammern der Netzöffentlichkeit selbstverstärkend wirkt«.[57] Alles kann nun unmittelbar sichtbar werden; was gesagt wird, lässt sich – eben ohne massenmediale Vorfilterung – kommentieren und kritisieren. Die Deutungsmacht der Wenigen wird damit zum erbittert ausgefochtenen Meinungskampf der Vielen. Und das *Gatekeeping* einflussreicher Medien (der journalistische Akt des Gewichtens, des Publizierens oder eben auch des Verschweigens von Information) verwandelt sich in die permanente, oft sorglos betriebene Ad-hoc-Publikation, die ich in Analogie zu den massenmedialen Filterprozessen als *Gateblowing* bezeichnen möchte. Es genügt manchmal schon ein einziger Link, eine sekundenschnell abgesetzte Twitter-Botschaft, ein Facebook-Posting, ein Filmchen über ein Missgeschick oder ein hastig produzierter Bericht, um gerade noch geschützte, abgeschottete Informationsräume aufzusprengen, die Dokumente der Blamage und der Demontage in die globalen, barrierefrei zugänglichen Erregungskreisläufe einzuspeisen. Es ist damit nicht mehr das einzelne Leitmedium, das regiert; an seine Stelle tritt das *Wirkungsnetz,* der Verbund, der gleichermaßen redaktionelle und soziale Medien umfasst und das Gegeneinander in ein sich wechselseitig stimulierendes Zusammenspiel überführt. Publizistische Macht verliert damit die feste Adresse und die institutionalisierte Form. Sie wird systemisch und epidemisch und ist mit einem Mal überall. Wer darf sprechen? So ziemlich alle, so hat Martha Paynes Geschichte gezeigt. Die Räume des Diskurses sind im Übergang von der Mediendemokratie zur Empörungsdemokratie allgemein zugänglich geworden.

Und doch wirken die Erfahrungen des schottischen Mädchens inzwischen wie eine romantische Erzählung aus einer in weite Ferne gerückten Vergangenheit. Der Grund liegt in der spürbaren Veränderung des Kommunikationsklimas. Die große Gereiztheit hat inzwischen den Diskurs und den Diskurs über den Diskurs erreicht. Heute regiert die Angst, dass Hass, Misstrauen und Wut das große gesellschaftliche Gespräch ruinieren könnten und die öffentliche Welt in einem Strudel von sinnlosen Attacken und bösartigem Gerede versinkt. Man kann die allmähliche Verschlechterung des Kommunikationsklimas anhand von drei Stimmungsbildern greifbar werden lassen; es sind Wahrnehmungsstationen einer Gesellschaft, die über die Folgen der digitalen Kommunikation reflektiert. Das erste Stimmungsbild entstammt der Frühphase des Netzzeitalters. Es handelt sich um eine Utopie der Kommunikation; sie geht auf Howard Rheingold zurück, Computerhippie der ersten Stunde und einer der Mitbegründer der ersten Online-Gemeinschaft der Welt, die in den 1980er Jahren in Sausalito entstand. Hier, unter kalifornischer Sonne, irgendwo zwischen ein paar Hausbooten und den Schuppen am Hafen, trafen Protagonisten der Gegenkultur auf die allmählich entstehende Computerkultur; hier fanden Hippies und Hacker zueinander.[58] Und Rheingold war begeistert von den neuen Möglichkeiten des Austausches und der Gemeinschaftsbildung: Da wir einander nicht sehen können, so seine Annahme, da wir mit unserem Körper, unseren Gebrechen und unserer Hautfarbe füreinander unsichtbar sind, werden Herkunft und Hautfarbe, Status und Geschlecht weniger wichtig; dies alles zugunsten der echten, wahren, diskriminierungsfreien Begegnung im egalitären Raum, den digitale Kommunikation ermöglicht.[59]

Das zweite Bild, das den allmählichen Stimmungswandel symbolisiert, ist zumindest noch gemäßigt euphorisch. Es stammt aus dem *Time Magazine* des Jahres 2006. In diesem Jahr entschied sich die Redaktion, den vernetzten Menschen als Person des Jahres auszuzeichnen. Man druckte nicht, wie sonst üblich, das Foto eines berühmten und einflussreichen Menschen auf dem Cover, sondern einen Computerbildschirm mit einer reflektierenden, das eigene Gesicht spiegelnden Fläche. Seht her, so die Botschaft, da seid ihr selbst, fähig zu publizieren und zu protestieren, eigene Themen zu setzen und die öffentliche Agenda zu verändern. Es sei, wie es heißt, ein Experiment mit offenem Ausgang, ermöglicht durch die Web-2.0-Technologien und die Chance der universalen Beteiligung. Niemand solle dieses Experiment vorschnell romantisieren, aber man stehe nun an der Schwelle zur digitalen Demokratie und einer Epoche der wechselseitigen Unterstützung. Das dritte Stimmungsbild stammt aus dem Jahr 2016, ebenfalls vom *Time Magazine.* Auch dies eine Titelgeschichte. Man zeigt einen bösartig wirkenden Troll mit einem Rechner auf dem Cover – eine Symbolfigur für den Hass und die sinnlos tobende Aggression. Dieses Mal lautet die Schlagzeile, die von der Verwahrlosung und Verpöbelung des Diskurses kündet: »Why we're losing the internet to the culture of hate«.

Damit stellt sich die Frage, was bei dem Austausch der Zeichen und dem Wechsel von der Euphorie zur Ernüchterung passiert ist. Wie konnte aus der Utopie des Anfangs die Dystopie des Diskurses werden, die heute die Beschreibungen der Netzöffentlichkeit bestimmt? Die allgemeine Antwort wurde schon angedeutet. Sie lautet, dass klassische Filter- und Sortierinstanzen der Mediendemokratie weggebrochen oder doch erkennbar schwächer geworden sind und sich die Grenzen des Sagbaren verschoben haben. Es gibt diejenigen, die sich laut, aggressiv und mit plakativen Irrationalismen bemerkbar machen. Es gibt diejenigen, die im Angesicht des Gesagten zusammenzucken und erschrecken. Und es gibt diejenigen, die schwanken, unsicher werden, sich schließlich treiben oder mitreißen lassen. Ein Indiz für die erlebbare Verschiebung der Diskursgrenzen ist, in welchem Maße Verschwörungstheorien heute verbreitet und vertreten werden – bis weit in bürgerliche Kreise hinein. Natürlich, so muss man konzedieren: Es gibt Verschwörungen, reale Konspirationen in Geschichte und Gegenwart. Aber darum geht es nicht. Es geht um die Attraktivität des großen Verdachts, um die diskursive Macht des diffusen Geraunes und der Manipulationsbehauptungen, die ohne seriöse Belege als Enthüllungen ausgeflaggt werden. Offensichtlich ist das Schmuddelimage eines unscharfen, kombinatorisch verfahrenden, sich gegen die Widerlegung immunisierenden Denkens, das alles mit allem verbindet, dabei zu verblassen.[60] Unterschiedliche Studien und Analysen belegen, dass pauschale Konspirationsbehauptungen, einst Argumentationsmuster der Selbstisolation, die einen mit ziemlicher Sicherheit an den *lunatic fringe* des Diskurses bugsierten, zunehmend beliebt werden.[61] Sind es die Geheimdienste einer fremden Macht, die in den sozialen Netzwerken attackieren?, so fragen Verunsicherte. Regieren Schweigekartelle in den Massenmedien?, so argwöhnen Medienverdrossene. Plant man durch unkontrollierte Zuwanderung gezielt den *Bevölkerungsaustausch* der Deutschen?, wie Verwirrte am rechten Rand meinen. Wird die Regierung in Washington von einem *tiefen Staat* torpediert und einer Gruppe von Putschisten aus der Administration attackiert, die Donald Trump stürzen will?, wie manche seiner Berater und Anhänger glauben. Solche Fragen, die breit diskutiert werden, weisen darauf hin, dass Konspirationsfantasien zunehmend einflussreicher werden. Lange schon sind überdies Versatzstücke des Verschwörungsdenkens auch in die Populärkultur diffundiert – von Kultfilmen wie *Matrix* bis zu Serien wie *The X-Files* oder *House of Cards.* Schließlich illustriert eine Befragung aus dem Jahr 2016 die Attraktivität der düster schillernden Manipulationsbehauptungen.[62] So stimmen gut 38 Prozent der Deutschen der Auffassung zu, dass es geheime Organisationen gebe, »die großen Einfluss auf politische Entscheidungen haben«. 34 Prozent meinen, dass die Mehrheit der Menschen gar nicht erkennen könne, »in welchem Ausmaß unser Leben durch Verschwörungen bestimmt wird, die im Geheimen ausgeheckt werden«. Gut 34 Prozent glauben, dass Politiker und »andere Führungspersönlichkeiten« nur »Marionetten der dahinterstehenden Mächte« seien. Wohlgemerkt, das sind vergleichsweise breit akzeptierte Glaubenssätze, die längst in eigenen Medienkanälen, in speziellen Videosendungen, in Blogs und Bestsellern auf dem Buchmarkt propagiert werden.

Neutral formuliert lässt sich vor diesem Hintergrund konstatieren, dass die Unterscheidung von orthodoxem und heterodoxem Wissen und die Differenz von Diskurszentrum und Diskursperipherie labil geworden sind, porös. Weniger neutral gestimmt muss man feststellen, dass längst jede Menge maximal abseitiger Ansichten öffentlich werden. Ein Begriff des Politikwissenschaftlers Joseph P. Overton präzisiert den Befund einer Diskurskrise durch die Diskursverschiebung und weitgehend unkontrollierte Diskursöffnung noch weiter. Auf ihn geht die Idee des sogenannten *Overton window* zurück. Es handelt sich um eine Art Meinungs- und Äußerungskorridor, der die Grenze des sanktionsfrei Sagbaren und des öffentlich Akzeptablen markiert.[63] Wird das Gesagte als vernünftig, als überlegt und klug beschrieben? Oder etikettiert man eine Äußerung als zu radikal, als undenkbar, menschenverachtend? In der Mediendemokratie der vordigitalen Zeit wurde dieses Maß für das Erlaubte primär von Journalistinnen und Journalisten und den Protagonisten einer gesellschaftlichen und politischen Elite definiert, deren Äußerungsformen implizit stets eine metakommunikative Zusatzbotschaft enthielten: »So (und nur so) kann man öffentlich sprechen!« Auf diese Weise legte man hintergründig fest, welche Positionen gerade noch vertretbar schienen und welche als komplett unvernünftig, ideologisch und allzu radikal gelten mussten. Das war, so lässt sich sagen, eine öffentlich zelebrierte Stilkunde, eine leise paternalistische Unterrichtung, die von den Spielregeln des großen öffentlichen Gesprächs selbst handelte, illustriert am konkreten Fall. Wer gegen den allgemeinen Konsens des Sagbaren verstieß, der wurde nicht toleriert, er wurde angegriffen, kritisiert. Es gab vergleichsweise mächtige Zentralinstanzen der Debatte, die Themen setzen, durch große, zentrierende Gesten einen Fokus bilden, aber eben auch über die Einhaltung von Tabus wachen konnten. In den offenen Diskursräumen der Empörungsdemokratie ist hingegen, wie die Netzsoziologin Zeynep Tufekci in einem Essay diagnostiziert, das *Overton window* zerbrochen, weil die Macht der klassischen Gatekeeper schwindet und die Möglichkeit fehlt, die radikal abweichenden Ansichten und bisher nicht artikulierbaren Standpunkte offensiv auszugrenzen.[64] Das ist nicht einfach nur negativ. Und man muss die stärkere Öffnung von Debatten keineswegs pauschal beklagen, denn selbstverständlich werden nun auch, sieht man von bizarren Verschwörungstheorien einmal ab, wertvolle und bislang zu Unrecht marginalisierte und übersehene Standpunkte sichtbar. Und es heißt auch nicht, dass man sich die Möglichkeit der Sanktion zurückwünschen muss, die die Grenzen des Erlaubten durch die Ad-hoc-Bestrafung und die Sofortexklusion aus der Gemeinschaft der Wohlmeinenden sichert. Aber es bedeutet, dass sich in der Auseinandersetzung mit dem bisher Unsagbaren und dem gerade noch Tabuisierten die Bewusstseinslage des vernetzten Menschen verändert, weil dieser die elementare Kontingenz kommunikativer Standards so unmittelbar erfährt und im »ständigen Konfrontationshagel« (Sascha Lobo) der Äußerungen erlebt, was alles sagbar geworden ist. Es ist nicht erstaunlich, dass der vernetzte Mensch auch deshalb nervös wird, auch deshalb so angestrengt und aufgeregt agiert, weil etablierte, Berechenbarkeit stiftende Rituale und traditionelle Grenzziehungen der Kommunikation unterminiert und geschleift werden. Die Horrorvision einer Diskursanarchie durch den Verlust zivilisierender Filter verunsichert und erzeugt Angst.

Kaum verwunderlich erscheint daher auch, dass diejenigen, die sich kritisch und kontrovers im Netz positionieren, dies nicht selten mit einem Gefühl der Beklommenheit und der Verzagtheit tun. Man fürchtet unkalkulierbare Kommunikationseffekte und antizipiert schon im Akt der Äußerung die maßlose Reaktion und die asymmetrische Attacke. Was wird geschehen, wenn man sagt, was man denkt? Wer wird sich erregen, wer einen angreifen? »Dieser Artikel ist keine gute Idee«, so lautet der erste Satz der bereits erwähnten Titelstory des *Time Magazine* aus dem Jahr 2016 über den Hass der Trolle, die der Publizist Joel Stein verfasst hat. »Es wäre besser, vorsichtig zu sein, denn die Persönlichkeit des Netzes hat sich verändert. Einst handelte es sich bei dieser [Persönlichkeit] um einen Computerfreak mit stolzen Idealen vom freien Fluss der Information. Heute hilft sie einem sofort mit technischen Details, wenn man die Ladegeschwindigkeiten steigern will, aber wenn man ihr erzählt, dass man unter Depressionen leidet, dann wird sie versuchen einen dazu zu verleiten, dass man sich umbringt.«[65] Ob es in einem Moment der Verzweiflung gleich die Aufforderung zum Selbstmord ist, die man zu hören bekommt, sei einmal dahingestellt. Aber tatsächlich belegen Befragungen, dass die Beleidigungen und Belästigungen im Netz weit verbreitet sind. 73 Prozent der erwachsenen Internetnutzer geben an, jemanden zu kennen, der online bedroht wurde. 40 Prozent haben selbst solche Bedrohungserfahrungen gemacht; von diesen wurden 27 Prozent beleidigt und beschimpft; man hat versucht, sie öffentlich bloßzustellen (22 Prozent), sie physisch bedroht (8 Prozent), gestalkt (7 Prozent) oder aber sexuell belästigt (6 Prozent).[66] Dass solche Erlebnisse im offenen Kommunikationsraum der digitalen Welt einschüchtern, ist evident.

Vor diesem Hintergrund lohnt sich grundsätzlich und unabhängig von konkreten Reizthemen die Frage, was Auseinandersetzungen und Debatten entgleisen lässt. Was vergiftet sie? Was treibt sie in eine ungesunde Überhitzung und Polarisierung hinein? Zum einen ist es ein Gefühl der Anonymität, das enthemmt, wie der Psychologe John Suler gezeigt hat.[67] Er unterscheidet zwei Formen der Enthemmung, die gutartige und die toxische. In positiver Hinsicht erlaubt die Kommunikation unter dem Deckmantel der Anonymität, sich vorsichtig, gleichsam tastend über eigene Sehnsüchte klar zu werden, die sexuelle Identität, den Wunsch nach einem anderen Leben, was auch immer. Im Negativen senkt anonyme bzw. pseudonyme Kommunikation die Hemmschwellen bei der Verbalattacke, weil man – häufig irrtümlich – glaubt, man könne nicht verfolgt und auch nicht verantwortlich gemacht werden für das Gesagte; die Aggressionsabfuhr sei also risikolos möglich. Hinzu kommt, dass das Gegenüber zumeist nicht sichtbar ist und oft nonverbale, Empathie fördernde Signale und unmittelbare, zeitnahe Reaktionen fehlen, die greifbar werden lassen, welchen Schmerz man einem anderen gerade zufügt. Außerdem kann man, eben weil man von seinem Gegenüber womöglich nur wenig weiß, dieses leichter in eine Projektions- und Fantasiefigur verwandeln und sein eigenes Tun als bloß virtuelles Spiel ohne reale Folgen interpretieren. Schließlich weist John Suler darauf hin, dass online in der Regel anerkannte Autoritätspersonen fehlen, die Kommunikationsnormen unmittelbar einklagen und durchsetzen könnten.

Zum anderen aber, auch das gehört zu den Bedingungen, die das Diskursklima beeinträchtigen, taugt die Netzöffentlichkeit grundsätzlich als Instrument und Katalysator der aggressiven Polarisierung – frei nach dem Motto des Medientheoretikers Marshall McLuhan: *Das Medium radikalisiert die Botschaft.*[68] Denn nun können sich auch die einst Marginalisierten mit Gleichgesinnten verbünden und eine hemmende Isolationsfurcht überwinden, die sie zuvor noch blockiert und eingeschüchtert haben mag. Und wer will, bekommt in der Empörungsdemokratie der Gegenwart für jede Idee ein Forum bzw. schafft sich dieses selbst. Auch der gerade noch einsam vor sich hin rasende Wutbürger findet nun blitzschnell Bestätigung und scheinbar gute Gründe für die eigene Erregung – ohne dass diese Beweise und Bestätigungen notwendigerweise eine Art offiziellen Glaubwürdigkeits- und Realitätsfilter der klassischen Mediendemokratie passiert haben müssten. Das heißt: Strukturierendes Moment der Öffentlichkeit in der Empörungsdemokratie der Gegenwart ist letztlich der Einzelne selbst; er ist zum Regisseur seiner Welterfahrung geworden, vermag sich aus den unterschiedlichsten Quellen eine private Wirklichkeit zu konstruieren, die ihm plötzlich als allgemeingültige Realität erscheint. Das eigene Denken kann sich vor dem Horizont der ungeheuren Fülle frei flottierender Deutungen flexibilisieren und dynamisieren, aber eben auch panzern, abschotten und in eine selbstgebaute Echokammer einschließen, in der dann etwa die hasserfüllte Botschaft von überall her erschallt. Der Rechtswissenschaftler und Publizist Cass Sunstein hat in seinen Studien diese Echokammer- und Polarisierungseffekte im Detail beschrieben. Sein zentraler Befund lautet, dass der Einzelne, eben ohne Reibung mit den Ansichten der Allgemeinheit, eine Informations- und Kommunikationssituation herstellen kann, in der drei unterschiedliche Verstärkermechanismen wirksam werden: Man bekommt erstens nur eine strikt begrenzte Zahl von Ansichten und Argumenten zu hören. Zweitens verstärkt der gruppeninterne Konformitätsdruck die womöglich bereits extreme Position, weil man eigene noch vorhandene Zweifel lieber nicht offenbart oder zur Diskussion stellt, um gegenüber der vermuteten Mehrheit nicht negativ aufzufallen. Und drittens steigert die Zustimmung der anderen das Vertrauen in das eigene Urteil, und man formuliert und agiert daher mit größerer Sicherheit, weil man, aufgeputscht durch die Zustimmung der Gleichgesinnten, mit unbedingter Gewissheit annimmt, im Recht zu sein.[69] Die Konsequenz dieser unterschiedlichen Verstärkermechanismen ist in jedem Fall, dass sich Positionen und Fronten verhärten.

Wenn man die Empörungs- und Hasskommunikation im Netz genauer analysiert, dann fällt auf, dass es immer wieder bestimmte Personengruppen und die Vertreter einzelner Professionen sind, die in maßloser Weise angegriffen werden. Es gibt ein begrenztes Repertoire der Feindbilder, so lässt sich zeigen.[70] Zu ihnen gehören Flüchtlinge, ausländisch aussehende Menschen und Angehörige von Minderheiten. Zu ihnen gehören auch Journalisten und Politiker, die verdächtigt werden, den Zielen des Establishments oder den Interessen fremder Mächte, in jedem Fall jedoch nicht denen der Bevölkerung zu dienen. Aufschlussreich ist, dass man in den erregten Stellungnahmen der vernetzten Wutbürger ein pauschales *Systemmisstrauen* (eben kein begründetes, an einzelnen Verfehlungen orientiertes *Spezialmisstrauen*) erkennen kann, eine dunkel und düster schillernde Antistimmung, die sich gegen »die da oben« richtet und die sich auch in internationalen Umfragen zum Vertrauens- und Ansehensverlust von Politikern und Journalisten offenbart.[71] Politiker und Journalisten erscheinen – aus der Perspektive enthemmt formulierender, im Netz umherschweifender Kritiker, die sie wahlweise zum Teufel oder an den Galgen wünschen – mit einem Mal als Mitglieder einer verschworenen Elite; sie werden nicht mehr als prinzipiell antagonistische Kräfte wahrgenommen, sondern als Teil einer diffusen Phalanx, einer Machtsphäre, die es als Einheit zu bekämpfen gilt. Überdies ziehen erfolgreiche, sich zum Feminismus bekennende Frauen Wut und Hass auf sich und werden im Extremfall mit Vergewaltigungs- und Morddrohungen verfolgt. Erkennbar zielt man darauf ab, sie mit allen Mitteln wieder aus der Öffentlichkeit zu verdrängen und sie als Diskursteilnehmer zu marginalisieren. Durch Unterwerfungsfantasien, durch das vor Gemeinheit triefende Spiel mit Urängsten, durch die Drohung, im Innersten zu verletzen. *Silencing* heißt diese Technik aus dem Werkzeugkasten der Einschüchterung: Gedroht wird von Einzelnen oder auch von ganzen Trollgruppen, die sich zur Menschenjagd verabreden, so lange und so massiv, bis die Angegriffenen schockiert in geschützte Foren fliehen oder sich gleich ganz zurückziehen. Es wäre falsch, die Hasspostings, die feministisch engagierte oder prominente Frauen erhalten und die teilweise – in einem Akt der Gegenwehr durch Veröffentlichung – auf eigenen Plattformen dokumentiert werden, durch die erneute Zitation zu adeln.[72] Und es wäre absurd, die Sphären einer medialen Unterwelt auszuleuchten, die »Chokeabitch« oder »Rapebait«[73] heißen, oder Fotos zu dokumentieren, auf denen Männer verprügelte, ohnmächtig gewordene Frauen wie Trophäen nach einer Großwildjagd in die Kamera halten. Das wäre eine unnötige Potenzierung einer Grausamkeit, die in dieser Unterwelt des Medialen verherrlicht wird. Entscheidend ist vielmehr, dass man weiß, dass es all dies gibt und sich im Zweifel durch eine Google-Recherche von wenigen Minuten verifizieren lässt. Man muss nicht prophetisch begabt sein, um zu erkennen, dass die ungefilterte Präsenz des Schreckens die Bewusstseinslage des vernetzten Menschen verändert. Wer sich ekeln und wer im Angesicht von Netzdebatten, die keine Debatten mehr sind, erschrecken will, der findet reichlich Gelegenheit. Und er bekommt jede Menge Belege, um am Verstand und der Herzensbildung der seltsamen, kaum übersehbaren Mitbewohner im Weltinnenraum der Netzkommunikation zu verzweifeln, die geifernd ihren Hass auskübeln.

Die vielen Gesichter der fünften Gewalt

Aber ist dies schon das vollständige, auch nur einigermaßen gerechte Bild der Diskursverhältnisse in der Empörungsdemokratie? Ist die »Persönlichkeit« des Netzes, von der der Publizist Joel Stein in seinem Essay spricht, tatsächlich durch den Hinweis auf Hass und Hetze ausreichend erfasst? Natürlich sind dies rhetorische Fragen, die jedoch eine eigene Gefahr der Diskursdiagnostik zeigen: Der Hass kann auch die Analyse selbst kontaminieren, weil einen die enthemmte Aggression eben durch die schiere Wucht distanzloser Bösartigkeit in einen ungerechten Pauschalismus hineintreibt. Und plötzlich sieht man dann – im Gefolge von Gustav Le Bons kulturpessimistischer Massenpsychologie und der von ihm propagierten Massenverachtung – überall den *Mob*, den enthemmt publizierenden *Pöbel* und die Attacke bösartiger *Trolle*, die aus dem Dunkel der Anonymität heraus zuschlagen. Andere Schlagworte handeln von der *Schwarmdummheit* oder von der Ideologie des *digitalen Maoismus*, die das Individuum entwerte und das Kollektiv feiere; sie handeln vom *Kult des Amateurs,* der *Stunde der Stümper* oder der *Wirrheit der Vielen,* die die digitale Öffentlichkeit in eine Brutstätte verbaler Gewalt und entfesselter Irrationalität verwandelt habe. »Die pöbelnde Masse tritt heute wieder selbstbewusst als Handelnder auf«, so heißt es in einer beispielhaft erregten Interpretation der aktuellen Kommunikationsverhältnisse. »Die Anonymität des Internets bedeutet insofern einen zivilisatorischen Rückschritt in Richtung Faschismus und Mittelalter, Pogrom und Hexenverbrennung.«[74] Ein anderer Autor schreibt in einem Buch mit dem sprechenden Titel *Meute mit Meinung:* »Mit der vernetzten Gesellschaft hat sich das Verhältnis von Publizisten und Publikum grundlegend verändert. Der Austausch von Meinungen ist nicht mehr auf mediale Hochplateaus beschränkt, jeder kann nun mitmischen, und das in Echtzeit. Über Twitter, Facebook oder die Kommentarspalten im Internet. An das Publikum ergeht die ubiquitäre Einladung: ›Diskutieren Sie mit!‹ Die Folgen sind voraussehbar: Wer den Pöbel einlädt, wird angepöbelt. Wer den Mob mitmachen lässt, wird gemobbt.«[75]

Deutlich wird am Beispiel solcher Sätze, dass Diskursdiagnostik und Diskurskritik selbst als eigenes Instrument der Eskalationsrhetorik taugen und eine Wut über die Wut der jeweils anderen Seite, eine *Empörung zweiter Ordnung,* zum kommunikativen Normalfall geworden ist. Das Problem eines derart aggressiv entwertenden Pauschalismus besteht darin, dass man selbst fortlaufend Ungerechtigkeiten produziert und das zweifellos scheußliche Extrem mit Hilfe von ein paar Schlagworten zum Gesamtphänomen umdeutet, ganz so, als bestünde die digitale Öffentlichkeit nur aus Empörungsjunkies und Verrückten, die nach Kräften pöbeln und hassen oder sich in bizarren Verschwörungstheorien verlieren. Das ist natürlich falsch, und alle, die in Foren und Blogs anders, sensibel, vernünftig und sachlich argumentieren, werden solche Attacken als ungerecht und diffamierend erleben. Man muss daher die Frage nach der Verallgemeinerbarkeit der eigenen Diagnosen in Zeiten der Stimmenpluralisierung stellen, will man nicht selbst die allgemeine Erregung einfach nur weiter befeuern. Wessen Geschichte zählt? Die eines neunjährigen Mädchens oder die der Trolle, die ihr Opfer in bestialischer Weise verfolgen? In den öffentlichen Welten des digitalen Zeitalters ist die Gleichzeitigkeit des Verschiedenen in einem nie gekannten Maße sichtbar. »Die« Persönlichkeit des Netzes kann es daher gar nicht geben, sondern nur sehr unterschiedlich dominante, nur unterschiedlich laute oder leise und keineswegs notwendig repräsentative Teilpersönlichkeiten. Wenn man diese Prämisse der elementaren Differenz im Digitalen ernst nimmt, dann folgt daraus, dass die entwertende Verallgemeinerung immer ungerecht ist und neue Kränkungen schafft, weil sich auf ein und derselben Plattform in der Regel äußerst verschiedene Charaktere und Temperamente artikulieren. Und es bedeutet, dass die pauschale Diagnose, wenn sie nur suggestiv und machtbewusst genug vorgetragen wird, zur allgemeinen Verschärfung der Tonlage und zur weiteren Hysterisierung von Debatten beiträgt. Die vermeintliche Empörungsanalyse ist dann selbst ein Auslöser der Empörung und funktioniert als Katalysator eines endlos fortsetzbaren Erregungsspiels, das wenig zur Klärung, mehr jedoch zur weiteren Verhärtung der Fronten beiträgt.

Analytisch beweglicher und in der Sache gerechter bleibt man, wenn man eine doppelte Beschreibungsperspektive wählt, die Kritik konkret benennt, Tendenzen entschlüsselt, aber bei der Verallgemeinerung und pauschalen Behauptung vorsichtig ist. Man muss also einerseits die Anzeichen der Verwahrlosung kritisieren, aber andererseits betonen, dass das medienmächtig gewordene Publikum und all diejenigen, die mit einem Mal im Netz eine Stimme haben, äußerst unterschiedlich sind. Eine Diskursdiagnose, die sich um eine solche Haltung bemüht, enthält daher sinnvollerweise das Eingeständnis: Es handelt sich um eine radikal pluralistische Macht- und Einflusssphäre, eine *fünfte Gewalt,* die sich nun – als Publikative eigenen Rechts – neben die Exekutive, die Judikative, die Legislative und die vierte Gewalt des traditionellen Journalismus schiebt.[76] Diese fünfte Gewalt der vernetzten Vielen ist schön und hässlich, sensibel und grausam; manchmal agiert sie äußerst brutal, und manchmal zeigt sie sich auf eine berührende Weise moralisch engagiert. Sie initiiert Kampagnen und erschafft Gegenöffentlichkeiten. Sie orientiert sich nicht an einer einzigen Ideologie, sie hat kein verbindendes Großthema, wohl aber gemeinsam genutzte Plattformen und Instrumente – soziale Netzwerke, Wikis, Websites, Smartphones, leistungsstarke Computer, eben das gesamte Spektrum digitaler Medien. Man kann es nur erneut betonen: Es ist wenig sinnvoll, die vernetzten Vielen lediglich als *Mob* und *Meute* und damit als eine Diskursbedrohung zu präsentieren, auch wenn sie das Mobbingspektakel beherrschen. Aber es ist ebenso wenig angemessen – dies wäre das andere Extrem –, pauschal von einer digitalen Graswurzelbewegung zu schwärmen, die endlich mit ihren Notebooks die Welt zum Guten wendet und allein bereichernde und stets sinnvolle Diskursbeiträge formuliert. Zwischen diesen beiden Extremen der Bewertung sind unterschiedliche Mischungsverhältnisse, unterschiedliche Aktionsmuster und Formen der öffentlichkeitsverändernden Wirkung nachweisbar.

Zunächst gilt es, das Offensichtliche zu notieren: Die vernetzten Vielen setzen Themen, sie liefern Anregungen und Stoffe zur weiteren Bearbeitung, tatkräftig unterstützt von den klassischen Leitmedien, die aufgreifen, was die Vielen eben gerade debattieren. Die schlichte Netzpublizität (eine Trendwelle auf Twitter, ein Shitstorm, heißlaufende Gerüchte in den sozialen Netzwerken) ist längst zum publikumsgesteuerten Nachrichtenfaktor und zum Argument der journalistischen Themenrechtfertigung geworden. Das Motto lautet dann: »Seht her, was sich da tut!« Darüber hinaus zeigt sich die fünfte Gewalt nicht nur als Themenlieferant, sondern auch als Meinungskorrektiv und als medienkritische Instanz. Mal stößt man sich an falsch gewählten Filmausschnitten, dann sind es Inszenierungen in Gestalt von Symbolfotos oder Übertreibungen, Zuspitzungen und Banalisierungen, die Kritik hervorrufen. Bei der Fundierung der Stellungnahmen helfen, ganz praktisch gesprochen, die neuen Möglichkeiten präziser Dokumentation von Fehlern und Versäumnissen. »Jedermann kann sich heute Filme herunterladen«, so notiert der Medienjournalist Fritz Wolf, »sie in der Mediathek ansehen, die Filme anhalten. Was früher unbemerkt vorbeirauschte, kann jetzt gestoppt und sogar in der Vergrößerung näher besichtigt werden. Das ist zwar oft mühsame Kleinarbeit, die sich Redaktionen wohl selbst kaum leisten können. [...] Es versendet sich nichts mehr, wie man in Redaktionen früher gern sagte, wenn sich ein Fehler eingeschlichen hatte. Wenn etwas ›faul‹ war in Text oder Bild, dann verschwindet es nicht mehr. Die Bilder, die Texte, die Gesten, sie sind irgendwo gespeichert und können wieder hervorgeholt und überprüft werden.«[77] Die Russlandberichte, die angebliche oder tatsächliche Dämonisierung Putins, die möglichen Voreingenommenheiten der öffentlich-rechtlichen Sender und die Art der Auswahl und der Nachrichtengewichtung gehören zu den Kernthemen der Medienkritik im Netz. Eigene medienkritische Initiativen weisen auf Fehler hin; zahllose Nutzer kommentieren in den Kommentarspalten der Redaktionen, was ihnen gefällt oder, häufiger noch, was sie stört.[78] Erneut offenbart sich, sobald man nur etwas genauer hinschaut, ein sehr heterogenes Bild; die Bandbreite der Äußerungen ist gewaltig. Man trifft auf analytische, umsichtig und informiert formulierende Medienkritiker, die gravierende Fehler thematisieren, die fehlende Distanz zwischen Medien und Politik beklagen. Aber man entdeckt auch den ideologisch radikalisierten Verschwörungstheoretiker, die *Lügenpresse*-Rufer und die maßlos wütenden Ideologen, die mit Gewalt drohen und meinen, man solle Journalisten verprügeln.[79] Es sind umsichtige Kommentatoren und fanatisierte Ankläger, die gleichermaßen in Erscheinung treten und Beschwerden in Serie abfeuern. Manchmal richtet sich ihre Wut gegen die gesamte Profession, das journalistische Handwerk an sich. Und manchmal richtet sie sich gegen eine einzelne Person. So attackierten aufgebrachte Zuschauer Anfang 2014 den Talkmaster Markus Lanz, der nach einem gründlich misslungenen Interview mit der Linken-Politikerin Sahra Wagenknecht zur Symbolfigur des gedankenarmen Spektakelfernsehens wurde. Hunderttausende forderten in einer eigenen Online-Petition seine Entlassung; viele hingegen in den klassischen Medien beheimatete Kommentatoren reagierten entsetzt und kritisierten die Asymmetrie zwischen dem vergleichsweise marginalen Anlass (ein missglücktes Interview) und dem allgemein geforderten Strafmaß, eben der Entlassung des Moderators. Dieses Auseinanderklaffen von *Publikumsempörung* und *Medienempörung* ist charakteristisch für die aktuellen Kommunikationsbedingungen, denn alle haben nun ihren eigenen Kanal, ihre eigene Plattform, auf der die Emanzipation von der Mehrheitsmeinung ausgelebt werden kann. Die Folge ist, dass die Entfremdung zwischen Diskursteilnehmern und die Kritik in einem anderen Deutlichkeitsgrad manifest werden. Es mag diese Entfremdung selbstverständlich auch zu früheren Zeiten gegeben haben, aber nun ist sie unabweisbar, weil eben öffentlich präsent. Es ist diese *Transparenz der Differenz,* die die Diskursverhältnisse, jenseits der gerade aktuellen Aufreger, der konkreten Themen und besonderen Inhalte, hintergründig prägt. Man weiß nun, ob man sich versteht und ob man sich schätzt – oder ob man dies eben nicht tut. Kritik, einmal öffentlich gemacht, ist Faktor und Faktum geworden und lässt sich nicht mehr einfach wegretuschieren oder negieren. Das offensichtliche Auseinanderdriften von Publikumsempörung und Medienempörung wird damit zur alltäglichen Kommunikationsrealität.

Ein anderes, ebenso diskursveränderndes Aktions- und Rollenmuster der fünften Gewalt ist die Recherche und die gezielte Fahndung. Man trägt dann gemeinsam nach dem Prinzip des Crowdsourcing – der Sammelarbeit im Schwarm – detektivisch Bruchstücke eines Informationspuzzles zusammen, organisiert sich blitzschnell um ein Erkenntnis- und Enthüllungsziel, das gerade interessiert. Gilt es, pädophile Männer zu identifizieren, die Fernsehmacher in der Sendung *Tatort Internet* vor die Kamera gelockt haben, um sie in äußerst nachlässig anonymisierter Form auftreten zu lassen? Kann man sie identifizieren? Ist ein neuer Plagiatsfall aufgetaucht, der einen strikt auf Entlarvungskurs getrimmten Schwarm für die Aufdeckungsarbeit braucht? Muss nach einem Attentat womöglich ein Terrorist dingfest gemacht werden? Lassen sich auf eigenen Handybildern oder Videos Hinweise entdecken, die bislang übersehen wurden? Auch in solchen Fällen sind die neuen Mächtigen und Hobbydetektive des digitalen Zeitalters rasch zur Stelle; manchmal mit guten Ergebnissen, manchmal deutlich schneller als der traditionelle, womöglich an Druck- und Sendetermine gefesselte oder durch fehlende Kapazitäten ausgebremste Journalismus, mitunter jedoch auch mit katastrophalen Folgen für Unschuldige und Unbeteiligte, die vorschnell und zu Unrecht an den Pranger gestellt werden.

Damit stellt sich das Problem, wer eigentlich im Zweifel die fünfte Gewalt zur Rechenschaft zieht bzw. wie sich das mächtig gewordene Medienpublikum – ohne institutionelle Adresse und verantwortungsethische Erreichbarkeit – gleichsam selbst zivilisiert. Denn natürlich hat der Kommunikationswissenschaftler Tanjev Schultz recht, wenn er schreibt: Die fünfte Gewalt »tritt eben keineswegs nur in Gestalt einer Kontroll- und Gegenmacht auf, die berechtige Ansprüche vorträgt und zu Unrecht marginalisierten Positionen eine verdiente Aufmerksamkeit verschafft. Hinter ihr verbergen sich oft auch Penetranz, Populismus, Extremismus, Dilettantismus, Vorurteile, Verschwörungstheorien, Desinformation, Propaganda und Mobbing. Kurzum: Die Peripherie der Peripherie ist, wenn sie sich zur fünften Gewalt aufschwingt, ebenso Chance wie Gefahr für die deliberative Demokratie.«[80] Wer vermag also die neue Kontrollinstanz im Diskursuniversum zu kontrollieren? Eine Kontrolle ist prinzipiell kaum möglich, weil es in der Regel keine klar identifizierbaren Einzelpersonen und keine berechenbare Schrittfolge der Abläufe gibt. Man kann nicht einfach einen Einzelnen als den zentralen Akteur ausfindig machen und bei Bedarf auch zur Rechenschaft ziehen, weil sich die Netzwerkeffekte nicht in dieser Weise personalisieren lassen. Die Macht der vernetzten Vielen manifestiert sich in zirkulär miteinander verflochtenen Wirkungsketten und im energetischen Zusammenspiel unterschiedlichster Kräfte, die einen einzelnen Anlass plötzlich zum Großereignis explodieren lassen. Ein Beispiel für die spontane Mobilisierung ohne klar identifizierbare Anführer und die diskursprägende Wirkung plötzlich durchdringender Anstöße liefert die #aufschrei-Debatte, die das Thema des Alltagssexismus auf die allgemeine

Agenda katapultiert hat. Wie hat alles angefangen? Die erste Antwort: Es gab eine allgemeine Sensibilisierung für das Thema des Sexismus, weil Magazine wie *Spiegel* und *Stern* zuvor über Übergriffe und Anzüglichkeiten berichtet hatten. Die zweite Antwort lautet jedoch: Alles begann – eben in einer Stimmung der gesteigerten Sensibilität – mit einem einzigen Tweet. In der Nacht des 24. Januar 2013 liest die Netzaktivistin Anne Wizorek eine Botschaft ihrer Online-Bekanntschaft Nicole von Horst, die sie erschüttert: »Der Arzt, der meinen Po tätschelte, nachdem ich wegen eines Selbstmordversuches im Krankenhaus lag.« Es ist dieser aufs äußerste verknappte Bericht von einem Übergriff, der sie auf die Idee bringt, solche Erfahrungen sexistischer Brutalität unter dem Hashtag #aufschrei zu sammeln. Und plötzlich werden jede Menge dummer Sprüche sichtbar, aber auch Gewalt, Schläge, Attacken. Als sich immer mehr Frauen mit ihren Erlebnissen zu Wort meldeten, schreibt Anne Wizorek überwältigt: »Ich heule gerade, aber hört nicht auf.« 60.000 Tweets kommen allein innerhalb der ersten beiden Wochen zusammen – schockierende Mininarrative, erzählt in einer Länge von maximal 140 Zeichen. Man sieht hier, gruppiert um einen Hashtag, eine Organisation ohne Organisation. Es handelt sich um eine pulsierende, in Intensität und Größe changierende, durch das Teilen von Information entstandene Gemeinschaft, die man – im Unterschied zu einem strikt hierarchisch geprägten *Kollektiv* – als *Konnektiv* bezeichnen könnte.[81] Kollektive (man denke nur an eine Partei oder ein beliebiges Unternehmen) agieren auf der Grundlage klarer Absprachen, gemeinsamer Grundsätze und starker Bindungen, orientiert an deutlich erkennbaren Entscheidungs- und Machtzentren. Es gibt die Möglichkeit von Anweisung und Anordnung. Das konnektive Handeln ist demgegenüber weniger fremdbestimmt, stärker am individuell-persönlichen Selbstausdruck ausgerichtet, ermöglicht und geprägt von digitalen Medien. Es gibt keine klar definierten Innen-außen-Grenzen. Man kann einem Konnektiv keine Befehle erteilen, ein gemeinsames Vorgehen erzwingen und die Zugehörigkeit autoritär festlegen. Niemand kann sagen: »So, Schluss jetzt! Nun aber in die andere Richtung!« Konnektive besitzen die Gestalt einer *Individualmasse,* sie verbinden die Wucht des gemeinschaftlichen Auftritts mit dem persönlichen Selbstausdruck, der ungefiltert und ohne Einpassung in ein verordnetes Schema sichtbar bleibt. Es sind *Ich-Wir-Gemeinschaften,* deren Attraktivitätsgeheimnis in der Mischung aus Zugehörigkeitsversprechen, Offenheit und einem Individualisierungsangebot in Form von eigenen Geschichten, Bildern, Filmen und Beiträgen besteht.

Eines sei jedoch gleich hinzugefügt: Die Ad-hoc-Bildung solcher Konnektive bedeutet mitnichten, dass Kollektive – NGOs, professionelle Kampagneros, institutionell stabile Interessengruppen – überflüssig werden und überall nur noch die instabile Formation des Schwarms regiert, der sich spontan bildet, um dann wieder ins Nichts der Desorganisation zu zerfallen. Vielmehr können klassische Kollektive (und natürlich auch mächtige Einzelne und smarte PR-Strategen) die Bildung von Konnektiven mehr oder minder zielgerichtet inspirieren – und dadurch Debatten und Diskurse prägen. Sie liefern den Vielen, die sich plötzlich zuschalten, vorfabrizierte Materialien, ausformulierte Protestschreiben, aufrüttelnde Bilder, einfache, massenwirksame Botschaften und animieren sie zum Twittern und Klicken. So nutzte etwa die Umweltorganisation Greenpeace, ein klassisches Kollektiv, 2010 zum ersten Mal soziale Netzwerke offensiv als Kampagnenmedien und trieb den Riesenkonzern Nestlé mit vorbereiteten Online-Petitionen und Schockvideos vor sich her. Der Konzern sollte dazu gebracht werden, auf den Palmöl-Kauf bei jenen Anbietern verzichten, die in illegale Urwaldrodungen in Indonesien verwickelt waren. Die Strategie der umfassenden Mobilisierung war erfolgreich. Empörte Kunden und Konsumenten twitterten einen endlosen Strom von Protestbotschaften, artikulierten ihren Unmut in sozialen Netzwerken und verlinkten die Schockvideos, die vom Tod von Orang-Utans in einem zerstörten Urwald handelten. Nestlé, der Weltkonzern, knickte schließlich ein. Das heißt, erneut allgemeiner betrachtet: Die Macht der vernetzten Vielen isoliert zu denken ist nicht möglich. Mal ist es die gesellschaftliche Stimmung im Verbund mit dem Anstoß eines Einzelnen, die die Erregung forciert; mal ist es eine Kampagnenidee, die plötzlich Resonanz erzeugt. Und in der Regel sind es die klassischen Massenmedien, die eine Verknüpfung von Mikro- und Makroöffentlichkeit herstellen, die Themensetzung mit der nötigen Wucht versorgen.

Unabweisbar ist in all diesen Prozessen der Beeinflussung des Diskurses jedoch, dass das einst gesichtslose, zur Passivität verdammte Heer der Medienkonsumenten eine aktive Rolle übernommen hat und dass der Homogenität suggerierende Gebrauch des Kollektivsingulars – *das Publikum* – sinnlos geworden ist im Übergang von der Mediendemokratie zur Empörungsdemokratie. Es sind Leute, die »früher Publikum genannt wurden«, wie der Journalist Jay Rosen formuliert.[82] Sie prägen mit unterschiedlichen Absichten und Anliegen, mal gelassen und mal wütend, mal konstruktiv und mal destruktiv, das große, öffentliche Gespräch, das die Gesellschaft über sich selbst führt.

3 Die Autoritätskrise – oder die Schmerzen der Sichtbarkeit

Ausweitung der Beobachtungszone

Man bekommt eine Ahnung von den Effekten einer neuen Medienmacht, von ihrer Autorität und Ansehen pulverisierenden Wirkung, wenn man zwei unterschiedliche Szenarien der Berichterstattung miteinander vergleicht. Das erste Szenario erzählt von einer in weite Ferne gerückten Medienvergangenheit. Es stammt aus den Jahren von 1933 bis 1945 und zeigt im Kontrast zur Gegenwart, welche untergründig wirksame Wahrnehmungsrevolution die Medienentwicklung auslöst. In diesem Zeitraum amtiert Franklin D. Roosevelt als Präsident der USA. Er ist in der Phase seiner Präsidentschaft, wohl aufgrund einer Polioerkrankung, an den Rollstuhl gefesselt und kann nur mit äußersten Schmerzen, gestützt auf Helfer und mit Hilfe von metallenen Beinschienen, einige wenige Schritte laufen, stets in der Gefahr zu fallen. Das Eigentümliche und aus heutiger Sicht ganz und gar Unvorstellbare ist, dass sein tatsächlicher Gesundheitszustand der Bevölkerungsmehrheit zu Lebzeiten weitgehend unbekannt bleibt; dies ebendeshalb, weil kaum etwas öffentlich wird.[83] Man weiß zwar von einer vergangenen Erkrankung; überdies ist in einigen wenigen Zeitungsartikeln auch mal von einem Rollstuhl die Rede, aber es gibt so gut wie keine Fotos, die die spärlichen Hinweise untermauern und die allgemeine Wahrnehmung bestimmen könnten. Roosevelt vermag – im Zweifel mit Hilfe von Sicherheitsbeamten, die Fotografen zur Herausgabe ihrer Kameras zwingen, um dann den Film zu zerstören – sein öffentliches Bild zu kontrollieren. Die aus dem Hosenbund ragenden metallenen Beinschienen werden nach Möglichkeit verborgen. Niemals wird er fotografiert, wie ihn seine Helfer aus dem Auto heben. Bei öffentlichen Auftritten geht der Vorhang in der Regel erst auf, wenn der Präsident bereits sicher am Pult platziert ist. Und wenn sich ein paar Schritte unter den Augen des Publikums gar nicht vermeiden lassen, schlendert Roosevelt, scheinbar betont gelassen, umher, nimmt sich viel Zeit zum beiläufigen Gespräch, gestützt auf einen Spazierstock oder aber den Arm eines Vertrauten, den er wie eine Krücke benützt, um langsam und mit äußerster Disziplin auf sein Ziel zuzusteuern. Er ist, wie er selbst bekennt, ein guter Schauspieler, dessen Inszenierung aber nur funktionieren kann, weil er weitgehend zu bestimmen vermag, was sichtbar werden darf und was verborgen bleiben muss.

Das zweite Szenario der Berichterstattung ist präzise datierbar. Es wird am 11. September 2016 offenbar. An diesem Tag findet am Ground Zero in New York eine Gedenkveranstaltung für die Opfer des Terroranschlages vom 11. September statt; anwesend ist auch die Präsidentschaftskandidatin Hillary Clinton.[84] Es ist die Hochphase des Wahlkampfes, ein heißer, schwüler Tag. Die demokratische Politikerin, die, wie später bekannt wird, an einer Lungenentzündung leidet, verlässt die Veranstaltung vorzeitig. Sie wartet einige Minuten auf einen Wagen, umringt von ihren Mitarbeitern, die sie stützen. Als ein Wagen heranfährt, zückt der Hobbyfotograf Zdenek Gazda, eigentlich ein Anhänger der Kandidatin, reflexartig sein Smartphone und filmt. Er liefert in einem von Gerüchten und nackter Aggression geprägten Wahlkampf eine Filmsequenz von gerade einmal 20 Sekunden, die global für Aufregung sorgt. Man sieht, wie Clinton die Beine wegsacken, wie ihre Mitarbeiter ihr unter die Arme greifen, geistesgegenwärtig einen Kreis bilden, um sie vor neugierigen Blicken zu schützen. Zdenek Gazda postet das Video, ohne weiter nachzudenken, auf Facebook. Wenig später twittert der *Fox-News*-Reporter Rick Leventhal, der sich auf eine anonyme Quelle beruft, Hillary Clinton sei womöglich nicht gesund, sie habe die Veranstaltung vorzeitig verlassen müssen, sei eventuell auf dem Weg in den Wagen ohnmächtig geworden. Es hat, so belegt dieser Tweet, offensichtlich diverse Beobachter des Geschehens gegeben, die nun beginnen die Medien zu füttern. Aber noch fehlt die Eindrücklichkeit eines Bild- und Filmbeweises. Kurze Zeit darauf fragt Monica Alba, Reporterin von *NBC News,* ebenfalls auf Twitter nach, wo Clinton sich denn jetzt aufhalte, sie habe ja nun schon vor einer halben Stunde die Feierlichkeiten verlassen. Einer ihrer Sprecher lässt verlauten, es sei ihr schlicht zu heiß geworden. Knapp zwei Stunden nachdem Zdenek Gazda sein Video gepostet hat, wird es entdeckt und findet seinen Weg ohne Verzögerung in den medialen Mainstream. Fernsehsender bringen die Aufnahmen, sie werden auf YouTube gezeigt, in sozialen Netzwerken geteilt. Google-Suchanfragen wie »Hillary Clinton collapsing« oder »Hillary Clinton 9/11« schießen in die Höhe. Was macht den Schwächeanfall und die folgende Berichterstattung medienanalytisch und zeitdiagnostisch so relevant?

Die Antwort lautet: Zum einen zeigt sich in dieser Totalausleuchtung des Alltags einer Politikerin, dass die Schonräume der Intransparenz, Sphären der Unschärfe und Unbefangenheit schwinden, weil permanent beobachtet, gefilmt oder fotografiert wird, weil alle senden und posten und die Archive der Gegenwart mit frischem Material versorgen.[85] Im Verbund mit den klassischen Medien entsteht auf diese Weise eine grell überbelichtete Welt, in der kaum noch etwas verborgen bleibt. Die Medienmacht, die in der analogen Welt noch ein klar identifizierbares Zentrum besaß, ist plötzlich überall. Sie wandert von der Person und der einzelnen Institution in die Situation. Sie steckt im Smartphone und in der Digitalkamera, sie offenbart sich in millionenfach geklickten Videos, wird im plötzlich aufschäumenden Aufmerksamkeitsexzess erfahrbar. Und sie zeigt sich in Gestalt eines hochnervös reagierenden Wirkungsnetzes, eines weltumspannenden Nervensystems, das man nur ganz leicht reizen muss, um kaum noch steuerbare Erregungsschübe zu produzieren, Impulsgewitter, die vielleicht in den sozialen Netzwerken und auf Twitter beginnen, sich in hektisch pulsierenden Live-Tickern, Fernsehsendern und Zeitungen fortsetzen. Manchmal reicht auch ein 20-Sekunden-Filmchen, ein erster, minimaler Impuls, der zündet und plötzlich zum großen Drama explodiert.

Zum anderen, auch das macht den Schwächeanfall von Hillary Clinton aufschlussreich, wird an diesem Beispiel deutlich, in welchem Maße die Medienentwicklung die Wahrnehmung von Ereignissen bestimmt. In einer anderen Medienepoche hätte es allenfalls Erzählungen von Anwesenden über den Schwächeanfall gegeben, die womöglich von offizieller Seite zurückgewiesen, relativiert oder gleich dementiert worden wären. Man hätte – ohne das Evidenzerlebnis der filmischen Dokumentation – vermutlich über den genauen Hergang des Ereignisses und seine Bedeutung gestritten, Zeugen hätten sich gemeldet und unterschiedliche Versionen und Interpretationen präsentiert. Tatsächlich sind die Möglichkeiten der Instant-Aufnahme und Ad-hoc-Verbreitung von Filmen mit Hilfe von Mobiltelefonen vergleichsweise neu. Als Hillary Clinton sich 2008 ein erstes Mal um das Präsidentenamt bemühte, enthielt das iPhone noch keine Videofunktion. 2012 konnte man zwar Videos anfertigen, allerdings besaßen nur 45 Prozent aller Amerikaner überhaupt ein Smartphone, und weder auf Facebook noch auf Twitter wurde die Veröffentlichung von Videos unterstützt. Zum Zeitpunkt der Aufnahmen am Ground Zero ist die Veröffentlichung von Videos jedoch ins Zentrum der Social-Media-Aktivitäten gerückt, und bereits 77 Prozent aller Amerikaner sind im Besitz eines netzfähigen Mobiltelefons, weltweit sind inzwischen etwa zwei Milliarden Smartphones verbreitet. Bis 2020, so besagen Prognosen, wird ihre Zahl auf vier Milliarden steigen.

Und schließlich besitzt das Geschehen um Hillary Clinton medientheoretische Brisanz. Joshua Meyrowitz, Schüler im Geiste von Marshall McLuhan und Erving Goffman, hat für Schlüsselereignisse dieses Typs das notwendige Analyse- und Begriffsbesteck bereitgelegt. Er unterscheidet, ausgehend von einer Neuinterpretation der Interaktionssoziologie Erving Goffmans, die *Vorderbühne* und die *Hinterbühne* des Verhaltens und konzipiert diese Bühnen aber nicht, wie noch Goffman, primär als Orte in einem strikt räumlich-statischen Verständnis, sondern als vergleichsweise variable Interaktionssysteme und potenziell, eben durch Medien und Kommunikationsinstrumente veränderbare Wahrnehmungswelten.[86] In seinem Verständnis ist die Hinterbühne, auf der man sich unbeobachtet fühlt und entspannt, nicht ein streng fixierbarer, auf Dauer abgrenzbarer Raum, sondern eine unvermeidlich von modernen Medien bedrohte Sphäre. Hier geschieht, was nicht öffentlich werden soll. Auf der Vorderbühne – der Sphäre des allgemein Sichtbaren – regiert hingegen das Postulat des rollen- und normenkonformen Verhaltens in besonderer Unbedingtheit. Hier gilt es zu funktionieren, sich am öffentlich Erwartbaren zu orientieren. Hier darf man sich keine Blöße geben, keine Schwäche zeigen. Hier muss man die Tricks und Methoden der Inszenierung von erwünschten Eindrücken verbergen. Die Grundthese von Meyrowitz lautet, dass Mikrofone und Kameras die scheinbar klare Unterscheidung von Hinter- und Vorderbühne zunehmend gefährden – zum Schaden von Autoritätspersonen und mit dem Effekt der öffentlichen Blamage. »Heute sind an physische Grenzen gebundene Orte weniger wichtig geworden«, so schreibt er, »da Information ja durch Wände fließen und über große Entfernung vom Sender zum Empfänger eilen kann. Was man persönlich weiß und erlebt, hat daher immer weniger damit zu tun, *wo* man sich befindet. Die elektronischen Medien haben die Bedeutung von Ort und Zeit für die zwischenmenschliche Interaktion total verändert. Sicher, die körperliche Anwesenheit und der direkte sinnliche Kontakt bleiben wesentliche Erlebnisformen. Doch die gesellschaftlichen Sphären, die durch Wände und Tore definiert werden, sind heute nur *eine* Art von Umgebung, in der Interaktion stattfindet. Selbst die Mauern des mächtigsten Bollwerks können heute keine soziale Szenerie wirklich von der Außenwelt trennen, sobald eine Kamera, ein Mikrophon oder auch nur ein Telefon vorhanden sind.«[87]

Es sind diese Überlegungen, die es erlauben, die Verbreitung des 20-Sekunden-Clips als Symptom einer entgrenzten Medienwelt zu deuten. Hillary Clinton wartet auf den Wagen, sie will endlich einsteigen, aus dem Sichtfeld des Publikums heraustreten, die geschützte Welt des Wageninneren erreichen. Ihre Kräfte reichen jedoch nicht mehr aus, um diesen Übertritt fehlerfrei und gemäß der permanenten Simulation von Stärke (»keine Schwäche zeigen!«) zu absolvieren. Zdenek Gazda dokumentiert einen Inszenierungsbruch bei der versuchten Flucht auf die Hinterbühne. Sein Smartphone, Beobachtungs- und Verbreitungstechnologie in einem, wirkt im Verbund mit anderen Medien einer weithin vernetzten Welt als eine Art *Situationsverflüssiger,* der eine Mischregion entstehen lässt, eine *mixed zone,* die die scheinbar so klare Differenz von Hinter- und Vorderbühne nivelliert. Es sind Grenzziehungen und tradierte Unterscheidungen der Kommunikationswelt, die fragil und porös werden: zwischen dem Öffentlichen und dem Privaten, zwischen der Inszenierung und dem Bemühen, diese zu schützen, zwischen der kleinen Zahl der unmittelbar Anwesenden und der großen Zahl der Zuschauer auf der ganzen Welt.

Das heißt im Sinne einer verallgemeinernden Bilanz: Franklin D. Roosevelt vermochte in den Jahren seiner Präsidentschaft von 1933 bis 1945 weitgehend zu verheimlichen, wie es um ihn stand. Es gibt nur ein wenige Sekunden dauerndes Filmchen und drei Fotografien, die ihn im Rollstuhl zeigen. (Der Filmausschnitt wurde erst 2013 von einem Wissenschaftler bei Archivrecherchen entdeckt; interessanterweise ist auch hier der Rollstuhl nicht direkt zu sehen, wird aber durch die Sitzhöhe und die gleitende Fortbewegung – stehende Matrosen blockieren weitgehend das Sichtfeld – belegt.) Ganz anders im Falle von Hillary Clinton. Ihr Schwächeanfall wird sofort registriert und zum global diskutierten Imagedesaster. Zwei Tage nach dem Ereignis veröffentlicht die *New York Times* einen Artikel, der von der Frage handelt, wie gesund die Kandidatin eigentlich ist, und einen Bericht ihrer Ärztin zitiert. »Die Lungenentzündung von Frau Clinton beeinträchtigt vor allem den Mittellappen ihres rechten Lungenflügels – eine Stelle, die darauf hindeutet, dass die Entzündung durch Bakterien, üblicherweise Pneumokokken, hervorgerufen wurde«, so heißt es hier. »Frau Clinton erhielt zwei Vorsorgeimpfungen gegen Infektionen durch Pneumokokken: Prevnar und Pneumovax. Keiner der beiden Impfstoffe garantiert einen hundertprozentigen Schutz gegen eine durch Pneumokokken verursachte Lungenentzündung. [...] Frau Clinton wurde mit zwei unterschiedlichen Antibiotika behandelt, eines gegen einen hartnäckig anhaltenden Husten und eines gegen die Lungenentzündung. Das erste Antibiotikum, das nicht näher bestimmt wurde,

wurde kurzzeitig verschrieben, nachdem sie am 2. September für eine Dauer von 24 Stunden ein leichtes Fieber entwickelt hatte. Verbunden war dies mit Schnupfen und Abgeschlagenheit, was wiederum auf eine Infektion der oberen Atemwege aufgrund ihrer saisonalen Allergien zurückzuführen war.«[88] Man kann das, was hier geschrieben steht, als Gesundheitszeugnis lesen. Nun gut, so lässt sich sagen, man wird eben informiert und auf dem Laufenden gehalten. Aber gleichzeitig ist ein solcher Artikel auch das Testat einer radikal transparent gewordenen Welt, Dokument einer ins Extrem getriebenen Idee von Aufklärung, die angreifbar und verwundbar macht und in der vernetzten Gesellschaft der Gegenwart eigene Schmerzen der Sichtbarkeit verursacht.

Kollateralschäden der Transparenz

Vor etlichen Jahren hat der Schriftsteller Hans Magnus Enzensberger in einem berühmt gewordenen Essay »Erbarmen mit den Politikern« gefordert und diejenigen, die von der Politik leben, in einer böse-funkelnden Satire als eine weitgehend isolierte Randgruppe geschmäht, die in puncto Lebensferne den Insassen einer psychiatrischen Abteilung vergleichbar sei. »Ebenso wie der Insasse einer Anstalt wird der Politiker ständig überwacht«, so bekommt man zu lesen. »Dem Guckloch oder dem Panoptikon des klassischen Zuchthauses entspricht in seinem Fall das Auge der Kamera, und an die Stelle des Aufsehers treten Journalisten und Staatsanwälte.«[89] Enzensberger greift hier, um das Leid von Getriebenen zu illustrieren, auf ein Denkmodell des Philosophen Jeremy Bentham zurück.[90] Bentham hat, um den Strafvollzug zu optimieren und zu perfektionieren, das Konzept des Panoptikons entwickelt, dessen wesentliches Merkmal darin besteht, dass die Gefangenen nie sicher wissen können, ob sie nicht gerade in ihrer Zelle beobachtet werden. Das Grundprinzip seiner Überwachungsarchitektur: Der Wächter ist für die Gefangenen unsichtbar, die Zellen sind ringförmig um einen in der Mitte platzierten Wachturm angeordnet. Es ist die *potenzielle* Sichtbarkeit, die kontrollierend und disziplinierend wirkt, einfach weil man die Fremdbeobachtung stets einkalkulieren muss. Enzensberger interpretiert in seinem 1992 erschienenen Essay, wie vor ihm schon Michel Foucault,[91] die Sichtbarkeitsverhältnisse strikt in der Logik dieses traditionellen Panoptikon-Modells: Es gibt eine einzelne zentrale Machtinstanz, und die Insassen von Anstalt und Gefängnis scheinen ihr hilflos ausgeliefert. Sie sind Objekt, keine Subjekte mit Eigenanteil an der Überwachungssituation, unter der sie leiden. Das heißt: Enzensberger argumentiert entlang von klaren Gegenüberstellungen und leichthändig identifizierbaren Asymmetrien, die so nicht mehr existieren. Es gibt in seiner Analyse die mächtigen Medienleute mit ihren Kameras, die sich, Gefängniswärtern gleich, über Gefangene beugen. Sein ironisch-herablassendes Plädoyer, doch die Politiker möglichst maximal zu bemitleiden, entstammt der Idee, diese seien – im Moment des Beobachtetwerdens – einfach nur Opfer, definitiv keine Täter.

Man kann mit guten Gründen bezweifeln, dass die Verhältnisse im Feld des Politischen jemals so eindeutig waren, aber heute haben sie sich definitiv weiter verkompliziert, sie schillern. In der digitalen Moderne ist ein gleichermaßen selbst- und fremdfabriziertes Panoptikon entstanden, das die Beziehung zwischen Wächtern und Bewachten, zwischen Beobachtern und Beobachteten flexibilisiert und den raschen Rollentausch ermöglicht. *Surveillance* (Überwachung) und *Sousveillance* (»Unterwachung«) wechseln einander ab.[92] Es gibt nicht mehr den einen zentralen Wachturm, sondern eine Vielzahl von Möglichkeiten, sich wechselseitig auszuforschen, andere bis in die Intim- und Privatsphäre hinein zu verfolgen, ihr Verhalten zu dokumentieren. Die Wächter sind auf einmal überall und stehen an jeder Straßenecke, das Smartphone in der Hand. Immer kleinere, billigere und leistungsfähigere Medien und Kommunikationsinstrumente erlauben die umfassende Ausleuchtung und die 360-Grad-Beobachtung. Die Speicherdichte, die Prozessorengeschwindigkeit und die Möglichkeiten, Daten zu durchsuchen und zu verknüpfen, nehmen kontinuierlich zu. Gleichzeitig sind es die Überwachten, eben die Politikerinnen und Politiker selbst, die mal getrieben, mal gänzlich unbedacht und mal mit der kühlen Kalkulation, die Medienmaschine für eigene Zwecke zu instrumentalisieren, öffentlich machen, was sie so tun und meinen. Sie twittern ihren Gedanken- und Bewusstseinsstrom; sie dokumentieren ihren Alltag durch Postings, Fotos und Filme und offenbaren mitunter auch Privates, Peinliches und Intimes im Tausch gegen eine Form von Publizität, die sie menschlicher, normaler und nahbarer erscheinen lassen soll.

Und schließlich gibt es, schon rein quantitativ betrachtet, immer mehr Material, immer mehr Daten und Dokumente, die mit einem Mal bekannt werden. Man kann sich die Veränderungen durch ein paar exemplarische Zahlen der Fotobranche vergegenwärtigen: Im Jahr 2000 verkündete die Firma Kodak, es seien weltweit rund 80 Milliarden Fotos gemacht worden; 2010 waren es bereits 300 Milliarden Bilder, 2015 eine Billion; dies sind mehr als 2,7 Milliarden Bilder pro Tag bzw. 122,5 Millionen Bilder pro Stunde.[93] Für 2016 annoncierte der Photoindustrie-Verband den neuen Rekord von 1,138 Billionen Fotografien, die häufig nicht mehr mit der klassischen Digitalkamera, sondern mit dem Smartphone aufgenommen wurden. Etwa 40.000 Fotos werden jede einzelne Minute auf Instagram gepostet, hinzu kommt, was über Facebook, Flickr oder Snapchat Verbreitung findet; innerhalb von 24 Stunden sind es weltweit 1,6 Milliarden Bilder, die nur mit dem Messaging-Dienst WhatsApp verschickt werden. Es sind gigantische Materialberge, die hier entstehen. Und man muss kein Prophet sein, um zu erahnen, dass sich in der Masse der Fotos gewiss auch peinliche Posen und zur Diskreditierung taugende Szenen aus der Welt der Politik entdecken lassen. Ressentiments lassen sich unter solchen Voraussetzungen optimal illustrieren. Jeder Affekt, der sich gegen »die da oben« richtet, bekommt so scheinbar einen Grund, weil man bei Bedarf die große Erzählung von der Korruption und der allgemeinen Verwahrlosung der Politik beständig weiter unterfüttern kann. Man findet gewiss immer irgendein gerade passendes Symbol- oder Beweisbild.

Ist es also angebracht, Politikerinnen und Politiker im fremd- und selbstfabrizierten Panoptikon der Gegenwart zu bemitleiden? Braucht es Erbarmen? Tatsächlich ist dies die falsche Frage, weil sie blind macht für die elementare Ambivalenz der Transparenz, die im Zeitalter der digitalen Überall-Medien eine neuartige Evolutions- und Eskalationsstufe erreicht hat. Denn Transparenz ist für sich genommen weder gut noch schlecht; sie kann – in der richtigen Dosis, im angemessenen Kontext, im Blick auf ein besonderes Thema, gekoppelt an die Frage gesellschaftlicher Relevanz – äußerst positiven Zwecken dienen. Umgekehrt betrachtet ist aber auch die Undurchsichtigkeit bzw. die Intransparenz unter bestimmten Bedingungen von Vorteil bzw. eine notwendige Vorbedingung dafür, dass beispielsweise schwierige Verhandlungen gelingen können, die existenziell auf Vertraulichkeit und das behutsame, diskrete Ausloten von Positionen und Kompromissvorschlägen angewiesen sind. Manche Formen »des verdeckten Eruierens von Zustimmungsfähigkeit« werden erst unter den Bedingungen vertrauensvoller Abgeschlossenheit möglich, so der Kommunikationspsychologe Eberhard Stahl, der ein »Lob der Intransparenz« verfasst hat.[94] In der Konsequenz bedeutet dies, dass der pauschale Jubel der Transparenzenthusiasten genauso falsch ist wie das kulturpessimistisch eingefärbte Plädoyer für das Dunkle und Geheimnisvolle, für die schwermütige Romantik des Verbergens, die sich gegen die Aufhellung der Existenz zu stemmen sucht und schon den Akt des Veröffentlichens pauschal als pornografisch diffamiert. Transparenz ist ein *instrumenteller*, kein *absoluter* Wert und muss im Rahmen einer Zweck-Mittel-Relation und im Blick auf ein größeres, übergeordnetes Ziel (z.B. die Klärung von Verantwortlichkeit und Rechenschaftspflicht) diskutiert werden.[95] Selbstverständlich ist es daher zu begrüßen, wenn Korruptionsfälle und Skandale enthüllt werden, wenn Journalisten oder Blogger auf Formen des Machtmissbrauchs aufmerksam machen, wenn Einzelne dokumentieren und publizieren, welche Ungerechtigkeiten sie registrieren. Es wäre im Letzten demokratiefeindlich, diese positive Funktion von Transparenz und Öffentlichkeit – die Vorbedingung einer effektiven Selbstreinigung von Gesellschaften – kleinzureden oder sie gar grundsätzlich zu negieren. Erneut: Der Akt der Enthüllung und Entlarvung ist nützlich und notwendig oder kann es doch sein, um Fehlentwicklungen zu korrigieren und die Chance zu eröffnen, aus diesen Fehlentwicklungen zu lernen.

Helden und Antihelden im Netzzeitalter

Was also, so lässt sich fragen, ist dann eigentlich das Problem? Das Problem ist, dass wir zu viel wissen oder doch zumindest auf diffuse Weise ahnen, um selbst eine radikal ernüchterte Verehrungsfähigkeit noch irgendwie zu bewahren. Und dass wir zu viel wissen, ist Resultat der Tatsache, dass unter den Bedingungen der Digitalisierung ein *Absolutismus der Transparenz* regiert, der die Akzeptanz von Autoritäten nicht nur im konkreten Fall, sondern auch in grundsätzlicher Weise unterminiert. Was immer gesagt und getan wird, vermag in neuer Leichtigkeit öffentlich zu werden, lässt sich, einmal digitalisiert und im Netz, leichthändig durchsuchen, kaum noch zensieren und kontrollieren. Autorität braucht aber, will sie Bestand haben, den geschützten, kontrollierbaren Raum, die gezielte Auswahl des Zugänglichen, Sichtbaren. Und sie benötigt ein gewisses Maß an Distanz, denn allzu große Nähe und Nahbarkeit bedingen unvermeidlich: Entzauberung, Profanisierung. »Alle Menschen sind in einem bestimmten Sinn ›gewöhnlich‹«, so schreibt Joshua Meyrowitz. »Jemand kann jedoch sein Image von ›Größe‹ aufrechterhalten, indem er oder sie es sich nicht gestattet, etwas von dieser seiner Gewöhnlichkeit in Erscheinung treten zu lassen. [...] Ein hoher Status hängt von bewußten oder unbewußten Strategien ab, mit denen Situationen kontrolliert werden. Eine Person mit hohem Status kann diesen nur aufrechterhalten, indem sie sorgfältig den Informationsfluß kontrolliert und gleichzeitig die Techniken der Kontrolle verbirgt. Doch wenn ihre Kontroll- und Selbstdarstellungs-Strategien offengelegt werden, verliert sie das Image, ›bedeutend‹ zu sein. Alle Techniken, die Achtung und Ehrfurcht wecken sollen, bergen daher die Gefahr der ›Schande‹ – eine Abwertung der eigenen Person, verursacht durch die Enthüllung der Techniken der Machterhaltung. Hierarchien werden von solchen Medien gestützt, die eine klare Trennung zwischen den privaten Verhaltensweisen einer Autoritätsfigur und ihren öffentlichen Handlungen fördern. Umgekehrt werden Hierarchien unterminiert, wenn neue Medien zeigen, was früher ausschließlich Teil der Privatsphäre der Autoritätsfiguren war.«[96] Weiter heißt es prägnant über die elementare Widersprüchlichkeit der Situation: »Indem wir uns den Wunsch erfüllen, großen Menschen ›nahe‹ zu sein oder uns ihre Größe zu bestätigen, indem wir sie immer wieder sehen wollen, zerstören wir gleichzeitig ihre Fähigkeit, die Rolle einer ›großen Persönlichkeit‹ zu spielen. ›Größe‹ manifestiert sich im Auftreten auf der Bühne und per Definition als Gegensatz zum Hintergrund-Verhalten. Im Privatleben sind sich alle Menschen recht ähnlich: Sie essen, sie verdauen, sie werden müde, sie schlafen, sie haben Geschlechtsverkehr, sie pflegen sich, sie haben Launen und sind mit sich selbst beschäftigt.«[97]

Tatsächlich sieht man Politikerinnen und Politiker heute regelhaft auch in bizarrer Pose oder doch zumindest im grellen Licht der Gewöhnlichkeit, denn die indiskreten Medien der Gegenwart wirken als Instrumente der systematischen Enttäuschung, der Ent-Idealisierung. Sie pulverisieren Charisma und erlauben die permanente Produktion beunruhigender Enthüllungen. Gerade noch unerreichbar scheinende Vorbilder und Helden *verzwergen*, wie der Publizist Torsten Körner formuliert, weil sich »die Aura der Differenz« und des Andersseins nicht mehr bewahren lässt und weil im Netz »jede Identität demaskiert« werden könne und sich »die Geschichte, das historische Gewächshaus des Charismatikers, auflöst in Myriaden von gleichgewichtigen Augenblicken und Momenten«.[98] Man sieht den Politiker eben mit einem Mal auch als den Kumpel von nebenan, wüst fluchend an der Tankstelle, mit Hängebauch am Badestrand, ganz ohne die Aura des Rätselhaften und pathetisch Geheimnisvollen, von der der Charismatiker lebt. Und tatsächlich: Was wäre eigentlich, wenn wir auf YouTube ein verwackeltes Handyvideo anschauen könnten, das Willy Brandt zeigt, wie er in einem Hotel in Warschau, dirigiert von einem Imageberater, vor dem Spiegel seines

Hotelzimmers wieder und wieder den Kniefall probt? Hätte seine Geste noch diese so unendlich traurig scheinende Würde, könnte sie überhaupt noch wirken?

Man muss, um die Zusammenhänge zwischen Digitalisierung und Autoritätskrise noch genauer zu fassen, einen Moment ausholen und sich klarmachen, dass die Eigenheiten medialer Kommunikation jeweils andere Formen der Sichtbarkeit und damit auch der Verwundbarkeit erzeugen. Schon die schriftliche Aufzeichnung ist öffentliches Gedächtnis; sie macht Fehler und Fehlleistungen und Peinlichkeiten jeder Art über Raum und Zeit hinweg verfügbar, aber eben, ohne die Überführung in das bewegliche, reaktions- und kombinationsbereite Aggregat des Digitalen, nicht für ein beliebiges, frei changierendes Publikum auf Dauer konsumierbar. Und das Trägermedium des Papiers begrenzt sich selbst in seiner Reichweite und erlaubt ein vergleichbar hohes Maß an Informations- und Kommunikationskontrolle. Man kann Papier schwärzen oder verbrennen. Es vergammelt und vergilbt, verschwindet in Archiven oder hinter den hohen Mauern einer Bibliothek, ist also nur mit vergleichsweise hohem Aufwand greifbar. Das Foto fixiert den Moment, entreißt diesen der Vergänglichkeit, hat Beweischarakter und erzeugt den Eindruck des Realen selbst dann, wenn man doch weiß, dass es sich leicht fälschen lässt. Mit dem Ton tritt die akustische Dimension hinzu, der Klang der Stimme macht die Emotionen des Sprechenden in neuartiger Unmittelbarkeit erfahrbar. Film und Fernsehen erzeugen eine paradox schillernde *Fernnähe;* man ist dem Politiker nun auf einmal nah, interpretiert seine Mimik, hört seine Stimme, kann jeden Schweißtropfen auf der Stirn erkennen, jedes Zittern der Hände, jedes unwillkürliche Zucken der Mundwinkel.

Im digitalen Zeitalter, der Ära der Kombination und multimedialen, global verfügbaren Präsentation, hat sich die Angreifbarkeit und Verwundbarkeit von Politikern noch einmal gesteigert, denn nun lassen sich all diese so leicht nutzbaren, allgemein zugänglichen Medien mit ihren Eigenschaften der speziellen Dokumentation zu einem Evidenzerleben eigener Art verdichten. Der Blackout in einer Fernsehsendung (Michael Naumann) oder der Krawallauftritt in einer Talkrunde (Gerhard Schröder), der Tränenausbruch im Verlauf einer Pressekonferenz (Christian von Boetticher), die Englischimitation vor internationalem Publikum (Günther Oettinger), der Diebstahl eines Kugelschreibers unter den Augen einer Kamera (Vaclav Klaus), die spontane Mittelfingergeste (Peer Steinbrück, Sigmar Gabriel), die rutschende Hose eines Ministerpräsidenten (Winfried Kretschmann), das Inszenierungsdesaster eines Wahlkampfes (Martin Schulz) – wer will, kann jede Menge Peinlichkeiten, Stil- und Selbstdarstellungsbrüche entdecken, vermeintliche und echte Grenzüberschreitungen und Normverletzungen aller Art, die eine eigentümliche, wesentlich medial erzeugte Dauerfrische ausstrahlen. Und man mache nur einmal den Google-Test, um Politikerinnen und Politiker oder die jeweiligen Autoritäten der Wahl entweder blitzschnell auf Normalmaß zu schrumpfen oder aber sie gleich krachend vom Podest zu stürzen. Es gibt Prangerseiten mit Plagiaten, eigene Blogs der Demontage, Entlarvungsfilme und online verfügbare Enthüllungsgeschichten in Serie, Beweisvideos der Vulgarität, der Grausamkeit oder des Betrugs, Belege der Heuchelei in sämtlichen nur denkbaren Varianten und Variationen. Man findet Spottvideos (Edmund Stoiber) genauso wie Sexting-Belege (Anthony Wiener) oder Skandalfilme, die Politiker beim Kokainkonsum (Ronald Schill) oder beim Rauchen von Crack (Rob Ford) zeigen. Man entdeckt verdeckt erstellte Film- und Tonbandaufnahmen, die Lästereien, sexistische oder rassistische Äußerungen dokumentieren oder aber – beispielsweise – die maßlose Arroganz gegenüber einem Taxifahrer bezeugen, der sich vermeintlich nicht devot genug verhält (David Mellor). Man findet online verfügbare Abhörprotokolle, die Prostituiertenbesuche belegen (Eliot Spitzer), stößt auf Detailberichte über Affären und Sexpartys (Silvio Berlusconi), SMS-Botschaften an eine Stripperin (Ilkka Kanerva), die Enthüllungsstory über den One-Night-Stand einer Politikerin (Christine O'Donell). Es sind auf den blamablen Moment reduzierte Lebensläufe, kontextfrei präsentierte Schrumpfbiografien, die womöglich auf Dauer ein Image prägen. Jeder kann solche Schrumpfbiografien durch unaufwendige Recherchen konstruieren, die Materialien dann entsprechend auf einer eigenen Seite zusammenfassen oder den Wikipedia-Artikel zur Person um die böse strahlenden Botschaften ergänzen. Jeder kann mit ein paar Klicks Zitate und Beiträge entdecken, aus denen sich bei Bedarf ein Widerspruch formen, der Vorwurf der persönlichen Inkonsequenz oder der Heuchelei basteln lässt. Die Durchsuchbarkeit, die relative Persistenz und die schiere Quantität von Daten und Dokumenten bilden die informationstechnische Voraussetzung einer allgemeinen Entmystifizierung von Autoritäten, die mit einem Mal damit konfrontiert sind, dass im Kommunikationsraum der digitalen Öffentlichkeit über ihre früheren Auffassungen, vielleicht aber auch über ihren Hang zum Luxus, ihre Trinkgewohnheiten oder über die SMS-Botschaften an eine Stripperin diskutiert wird, die irgendwer bekannt gemacht hat. Kurzum: Mit der Entlarvung ist unter diesen Bedingungen stets zu rechnen, denn man vermag diskreditierende Dokumente blitzschnell sichtbar zu machen, kann verschiedene Aussagen ein und derselben Person unaufwendig miteinander vergleichen und kontrastieren. Die *Ad-hoc-Manifestation offensichtlicher Widersprüchlichkeit* ist die Ausgangsbasis für den beständig lauter werdenden Vorwurf der Heuchelei und der Lüge.[99]

Folgt man den Analysen verschiedener Autoren zu den Formen des Erinnerns im digitalen Zeitalter, so droht überdies die umfassende, jede Lebensregung ergreifende Erinnerung, die niemand mehr aus dem Korsett seiner Vorgeschichte entlässt.[100] Die Vergangenheit ist unter den gegenwärtigen Medienbedingungen auf Dauer »geradezu in unsere digitalen Häute eintätowiert«, so heißt es in einem Essay des Publizisten J. D. Lasica; das Netz habe »vergessen, wie das Vergessen« funktioniere.[101] Diese inzwischen so selbstverständlich und scheinbar so plausibel wirkende Behauptung stimmt jedoch nicht in dieser Absolutheit, denn das Netz vergisst sehr wohl, nur eben auf kaum kontrollierbare, von einem Einzelnen steuerbare Weise. Selbst im Falle von Groß- und Weltereignissen sind, wie eine Studie von US-Informatikern zeigt, nach zweieinhalb Jahren fast 30 Prozent aller Quellen nicht mehr auffindbar.[102] Und konstant kann man die Erfahrung machen, dass Links nicht mehr funktionieren (»Page not found«), Anwendungen und Programme veralten, Speichermedien bis zum Moment ihrer plötzlichen Unbenutzbarkeit vor sich hin gammeln. Bruce Sterling, Science-Fiction-Autor und Netzexperte der ersten Stunde, hat die Digitalära zu Recht einmal »das goldene Zeitalter der toten Medien«[103] genannt, weil jede Neuerung unvermeidlich Großfriedhöfe auf einmal unbrauchbar gewordener Geräte produziert. Der technische Fortschritt, die knapp bemessenen Produktzyklen, die intransparente algorithmische Vorfilterung und das mit einem Mal aufflammende Publikumsinteresse, die Beeinflussung von Suchergebnissen durch PR-Tricks – all dies prägt und programmiert den Prozess des Erinnerns im digitalen Zeitalter, verwandelt ihn in ein anarchistisch anmutendes, von Feedbackschleifen, Hits und Hypes oder aber auch bloßen Zufällen und den gerade aktuellen Innovationen regiertes Spiel. Das gesamte Netz lässt sich, um eine erhellende Formulierung des Medienwissenschaftlers Roberto Simanowski aufzugreifen, nicht als ein von Einzelnen steuerbares *Archiv* begreifen, sondern als ein aus unendlichen Verzweigungen bestehendes *Anarchiv* – als eine hochgradig dynamische, dem permanenten Plebiszit der Suchanfragen und der gerade aufkommenden Stimmungen unterworfene Gedächtnismaschine, die selbstorganisiert mit immer neuen Datenmassen und Konvoluten von Dokumenten gespeist wird.[104] Gerade noch gnädig Versendetes und vergessen Geglaubtes taucht womöglich eines Tages wieder auf, wird erneut gepostet, aktualisiert und konkurriert mit anderen Eindrücken um die Vorherrschaft über den konkreten Moment. Da ist die EU-Politikerin Violeta Bulc, die im Moment des Karrieresprungs öffentlich an ihre Ausbildung zur Schamanin und an die esoterisch klingenden Blogbeiträge erinnert wird, die vom Lauf über glühende Kohlen und der Macht positiver Energien handeln. Da ist der deutsch-französische Politiker und Publizist Daniel Cohn-Bendit, der in einem Buch aus dem Jahr 1975 und in einem bizarren Talkshow-Auftritt im französischen Fernsehen von 1982 über die Erotik und die sexuelle Attraktivität von Kleinkindern schwadroniert, von eigenen Erfahrungen in einem Kinderladen erzählt – und heute online als Päderast verdächtigt wird, weil man seinen Beteuerungen, bei seinen Aussagen handele es sich um zeitbedingte Idiotien und tatsächlich sei nie etwas vorgefallen, keinen Glauben schenken mag. Da sind die Skandale um den Ministerpräsidenten Stefan Mappus, der, kaum aus dem Amt gewählt, die Festplatte eines Computers zerstören lässt – nicht ahnend, dass irgendwer eine Sicherheitskopie angefertigt hat und ihn belastende Mails demnächst öffentlich bekannt sein werden. Es ist die *potenzielle*, nicht mehr kontrollierbare Präsenz der Vergangenheit, es ist die auch von Zufällen geprägte Macht des Anarchivs, die das Bild von Politikerinnen und Politikern in der Gegenwart auf kaum vorhersehbare Weise beeinflussen.[105]

Wenn man an dieser Stelle von einzelnen Fallgeschichten abstrahiert, wenn man versucht, Distanz zu gewinnen, um sich nicht in einzelnen Skandal- und Schmuddelstorys zu verlieren, dann vermag man einen vierfachen Effekt der so leicht und unaufwendig möglich gewordenen Bloßstellung und der allgemeinen Überbelichtung zu erkennen:

Autorität wird unter den Bedingungen der Ad-hoc-Attacke erstens zum Resultat eines unvermeidlich fragilen Konsens, der selbstorganisierten Interpretation und einer bestenfalls temporären, nicht mehr primär institutionell garantierbaren Akzeptanz.[106] Sie lässt sich ohne Aufwand, jenseits des offiziellen Protokolls und der stärker hierarchisch organisierten Informationsflüsse, mit einem Moment des Fraglichen und Zweifelhaften versehen; man kann Autoritäten sehr viel effektiver kontrollieren, aber eben auch bei Bedarf drangsalieren, ihre Ideen und Verhaltensweisen öffentlich kritisieren und diskutieren.

Zweitens gibt es vermutlich nie ganz präzise fixierbare, aber eben doch vorhandene Grenz- und Schwellenwerte der Skandalisierung und Bloßstellung, bei deren Überschreitung sich der Argwohn, der eben noch auf den konkreten Fall beschränkt war, ausweitet und zum grundsätzlichen Negativurteil über ganze Gruppen oder »die da oben« verdichtet. »Die Regelmäßigkeit der Wiederholung des Singulären weckt den Verdacht«, so bekommt man bei dem Politikwissenschaftler Herfried Münkler zu lesen, »ihm liege ein Generelles zugrunde.«[107] Mit anderen Worten: Man vermag nicht mehr so recht an die Ausnahme zu glauben, sondern sieht in ihr den Regelfall, weil schon die Schlagzahl der Enthüllungen als robustes Indiz der allgemeinen Verwahrlosung des Führungspersonals erscheint.

Drittens wird deutlich, dass es aus der Situation der systematischen Infragestellung für Politikerinnen und Politiker heute kein Entkommen mehr gibt. Wer dauerhaft unangreifbar sein will, der müsste sich mutwillig in ein einsames, medial gänzlich unzugängliches Tal flüchten, sich also in ein geschlossenes Kommunikationssystem mit einem strikt beherrschbaren Publikum einigeln, das jedoch im digitalen Zeitalter nicht mehr existiert. Diese Vorstellung von vollkommener Abgeschiedenheit und Kontrolle, die informationstechnische Vorbedingung fragloser, gänzlich ungetrübter Verehrung, gehört definitiv in eine andere Epoche der Medien- und Menschheitsgeschichte.

Und viertens prägt die Erfahrung einer diffusen Öffentlichkeit das Lebensgefühl von Politikerinnen und Politikern, die beständig damit rechnen müssen, bei Fehltritten und Flunkereien ertappt zu werden und dann als Heuchler oder peinliche, irgendwie zwielichtige Figuren am Pranger zu stehen. Damit steht das Recht der informationellen Selbstbestimmung auf dem Spiel. Man solle selbst festlegen können, so das Bundesverfassungsgericht in seinem grundsätzlichen Urteil zur Volkszählung am 15. Dezember 1983, wer was über die eigene Person weiß, denn sonst entstünde ein gesellschaftliches Klima von vorauseilender Konformität, von Verzagtheit und Angst.[108] Man brauche die Gewissheit, nicht fortwährend beobachtet zu werden, um ein Leben in Autonomie und Freiheit zu führen. In einer Welt, in der der Absolutismus der Transparenz regiert, ist dieses Recht jedoch kaum noch durchsetzbar – zumindest nicht für Politikerinnen und Politiker, die ein gewisses Maß an Prominenz erreicht haben. Aus dem Ideal der *informationellen Selbstbestimmung*, das die Möglichkeit von Schutz und Rückzug verspricht, wird unter den aktuellen Medienbedingungen die Erfahrung der *informationellen Verunsicherung*, die von der konstant drohenden Eventualität handelt, dass man unter ungünstigen Umständen beobachtet und kurz darauf attackiert werden könnte.[109] Das ist die aktuelle Medienrealität der Politik.

Was soll man da tun, wie auf den Beobachtungsdruck reagieren? Die Flucht in die Floskel, eine möglichst blasse Rhetorik, das stete Bemühen, öffentliche Erregung durch glatte Inszenierungen zu vermeiden, und die Selbstzensur in Richtung des ohnehin gerade Konsensfähigen erscheinen vor diesem Hintergrund als konsequente Reaktion, als Strategie der smarten Vermeidung von Provokationen und negativer Aufmerksamkeit. Aber das Duckmäusertum von Ängstlichen, die sich nach Kräften bemühen, kaum noch erfüllbaren Maßstäben und Perfektionsidealen zu genügen, muss nicht die einzig mögliche Reaktion sein. Möglich ist, dass *Prototypen der Kumpelhaftigkeit* und *Helden der Gewöhnlichkeit* auftauchen, die sich nahbar geben, deren angebliche oder tatsächliche Authentizität wesentlich ihre Autorität ersetzt, weil sie verstanden haben, dass die Aura des Andersseins und die Inszenierung von Differenz vielleicht schon bald zu Angriffen einladen.[110] Sie versuchen sich zu schützen, indem sie sagen: »Seht her, ich bin ganz normal und ganz offen! Und ich habe kein Geheimnis!« Zumindest vorstellbar ist aber auch, dass zunehmend *Heroen der Negativität* auf den Bühnen der öffentlichen Welt in Erscheinung treten. Sie imponieren (manchen) eben gerade durch die ungehemmte Aggression, die Anpassungsverweigerung und die rotzig vorgetragene Metabotschaft, dass sie nicht weiter bekümmert, was ihre Kritiker und die Medien sagen mögen. Sie machen Eindruck, weil sie versuchen, den Absolutismus der Transparenz durch kalte Ignoranz und die offensive Verhöhnung moralischer Maßstäbe zu kontrollieren – frei nach dem Motto des rüpelhaft-faselnden Antihelden Donald Trump, der Angriffe und Vorwürfe mit dem Satz kontert: »Ich werde von so viele Leuten herausgefordert, und ich habe ehrlich gesagt keine Zeit für totale politische Korrektheit.«[111]

Denkbar ist schließlich, dass sich im Laufe der Zeit, schon allein aufgrund von Gewöhnungseffekten auf Seiten des Medienpublikums, eine weniger anspruchsvolle, entidealisierte Idee von Autorität herausbildet und die Fülle der Fehlleistungen irgendwann zum unspektakulären Regelfall und zum achselzuckend akzeptierten Dauerereignis mutiert, weil die Abweichung für alle sichtbar längst zur neuen Normalität geworden ist. Das ist die These, die Joshua Meyrowitz auf vorsichtig-fragende Weise vertritt. »Auf die Dauer führt die Enttäuschung über viele Autoritätsfiguren«, so schreibt er, »vielleicht zu einer neuen, weniger idealistischen Vorstellung über die meisten gesellschaftlichen Institutionen. Vor noch nicht allzu langer Zeit waren Informationen über Politiker und andere Autoritäten nur begrenzt erhältlich. Die Politiker mußten *handeln,* um eine Botschaft ›rüberzubringen‹. Tatsächlich bestand die wichtigste Rolle der Werbung und von Öffentlichkeitsarbeit allgemein darin, Informationen in die Öffentlichkeit zu bringen. Die Absicht war, bestimmte Aspekte von Menschen, Institutionen, Ideen und Produkten sichtbar zu machen. Andere Aspekte blieben unsichtbar, indem sie einfach vernachlässigt wurden. Jetzt jedoch wird Öffentlichkeitsarbeit zunehmend zu einem Versuch, Informationen zurückzuhalten oder solchen Informationen entgegenzutreten, die bereits publik sind […].«[112] Wenn Joshua Meyrowitz recht hat, dann hieße dies: die fortwährende medientechnische Innovation transformiert bisherige Normen und führt zu der Einsicht, dass Peinlichkeiten und Normverstöße alltäglich, unvermeidlich und damit irgendwann normal werden, wenn die Kontexte verschwimmen. Und das könnte bedeuten, dass man lernen würde, mit Autoritäten zu leben, die Schwächen haben, eitel sind und manchmal erschöpft, übellaunig und unbeherrscht und deren Vorleben oder Gesamtpersönlichkeit einem nicht notwendig gefällt. Perfektionsideale und Ursehnsüchte nach Helden und Lichtgestalten erschienen – so betrachtet – als ein robustes Indiz dafür, dass man die aktuelle Medienwirklichkeit nicht begriffen und das vielschichtige, moralisch schillernde Wesen des Menschen nicht verstanden hat, weil man sich sonst eingestehen müsste: Aus nächster Nähe betrachtet kann niemand wirklich genügen, und alle sind irgendwie peinlich oder doch ziemlich gewöhnlich. Wird es also, so lässt sich fragen, zukünftig elastischere, von Nachsicht geprägte Rollenmodelle geben, fehlbare, offensichtlich gebrochene Helden und verwundete Idole, die trotz ihrer total normalen Erscheinung und vielleicht sogar aufgrund ihrer Fehltritte bewundert werden?[113] Oder wird das breite Publikum die großen Ideale weiter hochhalten, gleichzeitig aber Nahbarkeit, Offenheit und Transparenz fordern, also kaum miteinander vereinbare Ansprüche formulieren, die jeden Politiker in ein Dilemma manövrieren? Oder wird der rüpelhaft-ignorante Antiheld zur neuen Heilsfigur für ein vom Tremolo der fortwährenden Enthüllungen erschöpftes Publikum, das seine Verehrungsinteressen und seine Anbetungsfähigkeit schützt, indem es Kritik und Einwände schlicht ausblendet oder sie in eigenwilligen Verrenkungen zum Problem der Medien umdeutet, die die diskreditierenden Botschaften überbringen?

Niemand kann dies wissen. Sicher ist jedoch: Bis sich die verschiedenen widersprüchlichen Entwicklungslinien im Spannungsfeld von Auraverlust und ängstlicher Anpassung, von höhnischer Ignoranz und allgemeinem Wertewandel zu einer einigermaßen stabilen Tendenz verdichten, wird die Dauerveröffentlichung von Fehlleistungen auf kaum zügelbare Weise weitergehen, wird man morgen schon von einer lächerlichen, missverständlichen Geste, einem peinlichen Tweet oder Facebook-Posting oder einem tatsächlichen Skandal erfahren, der erneut die öffentliche Erregung munitioniert. Die fortwährende

Enttäuschung und die Wut über das moralische Versagen der politischen Eliten gehören bis auf weiteres zu den Kollateralschäden einer grell ausgeleuchteten Medienwelt. Es bleibt abzuwarten, ob sich unter diesen Bedingungen ein radikal ernüchterter Idealismus und womöglich sogar eine neue Toleranz entwickelt oder ob die Ära der Augenblicksautoritäten und der Instant-Ikonen beginnt, die erst frenetisch gefeiert werden, um dann kurz darauf in einem Strudel der Enthüllungen und Negativberichte zu versinken.

4 Die Behaglichkeitskrise – oder der Kollaps der Kontexte

Filter Bubble und Filter Clash

Zunächst weiß man an diesem Abend des 22. Juli 2016 über etliche Stunden hinweg nur, dass irgendetwas Furchtbares in München passiert ist. Am Olympia-Einkaufszentrum ist geschossen worden, so viel steht fest. Ein junger Mann streamt mit seinem Smartphone über die Netzplattform Periscope Live-Bilder vom Ort des Geschehens. »Angeblich gab es einen Schützen«, so kommentiert er vom Ort des Geschehens. »Da, zwei Polizisten mit Maschinengewehren … es kommt eine Frau, die hat geweint … kranker Scheiß.« 100.000 Menschen sehen seine Bilder, die kurze Zeit später von Fernsehsendern vervielfältigt werden. Auf Twitter und in den sozialen Netzwerken hagelt es verzweifelte Terrorwarnungen, diffuse Angstbotschaften in Serie. Es gibt Hinweise auf eine Schießerei in der Innenstadt. Ein Mann, der den Twitternamen @itsflyingbird trägt, will Schüsse am Stachus gehört haben: »Bin grad am Stachus«, so schreibt er, »und hier jetzt auch Schüsse.« »Allahu Akbar« habe einer der Täter gerufen, so wollen andere gehört haben. Wieder andere berichten von mehreren bewaffneten Männern, die jedoch später als Polizeibeamte in Zivil identifiziert werden. Es sind Stunden im Ausnahmezustand, befeuert von Breaking-News-Berichten in allen Medien, Gerüchten und Nachrichten in den sozialen Netzwerken, Bildern und hektisch pulsierenden Informationen, die über WhatsApp, Snapchat oder Instagram verbreitet werden. 113.000 Tweets werden in dieser Nacht der Ungewissheit über die Ereignisse von München veröffentlicht, bis zu 336 in einer einzigen Minute. Immer wieder bricht Panik aus. So verletzen sich Menschen beim Versuch, aus dem Münchner Hofbräuhaus zu fliehen, weil plötzlich ein Mann auftaucht, der »Shooting, Shooting« schreit. Es kursieren Fotos, die angeblich aus München stammen, jedoch faktisch nach einem Überfall in einem Einkaufszentrum in Südafrika oder bei einer Antiterrorübung in Manchester aufgenommen wurden. Auch ein Bild des angeblichen Attentäters wird verbreitet, das allerdings schon bei Amokläufen in den USA im Netz Verwendung fand. Die Polizei versucht unterdessen auf allen Medienkanälen zu beruhigen, aber dies gelingt nicht wirklich, weil man selbst zunächst nicht genau zu sagen vermag, was eigentlich passiert ist. Für ein paar Stunden scheint es tatsächlich so, als sei die Millionenstadt in der Hand von Terrorattentätern.[114]

Was ist geschehen? Der 18-jährige Schüler David S., so stellt sich heraus, hat neun Menschen und schließlich sich selbst erschossen, als die Polizei ihn aufspürte. Es handelt sich um einen präzise durchgeplanten Amoklauf am Olympia-Einkaufszentrum im Stadtteil Moosach, nicht um eine koordinierte, über die Stadt verteilte Serie von Terroranschlägen, wie man zunächst glaubt. Die Ereignisse in jener Nacht sind ein Indiz dafür, wie leicht sich unter den aktuellen Medienbedingungen Erregung in Panik zu verwandeln vermag, wie schnell sich Angstgemeinschaften bilden und auf welche unmittelbare Weise der Schrecken durchdringt und das allgemeine Bewusstsein in mentale Geiselhaft nimmt. Dies zeigt auch ein Essay voller Melancholie und Trauer, den die Bloggerin Patricia Cammarata am 23. Juli 2016 postet, dem Tag danach.[115] Ihr Text trägt den Titel »Ich brauche keine Liveticker« und handelt vordergründig von Gewalt und Terror und den Aktualitäten des Augenblicks und hintergründig vom

Verlust der Idylle, vom Ende der Behaglichkeit in einer vernetzten Welt, in der »die kollektiven Nervenleitungen unseres Planeten eine einzige blubbernde, diffuse, quasi-fühlende, rund um die Uhr aktive Meta-Community bilden«, wie der Schriftsteller Douglas Coupland einmal formuliert hat.[116] Patricia Cammarata, in München aufgewachsen, ist irgendwo in einem Kino in Berlin, als sie die ersten Nachrichten auf ihrem Handy erreichen, die sie fortan schockiert verfolgt. Am Tag danach schreibt sie über die Stille ihrer Kindheit, das Pilzesammeln im Bayerischen Wald und das Leben in der behaglichen Welt des Nichtwissens. Nur die Berichte von der atomaren Katastrophe in Tschernobyl und vom Zweiten Golfkrieg seien damals auf undeutliche Weise bis zu ihr vorgedrungen und hätten sie überhaupt erreicht. »Sonst war meine Kindheit völlig unbeschwert. Ich habe nichts mitbekommen.« Heute habe sie ein Smartphone, sei über Twitter und Facebook vernetzt. Und nun wisse sie gar nicht mehr, wovor sie sich zuerst fürchten solle – dem Terror, der allmählich Europa erreicht, einem Präsidenten mit Namen Donald Trump, den Folgen des Putsches in der Türkei, den Zuständen in den Ländern, aus denen die Menschen verzweifelt flüchten. »Kann Journalismus bitte wieder mehr sein, als die schnellste Mutmaßung zu äußern und das erste Foto zu veröffentlichen«, so schreibt sie. »Die Liveticker, die Bilder, nichts davon ist hilfreich.«

Darin steckt die über den Tag hinausweisende Brisanz ihrer Ad-hoc-Reaktion auf den Amoklauf. Patricia Cummarata erlebt die Tatsache der Vernetzung als Erfahrung der permanenten Beunruhigung. *Vernetzung heißt Verstörung,* das ist die Botschaft ihrer melancholischen Reflexionen. Es ist eine allgemeine Zeit- und Medienerfahrung, die hier greifbar wird. Sie soll hier in Analogie zum Konzept der *Filter Bubble,* das der Netzaktivist Eli Pariser entwickelt hat, als *Filter Clash* bezeichnet werden.[117]

Gemeint ist mit der Rede vom Filter Clash, dass unterschiedlichste Varianten der Weltwahrnehmung in radikaler Unmittelbarkeit aufeinanderprallen, verursacht und forciert durch die intensiv vernetzte Kommunikation. Menschen leben unvermeidlich in vorgefilterten Informations- und Wahrnehmungswelten, in denen sie sich mehr oder minder behaglich einrichten. Diese sind geprägt von ihrer biologischen Konstitution (wir sehen, hören und empfinden nicht »alles«), den kulturellen Bedingungen und epochenspezifischen Traditionen, gesellschaftlichen und weltanschaulichen Milieus, persönlichen Vorerfahrungen und eigenen Interessen. Manche dieser Filter sind Teil der menschlichen Natur, andere sind jedoch variabel, sie können nach eigenem Gutdünken oder durch Außeneinwirkung verändert und neu konfiguriert werden. Ebendiese variablen, medial und informationstechnisch geprägten Filter eines Menschen lassen sich in einer intensiv vernetzten Gesellschaft leicht aufbrechen und durch Nachrichten unterschiedlichster Art fluten – mit dem Effekt, dass Wirklichkeiten und Wahrnehmungen in neuartiger Schärfe kollidieren.

Um die verstörende Gleichzeitigkeit des Seins und die beunruhigende Dauererfahrung greller Kontraste unter den digitalen Bedingungen zu erfassen, muss man sich jedoch von dem zu eindimensionalen, deterministischen Konzept lösen, das Eli Pariser in seinem intensiv diskutierten Buch *Filter Bubble* präsentiert. Personalisierte Filterung mit Hilfe von Algorithmen, so versucht er zu zeigen, bedingt, dass man gleichsam in einen Tunnel der Selbstbestätigung hineingelockt wird: Man sieht, was einen interessiert. Man erfährt, was die eigenen Vorannahmen bestätigt. Man wird, um ein Wort von Miriam Meckel zu zitieren, zur *Weltkurzsichtigkeit* animiert, weil die eigene, vielleicht sehr engmaschig geknüpfte Matrix der Wahrnehmung permanent bestätigt wird.[118] Die Welt erscheint, so die dystopische Annahme, irgendwann wesentlich als der kleine Ausschnitt von Nachrichten und Meinungen, den man entlang seiner eigenen Suchgeschichte selbst kreiert hat. Die Bloggerin Patricia Cammarata führt jedoch vor, dass man die Welt unter den aktuellen Kommunikationsbedingungen gar nicht beliebig nach dem Muster der persönlichen Vorlieben zu schrumpfen oder gar systematisch auszuschließen vermag. Der elementare Effekt der Vernetzung besteht eben gerade darin, dass die Idylle der Unerreichbarkeit geschleift wird und sich der Terror des Augenblicks mit aller Macht durchdrückt. Man wird auch im eigenen, von algorithmischer Vorfilterung geprägten Informationsuniversum erreicht und behelligt, ob man dies will oder nicht.

Wie aber kann man die Idee der Filterblase mit der Erfahrung der konstanten Konfrontation verbinden? Wie verknüpft man die scheinbar einander widersprechenden Phänomene, denkt also informationelle Schließung und das Erlebnis der gewaltsam wirkenden Öffnung von Wirklichkeits- und Wahrnehmungswelten zusammen? Eine Antwort, die erklärt, warum Öffnung und Schließung gleichermaßen nachweisbar sind, liefert eine erhellende Unterscheidung des Netztheoretikers Michael Seemann, der von *positiver* und *negativer* Filtersouveränität spricht.[119] Damit ist gemeint, dass man sich zwar selbsttätig und leichter denn je in eigene Weltbildblasen hineingoogeln kann, für die eigenen Vorannahmen und Vorurteile Plausibilität zu erzeugen vermag. Das ist die positive Filtersouveränität, die einen in den Regisseur der eigenen Wirklichkeitserfahrung und den Konstrukteur persönlich-privater Öffentlichkeiten verwandelt. Negative Filtersouveränität würde hingegen bedeuten: Man kann sich auch gegen unerwünschte Informationen effektiv abschotten und sich im eigenen Informationskokon mehr oder minder vollständig isolieren. Aber genau dies ist nicht möglich, zumal im Falle von Extremereignissen, über die global berichtet wird. Zum einen erreichen einen die hereinströmenden Nachrichten über die klassischen Medien, die längst auch im öffentlichen Raum präsent sind; man denke nur an Fernsehschirme im Bahnhof, an Flughäfen oder in der Kneipe, Nachrichtensendungen in der S-Bahn. Zum anderen erreichen sie einen per Mail, über Facebook, Twitter, WhatsApp. Sie kommen zu einem in Gestalt von Push-Nachrichten oder Breaking-News-Schlagzeilen und dringen in jedem Fall durch. Die exzessive Handynutzung (Heavy User erreichen eine Verwendungsfrequenz von sechs- bis zehnmal in einer einzigen Minute, Jüngere schauen durchschnittlich mehr als 160-mal pro Tag auf ihr Smartphone) erzeugt im Verbund mit der Angst, irgendetwas Wichtiges zu verpassen, einen Zustand nervöser Aufmerksamkeit und gespannter Wachheit. *FOMO (the fear of missing out)* ist längst ein allgemeines Kulturphänomen und eine optimale Vorbedingung dafür, dass man sich für Nachrichten erreichbar und für den Informationskontakt überhaupt empfänglich zeigt. Zahlreiche Menschen, so belegen die entsprechenden Studien, sind mehr oder minder konstant online und nehmen ihr Smartphone mit ins Schlafzimmer. Und sie erleben, wenn sich tatsächlich einmal nicht wirklich etwas tut, sogenannte Phantomanrufe, ein Phantomvibrieren oder Phantombrummen ihrer Smartphones, glauben also, dass man sie kontaktieren und mit Neuigkeiten versorgen will, obwohl das gar nicht stimmt. Information, so ihr Credo, ist das, was man permanent zu verpassen droht.

Aber nicht nur die sich massiv intensivierende Mediennutzung, die konstante Neuigkeitserwartung und die allmähliche mediale Durchdringung des Alltags und des öffentlichen Raumes programmieren den Filter Clash. Dem ist schon allein deshalb nicht zu entkommen, weil die beständig voranschreitende Vernetzung und die Digitalisierung von Materialien und Dokumenten die Art und Weise des Informationszugangs und der Informationsverbreitung elementar verändert. Man ist nun mit einem Mal, einen funktionierenden Netzzugang vorausgesetzt, mit den unterschiedlichsten Lebenswelten konfrontiert, erfährt die Kontingenz und Komplexität von Wirklichkeit schon nach ein paar Klicks. Natürlich erfährt man auch durch die Lektüre eines Buches oder eines Zeitungsartikels von fremden Wirklichkeiten, wird irritiert und inspiriert, berührt und überrascht. Schon die Presse, wie Marshall McLuhan vermerkt, »präsentiert täglich sowohl das Bild der Komplexität als auch der Vergleichbarkeit menschlicher Angelegenheiten«,[120] schafft einen Sinn für das Neue und das Andere, reicht im Akt der Kommunikation stets auf überraschende und womöglich eben auch verstörende Weise über sich selbst hinaus. Die programmierte Überraschung und der Effekt der Verstörung gehören zu den Schlüsselmerkmalen medialer Kommunikation. Aber in einer vordigitalen, primär von Printmedien bestimmten Welt gilt ein Modus der Informationsstrukturierung in deutlich stärkerem Maße, der hier als das *Prinzip der publikumsspezifischen Segmentierung* bezeichnet werden soll. Nicht alle können in einer solchen Welt alles sehen und auf leichte Weise an alle Informationen herankommen. Das eigentümliche Paradoxon besteht darin, dass man Inhalte zwar in gedruckter Form verfügbar macht, aber ihrer umfassenden Verbreitung – schon durch das Trägermedium des Papiers und seine eigene Trägheit und Stofflichkeit, die Anforderungen der Literalität, die Orientierung an speziellen Zielgruppen – doch gleichzeitig einige Hindernisse in den Weg legt.[121] Es gibt Kinder- und Erwachsenenbücher, Zeitschriften für spezielle Zielgruppen, Magazine für Frauen und für Männer. Selbstverständlich sind die diversen Informationswelten deswegen keineswegs komplett voneinander getrennt, und natürlich kommt es auch hier zu Vermischung und Austausch, zu wechselseitiger Inspiration und im Zweifel auch zu massiver Irritation.[122] Und doch ermöglicht es die Digitalisierung und Vernetzung, Informationsflüsse anders zu organisieren. Nun regiert nicht mehr primär die publikumsspezifische Segmentierung, die eine Gesellschaft in unterschiedliche Informations- und Wahrnehmungswelten gliedert, sondern das *Prinzip der integrierenden Konfrontation.* Alles wird potenziell allen gezeigt. Alles wird im Extremfall für alle sichtbar; unabhängig von Alter, Geschlecht, Herkunft und sozialem Status wird man mit den unterschiedlichsten Informationen lebensweltlicher, ideologischer oder sexueller Natur konfrontiert. Und es wird in nie gekannter Leichtigkeit und Geschwindigkeit möglich, gerade noch bestehende Informations- und Wahrnehmungsenklaven, Welt- und Wirklichkeitsblasen, die algorithmisch oder auch primär sozial, kulturell oder weltanschaulich-ideologisch bestimmt sein mögen, zu verschieben und aufzusprengen – mit der Folge einer allgemeinen Beunruhigung und Verstörung, einer systemisch bedingten Behaglichkeitskrise, die nicht allein durch das Geschehen selbst, sondern auch durch die Tatsache, dass man sich anderen, fremden, schockierenden Lebensrealitäten nicht entziehen und ihnen nicht ausweichen kann, verursacht wird.

Was wir heute im globalen Maßstab erleben, hat die Journalistin Iris Radisch in einem Bericht über das Leben und die Literatur Walter Kempowskis zu einer markanten Beschreibung verdichtet. »Walter Kempowski saß 1948 hungrig und beschmutzt in einem Güterwaggon, der ihn, von einem sowjetischen Militärgericht zu 25 Jahren Zwangsarbeit verurteilt, nach Bautzen bringen sollte«, so heißt es hier. »Bei einem Halt beobachtet er durch eine Ritze im Bretterverschlag ein spazierendes Ehepaar, sie im Blümchenkleid, er in Knickerbockern, sorglos im Sonnenschein. Das hat ihm den Schock von der Gleichzeitigkeit des Unvereinbaren versetzt. Wie viel Glück und Unglück, Harmloses und Tragisches, Lebensbedrohendes und Idyllisches stapeln sich in jeder Weltsekunde aufeinander! Das ist so unendlich, so unfassbar wie die Zahlen, die zwischen eins und zwei liegen.«[123] Ebendiese Erfahrung von der schockierenden Gleichzeitigkeit des Unvereinbaren ist im Zeitalter kollabierender Kontexte zum alltäglichen Erleben geworden und verändert die soziale Temperatur vernetzter Gesellschaften, sie provoziert Disharmonie durch die Sofortkonfrontation mit anderen Lebenswelten und Lebensmöglichkeiten; sie lässt, eben weil das Bewusstsein für soziale Unterschiede, für die Privilegien Einzelner und die Formen der Diskriminierung wächst, Forderungen nach Gerechtigkeit und Gleichbehandlung lauter werden, weil die Ausgeschlossenen und Benachteiligten ihre Situation in anderer Schärfe und Deutlichkeit erkennen und womöglich nicht mehr bereit sind, sich mit den Gegebenheiten abzufinden und ihrer untergeordneten Stellung zu arrangieren: Man weiß ja nun, was andere haben und wie es ihnen ergeht.[124] Auch sind, eben wie in der Szene aus dem Leben Walter Kempowskis, Glück und Unglück, Harmloses und Tragisches, Lebensbedrohendes und Idyllisches gleichermaßen präsent; dies gehört geradezu zum Wesen einer entgrenzten, barrierefrei zugänglichen Öffentlichkeit. Man ist beim ziellosen Surfen Bildern des obszönen Reichtums, der Armut, des blutigen Protests und den Echtzeit-Dokumentationen des Bestialischen und der totalen Banalität und Harmlosigkeit ausgesetzt.

Nur ein paar wenige Beispiele, die als Chiffren für die Gleichzeitigkeit des Unvereinbaren taugen mögen, als Anlässe und Auslöser der informations- und medientechnisch verursachten Dissonanz: Da sind – einerseits – die *Rich Kids of Instagram* oder wahlweise auch *Rich Kids of Teheran*, die mit den Insignien des eigenen Reichtums protzen.[125] Sie zeigen sich, umringt von Champagnerflaschen, in der Badewanne, führen ihre Markenklamotten vor, präsentieren ihre Uhren, die teuren Autos, die Kreditkarten, die vergoldeten iPhones. Sie bebildern ihr Partyleben mit den Fotos von Hubschraubern und Privatflugzeugen, die sie in den nächsten Urlaub bringen – frei nach dem selbstkreierten Motto: »Unser Alltag ist besser als euer bester Tag.« Es kontern, nur ein paar Klicks entfernt, die *Poor Kids of Teheran* mit Symbolbildern des Elends: Gezeigt werden billige Uhren, heruntergekommene Autos, verschmutzte Körper und offensichtlich in bitterer Armut lebende Kinder, die sich am Boden zusammengekauert haben. Die Transparenz der Differenz, die Spannungen unvermeidlich macht, gilt jedoch nicht nur für den sozialen Status, sondern auch für die politischen Weltanschauungen und Ideologien, die unter den Bedingungen vernetzter Kommunikation so unmittelbar aufeinanderprallen. Meinungen und Behauptungen, die im vordigitalen Zeitalter vielleicht am Stammtisch oder in den öffentlich kaum wahrnehmbaren Katakomben extremistischer Sektierer geäußert wurden, sind mit einem Mal dokumentierbar geworden und in allernächste Nähe gerückt, bis hinein in den unmittelbaren Ansprechradius der eigenen Kommunikationssphäre. Sie erreichen einen auf dem Medienkanal, der sonst für die eher private Kommunikation mit Freunden und Bekannten genutzt wird. So ist man auf Facebook und womöglich in der eigenen Timeline auf Twitter eben nicht nur mit heiteren Urlaubsbildern, Ratespielen, Katzenvideos, lustigen GIFs und den Nachrichten von Freunden und Bekannten konfrontiert, sondern stößt vielleicht auch auf rassistisch klingende Kommentare, »Auschwitz-Selfies«, Jubelbilder und Anmachfotos vom Berliner Holocaust-Mahnmal, bizarre Pornografie oder den

Schnappschuss einer Frau, die sich vor der Brooklyn Bridge in New York fotografiert, im Hintergrund ein Selbstmörder, der schließlich doch noch davon abgehalten werden kann, in die Tiefe zu springen. Man entdeckt ohne großen Aufwand die Postings und Tweets von Menschen, die sich über ein ertrunkenes syrisches Kind freuen, Andersdenkende als »Zecken«, »Läuse« und »Müll« beschimpfen, Flüchtlinge vergasen wollen und dafür plädieren, Konzentrationslager wieder in Betrieb zu nehmen. »Soziale Medien versetzen uns durch ihre Mischung aus Spontaneität und Dokumentation in die Lage, den Menschen in die Köpfe zu schauen«, bilanziert der Netzpublizist Sascha Lobo, der die Auffassung vertritt, durch diese Direktbetrachtung spontaner Kommunikation werde letztlich die Idee gemeinsamer basaler Werte zerstört, die eine Gesellschaft zumindest im Sinne einer freundlichen Illusion benötige. »Heinrich von Kleist schrieb 1805 seinen Aufsatz ›Über die allmähliche Verfertigung der Gedanken beim Reden‹. Und jetzt können wir den Menschen bei der allmählichen Verfertigung ihrer Gedanken und Gefühle beim Kommentieren des Weltgeschehens zuschauen.«[126]

Es ist jedoch nicht nur die Gesamtgeistesverfassung einer Gesellschaft, die mit einem Mal sichtbar wird und die Illusion gemäßigter Verhältnisse zerstört, womöglich eben auch ganz direkt im eigenen Kommunikationsbiotop. Man kann den Schock der Gleichzeitigkeit des Unvereinbaren vielleicht am direktesten erfahren, wenn man die Bilder der Gewalt betrachtet, die Dokumente der Erniedrigung und Folter, die so leicht zugänglich geworden sind. So lassen sich, ohne jeden Aufwand, Enthauptungsbilder des »Islamischen Staates« finden; es gibt einen Film, der die Verbrennung eines jordanischen Piloten vor laufender Kamera zeigt und den auch der amerikanische Fernsehsender *Fox News*, der auf diese Weise den Resonanzterror strategisch arbeitender Gewalttäter noch einmal maximiert, auf seiner Website veröffentlicht hat. Man entdeckt ein Handyvideo, auf dem dokumentiert ist, wie ein amerikanischer Polizist in Gegenwart eines vierjährigen Mädchens und der Partnerin einen unschuldigen Mann bei einer Verkehrskontrolle erschießt. Man konnte die Fotos blutverschmierter Hände eines 19-Jährigen im Forum *4chan* betrachten, der zwei Menschen umgebracht hat. Auch der Suizid vor laufender Kamera, die Vergewaltigung von Mädchen und Frauen, die Bekenntnisse eines Mörders, der gerade wahllos einen alten Mann erschossen hat und die Tat filmte, ein Vater, der seine elf Monate alte Tochter erhängt und die Tat auf zwei Videos aufzeichnet, um sie dann zu veröffentlichen, die Folter eines behinderten Menschen durch mehrere Jugendliche über etliche Stunden hinweg – all dies war live auf Facebook und im Netz zu sehen. Kurzum: Wer nach Anlässen für anthropologische Schockerlebnisse und den Auslösereizen einer sekundären Traumatisierung sucht, der findet reichlich Material.[127] Die Option der Gleichgültigkeit existiert in dieser Situation nicht wirklich. Frei nach Paul Watzlawick lautet das kommunikative Axiom einer intensiv vernetzten Welt, dass man auf all die Berichte von einem fremden oder beschädigten Leben, die so ungehindert ins Bewusstsein spülen, nicht *nicht* reagieren kann. Indes gibt es keinen unbedingten Automatismus der Reaktion. Was man sieht und erfährt, frustriert den einen und macht den anderen wütend, es erzeugt Gefühle der Ohnmacht oder des Aufbruchs, des Hasses oder der Angst, es mobilisiert und animiert zum Protest, es kann einen aus der Selbstzentriertheit der eigenen Perspektive herauskatapultieren. Unter allen Umständen stürzt es die große Zahl derjenigen, die am allgemeinen Kommunikationsrauschen teilnehmen, in ein kollektives Erleben von Differenz und Dissonanz und verletzt das Gefühl einer selbstgenügsamen Behaglichkeit. Diese Differenzen und Dissonanzen lassen sich dämpfen, gewiss. Sie lassen sich kurzzeitig betäuben, auch das. Aber ausweichen kann man dem Schock der Gleichzeitigkeit des Unvereinbaren auf Dauer nicht.

Digitale Schmetterlingseffekte

Der Schmetterlingseffekt ist eine Metapher, die von der Asymmetrie von Ursache und Wirkung, von Anlass und Effekt handelt. Der einzelne Flügelschlag eines Schmetterlings, Chiffre für die Schwäche eines ersten Impulses, vermag ein Gewitter oder gar einen Tornado auszulösen, so die Grundidee. Unter den aktuellen Kommunikations- und Medienbedingungen lässt sich ein Phänomen beobachten, das man den *digitalen Schmetterlingseffekt* nennen könnte. Schon minimale Anstöße können, wenn sie sich mit Reizthemen verbinden, maximale Effekte erzeugen und ein explosives Gemisch aus Erregung und Gewalt hervorbringen, das in keinem proportional erscheinenden Verhältnis zu den auslösenden Momenten und einer Hierarchie der Kräfteverhältnisse steht. Es ist die alltägliche Vorstellung, dass eine Ursache mehr oder minder linear einigermaßen kalkulierbare Wirkungen erzeugt und dass starke, massive Wirkungen notwendig auf starken Ursachen basieren müssen, die dann außer Kraft gesetzt scheinen. Manchmal reichen bereits die Provokationen eines Einzelnen, um, wie zu zeigen sein wird, ein Weltbeben auszulösen.

Wie man bei der Produktion von digitalen Schmetterlingseffekten vorgehen und Journalisten und Kommentatoren in Komplizen verwandeln kann, hat Terry Jones vorgemacht, bis 2015 Pastor einer Minigemeinde mit nur ein paar Dutzend Mitgliedern in Gainesville, Florida.[128] Terry Jones steht für die Figur des

Scharfmachers und Zündlers, der jedoch nur zu wirken vermag, weil andere seine Aktionen mit dem *Sauerstoff der Publizität* versorgen, den sie notwendig brauchen.[129] Es ist der 12. Juli 2010, als der Pastor, der schon mal während einer seiner wirren Reden vor lauter Wut seine Pistole zieht und ansonsten durch ein Buch mit dem Titel *Islam is of the Devil* hervorgetreten ist, einen Tweet an die bescheidene Zahl seiner Follower schickt. Er ruft hier den 11. September 2010, den Jahrestag der Anschläge auf die Twin Towers in New York, zum internationalen Tag der Koranverbrennung aus. Der Text des Urtweets, der im Verbund mit den Reaktionen der klassischen Massenmedien und einer entsetzten Öffentlichkeit eine beispiellose Konfliktkaskade auslösen wird, lautet: »9/11/2010 Int Burn a Koran Day.«[130] Auch macht er ebendiese Ankündigung in einer eigenen Facebook-Gruppe bekannt, die laut Eigenangabe schon bald 700 Mitglieder zählt. Ein paar Dutzend Websites und Blogs weisen auf seine Pläne hin. Nun wird *CNN* aufmerksam, und es lässt sich ein Mechanismus beobachten, den der amerikanische PR- und Kampagnen-Profi Ryan Holiday *etwas durch alle Ebenen hochziehen* nennt.[131] Gemeint ist, dass alles zunächst mit der Veröffentlichung auf ein paar unbedeutenden Websites beginnt; von dort aus klettern die Nachrichten in der Hierarchie des Beachtenswerten empor, erreichen die klassischen Leitmedien und kommen schließlich in einem nervösen Zusammenspiel der unterschiedlichsten Player zu einem Höhepunkt. Schon bald nach der ersten Ankündigung wird der Zündler aus Florida von *CNN* vor einem Weltpublikum befragt. Das ist der Durchbruch. In den folgenden Wochen gibt er mehr als 150 Interviews, etliche Kamerateams erscheinen vor Ort in seiner Gemeinde, Journalisten auf der ganzen Welt berichten, auch weil zu jener Zeit mit großer Heftigkeit über die Einrichtung eines Islamzentrums in der Nähe des Ground Zero in

New York debattiert wird. Und Jones donnert auf allen Kanälen, er wolle ebendieses Zentrum verhindern und mit der Koranverbrennung ein Zeichen setzen. Anfang September 2010 kommt es zu ersten Protesten in Jakarta und Kabul. Mit allen Zeichen der Nervosität versuchen nun Militärs, religiöse und politische Führer, Terry Jones von seinem Vorhaben abzubringen. Am 6. September warnt David Petraeus, US-Oberbefehlshaber in Afghanistan, vor Gewaltausbrüchen, sollte die Verbrennung des Buches erfolgen; am 7. September schließt sich Nato-Generalsekretär Anders Fogh Rasmussen dieser Warnung an. Am 8. September kritisieren die deutsche Bundeskanzlerin Angela Merkel, die US-Außenministerin Hillary Clinton, der afghanische Präsident Hamid Karzai und der Vatikan die Pläne des Pastors. Am 9. September zünden pakistanische Demonstranten die amerikanische Flagge an und verbreiten in englischer Sprache die Drohung, dass die Koranverbrennung der Anfang vom Ende Amerikas sein werde. Noch am selben Tag fordern der ehemalige britische Premierminister Tony Blair und der amerikanische Präsident Barack Obama den ersten Mann einer Winzgemeinde von Sektierern dazu auf, das heilige Buch der Muslime nicht anzuzünden. Der US-Verteidigungsminister Robert Gates ruft ihn persönlich an. Schließlich sagt Jones die Aktion ab, aber die Westboro Baptist Church, eine Gruppe religiöser Fanatiker aus Kansas, verbreitet kurz darauf die Mitteilung, man werde nun anstelle des Pastors tätig werden.[132] Gerüchte, der Koran sei verbrannt worden, führen am 13. September im indischen Teil Kaschmirs zu gewaltsamen Protesten. Bilder von Barack Obama gehen in Flammen auf, eine christliche Schule wird angezündet, 16 Menschen sterben.

Danach wird es, zumindest für einige Monate, ruhiger um den Pastor. Anfang Januar 2011 postet Terry Jones jedoch erneut ein Video. In dem Filmchen annonciert er einen *International Judge the Koran Day* für den März. Angekündigt wird hier eine Art Gerichtsverfahren, bei dem im Falle eines Schuldspruches der Koran, wie es heißt, »verbrannt, geschreddert, ertränkt oder erschossen« werden solle. Aber dieses Mal bleibt der Medienhype aus. Dies liegt zum einen daran, dass nach dem Berichterstattungsexzess der ersten Runde eine Debatte unter Journalisten und eine Phase der Selbstbesinnung und der Selbstkritik einsetzt.[133] Zum anderen aber hat der in Florida lebende Imam Muhammad Musri Journalisten kontaktiert und sie gebeten, Jones zukünftig zu ignorieren. Und tatsächlich wäre diese Strategie der gezielten Ignoranz fast erfolgreich gewesen. Am 20. März 2011, dem Tag des sogenannten Gerichtsprozesses, ist nur ein einziger Journalist vor Ort. Es handelt sich um Andrew Ford, einen 21-jährigen Studenten und freien Mitarbeiter der internationalen Nachrichtenagentur *Agence France-Presse (AFP)*, der beobachtet, wie in dem bizarren Verfahren das Urteil gesprochen und ein Exemplar des Korans angezündet wird. Sein Artikel über den Vorfall ist bereits einen Tag später online; er wird von *Google News* und *Yahoo News* verlinkt und von verschiedenen Medien und Websites aufgegriffen. Und allmählich wandert die Nachricht um die Welt. Es berichten pakistanische und indische Medien. Die Präsidenten von Pakistan (Asif Ali Zardari) und Afghanistan (Hamid Karzai) kritisieren die Koranverbrennung und heizen die Empörung weiter an. Schließlich explodiert die Gewalt.[134] Mindestens zwölf Menschen kommen bei Demonstrationen im Norden Afghanistans zu Tode, darunter sieben Mitarbeiter der Vereinten Nationen. Und erneut, als folgten die Ereignisse einem feststehenden Drehbuch, debattieren Journalisten in der Nachbetrachtung über die Verantwortung der Medien und ihre eigene Rolle. »Nur ein College-Student war nötig, um eine Mediensperre zu durchbrechen und eine Geschichte innerhalb von 24 Stunden um die halbe Welt zu jagen«, bilanziert der Journalist Steve Myers in einer Analyse.[135] Für die Publizistin Carolin Fetscher lautet die Lektion der Medienauftritte von Terry Jones, dass es in bestimmten Fällen geboten sei, gar nicht zu berichten. »Obgleich seriöse, auf Nachrichten spezialisierte Massenmedien Chronistenpflicht besitzen«, so schreibt sie, »gibt es Begebenheiten, denen gegenüber Abstinenz, Distanz oder Detailverweigerung zum verantwortlichen Umgang mit der Wirklichkeit gehören.«[136] Für den *Forbes*-Redakteur Jeff Bercovici ist das ganze Geschehen Indiz einer Entprofessionalisierung des Journalismus im digitalen Zeitalter. Nun würden, von Cyberutopisten gefeiert, die Laienpublizisten die öffentliche Agenda dominieren.[137] Bercovici formuliert die Kernthese seines Textes auf Twitter folgendermaßen: »Wenn der Journalismus 2.0 tötet: Der Bericht eines Studenten ist die Ursache von 24 Toten in Afghanistan.« Eine solche Behauptung ist schon deshalb unsinnig, weil Andrew Ford nicht als Blogger in eigener Sache unterwegs war, sondern im Auftrag eines klassischen Massenmediums, nämlich der altehrwürdigen Nachrichtenagentur *AFP*. Überdies hat nicht er die Menschen in Afghanistan getötet, sondern dies waren ideologisch-religiöse Fanatiker, die sich von ihren religiösen und politischen Führern und einem Provokateur über den Umweg der medialen Berichterstattung aufstacheln ließen. Was seinen Beitrag aber doch erwähnenswert macht, ist ein typisches Muster der Sündenbock-Suche. Bercovici personalisiert Netzwerkeffekte, konstruiert Ursache-Wirkungs-Beziehungen nach einem einfachen Reiz-Reaktions-Schema. Aber gerade vor dem Hintergrund seines moralisierenden Monokausalismus wird deutlich, dass digitale Schmetterlingseffekte nur verstehbar sind, wenn man in Wirkungsnetzen denkt. Es braucht den ersten Tweet, die Provokationen des Pastors, die Mischung aus Zufälligkeit und allgemeiner Stimmungslage, den Beachtungsexzess der Medien, die schrittweise Aufwertung der Provokation durch alle Beteiligten, schließlich die Gewaltbereitschaft von Fanatikern, die die Beleidigungen als Rechtfertigung von Gewalt interpretieren. *Konfliktvermeidung* und *Konfliktbesänftigung*, so zeigt sich, wird unter den Bedingungen weltweit vernetzter Kommunikation schwieriger, die *Konflikteskalation* jedoch leichter. Dies schon allein deshalb, weil sich die Zahl derjenigen, die sich womöglich berufen fühlen mitzuzündeln, nicht eingrenzbar ist. (Kaum hatte Terry Jones 2010 verkündet, von der Koranverbrennung abzusehen, trat, wie erwähnt, eine andere religiöse Hassgruppe auf den Plan.) Überdies ist die selbstorganisierte Nachrichtensperre, obwohl vielleicht manchmal wünschenswert, kaum durchhaltbar, die gezielte Ignoranz keine wirklich praktikable Lösung. Und schließlich besitzt niemand die Autorität und die notwendige Anerkennung aller Beteiligten, um den Konflikt einzudämmen oder ihn gar zu beenden und die Protagonisten zu einem Stillhalteabkommen zu verpflichten, das dann auch Bestand hat.

Wie unter den Bedingungen vernetzter Kommunikation und kollabierender Kontexte selbst Versuche der Konfliktschlichtung zur Konfrontation auf einer global einsehbaren Bühne eskalieren können, zeigt ein anderer Fall. Er hat sich am Abend des 9. April 2008 auf dem Campus der amerikanischen Duke University zugetragen. An diesem Abend geraten zwei Gruppen von Demonstranten aneinander. Was zunächst wie eine unbedeutende Streiterei wirkt, sorgt schließlich in den USA und China für Aufsehen.[138] Was ist passiert? An jenem Abend im April will eine Gruppe von Pro-Tibet-Aktivisten mit einer Mahnwache im Vorfeld der Olympischen Spiele in Peking über die Zerstörung der tibetischen Kultur und die Menschenrechtsverletzungen durch die Chinesen aufklären. Dieser Gruppe stehen chinesische Demonstranten gegenüber, die ihrerseits gegen die Pro-Tibet-

Mahnwache demonstrieren, dies in zunehmend erregter Form. Auf dem Weg in die Bibliothek kommt die 20-jährige Studentin Wang Qianyuan zufällig vorbei und versucht, weil sie bekannte Gesichter in beiden Gruppen entdeckt und Englisch und Chinesisch spricht, zwischen den Konfliktparteien zu vermitteln. Sie läuft zwischen den Fronten hin und her und wird dabei fotografiert und gefilmt. Den Pro-China-Demonstranten sind ihre Schlichtungsversuche jedoch als Parteinahme verdächtig, schon allein, weil sie auch Englisch spricht, nicht nur Chinesisch. Sie wird angeschrien, nach ihrem Namen und ihrem Geburtsort gefragt; irgendwer will wissen, welche Schule sie besucht hat. Wang Qianyuan gibt bereitwillig Auskunft, zunächst ganz arglos. Im Verlauf der Ereignisse bittet sie ein Pro-Tibet-Demonstrant, mit dem sie befreundet ist und der sein Hemd ausgezogen hat, ihm den Slogan »Free Tibet« auf den Rücken zu schreiben; dieser Bitte kommt sie nach, nicht ohne ihm das Versprechen abzunehmen, im Gegenzug auf die Pro-China-Demonstranten zuzugehen und mit ihnen zu sprechen. Noch am Abend muss die Polizei Wang Qianyuan in ihre Wohnung eskortieren, weil sie bedroht wird. In den frühen Morgenstunden versucht sie sich in Form eines offenen Briefes, den sie im Online-Forum chinesischer Studenten der Duke University postet, zu erklären. Sie wirbt für Toleranz im Umgang mit den Tibetern und erinnert, taoistische und konfuzianische Weisheiten zitierend, daran, dass Unterdrückung nur zu Rebellion und Unruhe führe. Aber auch dieser Erklärungs- und Versöhnungsversuch scheitert. Noch am gleichen Tag beginnt die Hexenjagd im Netz. »Soll abkratzen, schamloses Ding«, so lauten die Kommentare in einem beliebten chinesischen Forum. – »Lässt uns so das Gesicht verlieren? An Ort und Stelle exekutieren.« – »Vielleicht hat sie zu viele ausländische Teufel gefickt. Wo kommt bloß so ein Müll her?« – »Alarmiert den Zoll, dass sie sie schnappen, und wenn sie Familie hat, findet sie und prügelt ihre schamlosen Kinder tot, damit sie nie mehr dem chinesischen Volk schaden.« Ein Video der Demonstration, auf dem sie zu sehen ist und das nun online kursiert, gilt als Beleg ihres Verrats. Sie stehe eindeutig auf der Seite der Pro-Tibet-Aktivisten behauptet derjenige, der den Film veröffentlicht hat. Weitere Fotos, die gepostet werden, zeigen sie vor allem im Gespräch mit den amerikanischen Studierenden, nicht jedoch im Kontakt mit den chinesischen Demonstranten. – »Rassenverräterin! Verräterin!«, schreibt jemand. »Früher oder später wird deine ganze Familie bezahlen.« Tatsächlich wird sich die Drohung gegenüber der Familie bewahrheiten. Unbekannte machen die Adresse ihrer Eltern ausfindig, beschmieren den Hauseingang zur Wohnung mit Exkrementen und sprühen die folgenden Sätze an die Wände: »Tötet die ganze Familie. Bringt Landesverräter um!« Schon bald kursieren die Telefonnummer, die Mailadresse und weitere persönliche Daten von Wang Qianyuan im Netz. Ihre einstige Schule erkennt ihr den Abschluss ab. Ihre Eltern müssen untertauchen. Sie selbst, so heißt es, stünde auf einer schwarzen Liste und könne nun nicht mehr in ihre Heimat zurückkehren, ohne eine Strafe fürchten zu müssen. *China Central Television,* der größte Fernsehsender des Landes, richtet eine eigene Rubrik mit dem Titel »der hässlichste chinesische Student im Ausland« ein, dazu ein Bild, das sie zeigt.

Diese maßlose Reaktion und die Brutalität der Attacken sorgen ihrerseits in den USA für Empörung und befeuern die Wut über die Wut der anderen Seite. Ihre amerikanischen Mitstudenten verteidigen sie in Artikeln und Stellungnahmen. Sie loben ihr Eintreten für Dialog und Meinungsfreiheit, kritisieren die Drohungen als Zeichen der Intoleranz eines Gewaltregimes, das missliebige Ansichten brutal verfolgt. Die *Washington Post* druckt mehrere Artikel über den Fall. Die *New York Times* widmet ihrem Schicksal gleich auf der ersten Seite eine Analyse. Spätestens zu diesem Zeitpunkt der Konfrontation werden die zentralen Akteure zu Symbolfiguren. Wang Qianyuan erscheint aus chinesischer Sicht als Abtrünnige, der es an Nationalbewusstsein fehlt, die sich anpasst und verbiegt. Aus der Sicht amerikanischer Medien ist sie die Repräsentantin von Toleranz und Meinungsfreiheit, die vor einem intoleranten Regime geschützt werden muss. Ebendiese *symbolische Aufladung* gibt der Konfrontation eine grundsätzliche Bedeutung und befördert die Polarisierung und Lagerbildung auf allen Seiten. In besonderer Weise aufschlussreich ist, dass die Miniszene, als sie dem Freund »Free Tibet« auf den Rücken schreibt, als entscheidender Beweis ihrer Parteinahme interpretiert wird. Denn im Netz verbreitet sich ein Foto, das sie beim Slogan-Schreiben zeigt und auf das jemand den Ausdruck Landesverräter geschrieben hat. Das heißt: Die Gefälligkeit gilt mit einem Mal als antichinesische Aktion, als Plädoyer für die Unabhängigkeit der Tibeter – ganz so, als habe sie für die Abspaltung des Landes von China geworben. »Ich habe nicht für die Unabhängigkeit Tibets plädiert«, so erklärt sich Wang Qianyuan in einem Artikel, der einen guten Monat nach den Ereignissen auf dem Campus erscheint. »Ich bin kein Experte auf diesem Gebiet und habe mich weder ausreichend mit dem Thema beschäftigt, noch bin ich jemals nach Tibet gereist, sodass es mir fernliegt, eine so extreme Position ohne eigene Kenntnis zu vertreten. [...] Unabhängig davon hätte ich nie geahnt, dass mich das Schreiben der Worte ›Free Tibet‹ auf so gewaltige Weise verfolgen würde.[139]

Hier zeigt sich ein Mechanismus, der *Kontextverletzung* genannt werden soll. Kontext bezeichnet die Gesamtheit der erwarteten und erwartbaren Kommunikationsbedingungen. Kontextverletzung heißt, dass das Reden und Handeln in anderen Zusammenhängen auf einmal eine andere Bedeutung zugesprochen bekommt, über die man nicht mehr zu verfügen vermag. Dass der »Free Tibet«-Schriftzug zum Schuldbeweis und zum Indiz für fehlende Loyalität wird, wäre Wang Qianyuan im Moment des Geschehens vermutlich ganz unvorstellbar erschienen.[140] Der von ihr angenommene Kontext einer ephemeren, spontanen und eigentlich ohnehin anders gemeinten Handlung ist es, der durch das Foto und seine Interpretation verletzt wird.

Raum	Geschützte Informationsräume werden aufgesprengt, Daten weltweit für simultan rezipierende Gemeinschaften verfügbar, *deterritorialisiert.*
Zeit	Zeitliche Grenzen erodieren, Vergangenes wird dauerhaft gegenwärtig, Daten und Dokumente werden *entzeitlicht.*
Publikum	Das Publikum ist nicht mehr eingrenzbar, es wird zum potenziellen Weltpublikum.
Öffentlichkeit	Intimes und Privates wird öffentlich, Geheimnisse werden offenbart. Die persönliche Öffentlichkeit – z.B. in Gestalt eines Blogbeitrags – ist nicht mehr kontrollierbar.
Kultur	Kulturelle Kontexte lassen sich blitzschnell verschieben. Was in einer Kultur als normal gilt, mag – nach erfolgtem Transfer in eine andere Interpretationssphäre – anstößig, ekelhaft und beleidigend erscheinen.
Modus	Vermeintlich flüchtige Mündlichkeit wird dauerhaft fixiert; Ad-hoc-Äußerungen und situationsgebundene Handlungen bleiben präsent, bekommen in neuen Zusammenhängen eine andere Bedeutung.

Die Abbildung beschreibt verschiedene Formen der Kontextverletzung.[141]

Was aber, so lässt sich weiterfragen, hat all dies mit der Digitalisierung zu tun? Natürlich wäre es wenig plausibel zu behaupten, digitale Medien seien schuld an der Eskalation des Konfliktes um die Studentin Wang Qianyuan. Die treibende Kraft des Nationalismus und des Freund-Feind-Denkens ist gerade in diesem Fall offensichtlich. Und doch gilt es festzuhalten, dass Daten und Dokumente, wenn sie in digitalisierter Form vorliegen, eine neue Leichtigkeit und Beweglichkeit besitzen. Sie lassen sich aus ihrer ursprünglichen Kontextverankerung herauslösen, werden teilbar, kombinierbar, transferierbar und mit einem Mal von der Behäbigkeit und Schwerfälligkeit ihrer früheren Materialität befreit. Das digitale Zeitalter ist auch das Zeitalter der permanenten Kontextverletzung, der fortwährenden Verwicklungen, Missverständnisse und Blamagen; dies ebendeshalb, weil man Daten und Dokumente so schnell aus ihrer herkömmlichen, traditionellen Materialverbindung herauszusprengen vermag, um sie dann weltweit und auf Dauer verfügbar zu machen. Mit einem Mal sorgt dann ein einzelnes Foto für Aufsehen, vielleicht auch ein besonderer Satz oder die Minute aus einem Film, die scheinbar alles zeigt. Der »Übergang in das digitale Aggregat«, so schreibt der Netzphilosoph Peter Glaser, »führt erst einmal zu einer Art Ursuppe aus Bruchstücken und atomisiertem Kulturgut, das allerdings hoch reaktionsbereit ist. Es ähnelt den freien Radikalen in der Chemie, die sich auf aggressive Weise zu verbinden suchen.«[142] Textsplitter, einzelne Fotos und Momentaufnahmen können, einmal in einen Strom aus Bites und Bytes verwandelt, in Hochgeschwindigkeit um die Welt geschickt werden. Hier sorgen sie dann womöglich für Aufregung. Missverständliche Gesten, aber auch satirische Blödeleien, Provokationen und Beleidigungen, verbale Angriffe auf religiöse Führer und weltliche Autoritäten, die an einem Ort der Welt womöglich nur schwaches Kopfschütteln auslösen, werden an einem anderen im Extremfall als Beleidigung und Erniedrigung interpretiert, die nach Strafe oder gar Rache verlangt.

Was aber bedeutet es, wenn sich der Resonanzboden von Äußerungen immer weiter ausdehnt und die Kontexte der Rezeption kollabieren? Die Antwort lautet: Man muss als Bewohner der vernetzten Welt mit einem Gefühl des Kontrollverlustes leben, vielleicht auch mit einer diffusen Eskalationsfurcht, die sich aus dem *Clash der Codes,* dem Aufeinanderprallen von unterschiedlichen Systemen der Wirklichkeitsdeutung ergibt. Und man muss sich die Frage stellen, wie man selbst die eigenen Werte und Normen vertritt, ohne andere, die plötzlich so irrwitzig nahe gerückt sind, unnötig zu verletzen.

Vom Aufstieg der Emotions- und Erregungsindustrie

Es ist eine Geschichte, die von den Gesetzen der modernen Erregungsindustrie erzählt, von der Ökonomie der emotionalen Infektion.[143] Sie beginnt am frühen Abend des 26. Februar 2015. Alles fängt damit an, dass Cates Holderness, Mitarbeiterin der Medienplattform *BuzzFeed,* einen Hinweis auf eine Netzdiskussion bekommt. Auf der Blogplattform *Tumblr* ist eine Debatte über die Farbe eines Hochzeitskleides entbrannt. Manche meinen, die Farbkombination auf dem Schnappschuss zeige ein blauschwarzes Kleid, andere sind sich sicher, dass hier gold-weiß zu sehen ist. Holderness ist selbst irritiert. Sie sieht ein blauschwarzes Kleid und postet das Foto erneut, nun mit der Quizfrage, welche Farbe es denn sei. Als sich auf den Dashboards der Redaktion ein wachsender Hype abzeichnet, reagiert die Mannschaft von *BuzzFeed* blitzschnell. Noch in der Nacht wird der Artikel in fünf Sprachen übersetzt; man verfolgt gebannt, wie die Kleider-Story von Netzwerk zu Netzwerk und von Plattform zu Plattform springt, sich in den USA, Großbritannien, Indien, Deutschland, Spanien und anderen Ländern ausbreitet. Ein Team recherchiert, wer das Urfoto in Schottland gepostet hat, und führt Interviews. Andere Mitarbeiter holen Stellungnahmen von Wissenschaftlern ein, die sich darum bemühen, das Phänomen der unterschiedlichen Farbwahrnehmung zu erklären. Wieder andere mit einem Schwerpunkt im Promi-Business schreiben über den erbitterten Streit, der schon bald zwischen Stars und Sternchen auf Twitter tobt. Die Kommunikationsabteilung verschickt Erfolgsmeldungen, die den Hype weiter forcieren. Eine Bilanz in Zahlen: Innerhalb kürzester Zeit produziert *BuzzFeed* 40 Artikel, die insgesamt 52 Millionen Mal angeschaut werden. Etwa 40 Millionen Zugriffe, so die Analyse des Unternehmens, verzeichnet das ursprüngliche Rätsel-Posting auf der ganzen Welt. Die Geschichte des Kleides, blitzschnell und äußerst kostengünstig produziert, ist ein Wahrnehmungsspektakel im Netzzeitalter, eine Aufmerksamkeitsschlacht im globalen Maßstab.

Man mag das amüsant finden oder einfach nur trivial, aber darum geht es nicht. Denn hier zeigt sich eine eigene Kybernetik der Erregung, eine von Feedbackschleifen und Signalblitzen getriebene Erhitzung der öffentlichen Welt. Es ist eine zunächst selbstorganisierte, dann blitzschnell von Profis verstärkte Mechanik der emotionalen Infektion. Zum einen wird hier die Kampagnenfähigkeit von Klickfabriken offenbar. Zum anderen aber lässt das Quizspektakel ein Geschäftsmodell von Digitalpublizisten sichtbar werden, die radikal auf den Individualerfolg von Informationspartikeln setzen, die irgendwie alarmieren und dann plötzlich überall sind. Diese Digitalpublizisten sind, eben weil sie die Technologien der Trend- und Themenanalyse und die

Tricks der Emotionalisierung beherrschen, zu mächtigen Instanzen des Agendasettings geworden; sie wirken mit an der Formierung dessen, was allgemein bedeutsam erscheint und was die öffentliche Welt dominiert. Sie können seriöse Inhalte setzen, aber eben auch Nonsensgeschichten mit enormer Wucht versorgen und Spektakelstorys in einer Weise verstärken, die das kommunikative Klima verändert. Millionen von Menschen diskutieren dann mit einem Mal über ein einziges seltsames Foto, sehen ein einziges berührendes Video, empören sich über eine einzige, sofort verständliche, unmittelbar aufwühlende Grausamkeit, die ihre Aufmerksamkeit zumindest für den Augenblick bannt. Es ist ein eigenes Lebensgefühl, das hier propagiert wird: Das Geschehen auf dem Planeten erscheint als eine Hitliste des Merkwürdigen, Bizarren, Aufregenden. Die Welt, so lautet die Botschaft, ist die Summe isolierter Seltsamkeiten und der geschickt orchestrierten Knalleffekte.

Es gibt, um nur ein paar Beispiele zu nennen, kleine, süße Hunde auf dem digitalen Boulevard der Plattformpublizisten zu sehen, denen die Haut in blutigen Fetzen vom Körper hängt, weil sie ein Mensch gequält hat. Gemeldet wird, dass irgendwo ein Riesenhai aufgetaucht ist und dass eine Frau, die sich als Feministin vorstellt, ihre eigenen Vaginalbakterien als Ersatz für die handelsübliche Hefe einsetzt, um Brot zu backen. Manchmal drückt sich die aktuelle Nachrichtenlage durch, dann springen ein paar Terroristen ins Bild, oder man bekommt Listenartikel geliefert, sogenannte *Listicles,* die mal die »25 knackigsten ägyptischen Demonstranten« und – jetzt geht es um Geschichte – »die verrücktesten Völkermorde der 90er« übersichtlich zusammenstellen. Der Syrienkonflikt wird hier für alle, die noch nicht wissen, was los ist, unter anderem durch eine Serie wüster Flüche erklärt; die Geschichte der ägyptischen Revolution bekommt man als Sammlung von Jurassic-Park-GIFs erläutert. Dann wieder spielt ein junger Mann unter Tränen auf dem Klavier für seine krebskranke Mutter, und eine Katze streichelt ein Baby in den Schlaf. Immerhin, auch der Dalai Lama kommt vor. Man kann nicht sagen, dass die Randgruppe der Erleuchteten im Kampf um Aufmerksamkeit auf den Viralplattfomen im Netz marginalisiert würde. Seine »weisen Worte über das Furzen« finden sich im Videoausschnitt eines Vortrags auf der Plattform *Upworthy;* hier spricht der Dalai Lama darüber, wie man, zumal im Flugzeug und in Gegenwart anderer, störende Geräusche vermeidet, sich aber doch erleichtert. Auch dieser Clip zielt vor allem darauf ab, verbreitet und geteilt zu werden, frei nach dem Motto einer auf kuriose Details verengten Weltsicht: Was es nicht alles gibt!

»Im virtuellen Raum des Netzes herrschen andere Regeln als in der traditionellen Medienlandschaft«, so resümiert der Netzpublizist Sascha Lobo. »Eben noch wählte eine Redaktion aus, was ihr wichtig erschien; jetzt wird im Internet hochgespült, was ausreichend viele Menschen für interessant halten. Das redaktionsgetriebene Diktat der Relevanz wird ergänzt durch das Diktat der Interessantheit. Damit bedroht ein neuer Filter die Macht der Redaktionen. Mit dem uralten Instrument dieser Empfehlung wählt das Kollektiv im Netz aus, was es für interessant genug hält, um weiterverbreitet zu werden. Alle sozialen Netzwerke von Twitter über Facebook bis zur Gesamtheit der Weblogs basieren auf der Empfehlung: ›Schau her, was ich hier Interessantes habe!‹«[144] Allerdings lassen sich, ebendies übersieht Lobo, wenn er die vermeintliche Demokratisierung des Agendasettings beschreibt, diese Empfehlungen genauestens beobachten, feinfühlig abtasten, zu Echtzeit-Diagnosen über Tendenzen und Stimmungen verdichten, die man dann systematisch weiter verstärkt – bis das Diktat der Interessantheit den klassischen Relevanzbegriff verdrängt, ihn nicht einfach nur ergänzt, sondern marginalisiert, weil Trash und seriöse News (eben in entbündelter, vereinzelter Form) in direkter Unmittelbarkeit im digitalen Universum konkurrieren. Boulevardisierung ist, zumal in Zeiten fragiler Geschäftsmodelle, ein attraktives Programm. Und mehr Klicks, Likes und Kommentare erzeugen, so lässt sich beobachten, in einem sich selbst vorantreibenden Kreislauf immer mehr Artikel zu gleichen und ähnlichen Themen. Das gesamte Netz ist aus der Sicht einer sich allmählich formierenden, global operierenden Erregungs- und Emotionsindustrie eine gigantische *Datenbank der Intentionen und Faszinationen,* wie der Publizist John Battelle einmal formuliert hat. Alles, was gesucht, kommentiert, geteilt wird, lässt sich, so Battelles zentrale Überlegung, als eine Information über Bedürfnisse, Wünsche und Interessen auffassen, die man nutzen kann, um diese dann möglichst unmittelbar zu bedienen. »Diese Information steht«, so schreibt er, »in aggregierter Form als Platzhalter für die Intentionen der gesamten Menschheit – eine gewaltige Datenbank an Wünschen, Sehnsüchten, Bedürfnissen und Vorlieben, die in jede Richtung entdeckt, verfolgt, archiviert, nachvollzogen und erforscht werden kann. Ein solches Monstrum hat es in der bisherigen Kulturgeschichte nicht gegeben, und doch ist das exponenzielle Wachstum von nun an so gut wie garantiert. Dieses Werkzeug erlaubt es uns, außergewöhnliche Dinge über uns und unsere Kultur zu erfahren. Gleichzeitig birgt es die Gefahr, diese Informationen auf ebenso außergewöhnliche Weise zu missbrauchen.«[145] Man muss nicht gleich pauschal vom Monströsen sprechen, aber definitiv gilt: Heute lässt sich in bislang unerreichter Unmittelbarkeit und Genauigkeit messen, was fasziniert, welche Schlagzeilen geklickt, welche Artikel bis zu welchem Absatz gelesen werden und wie oft einzelne Teaser und Texte geteilt und kommentiert werden und auf welche Weise sich der gesamte Wahrnehmungs- und Lebenszyklus einer einzelnen Geschichte entfaltet. Die Live-Überwachung der Rezeptionsbewegungen erlaubt es, festzustellen und zu testen, welche Reizvokabeln (»Sex«, »Geheimnis«, »Drama«) und welche Eigenschaftswörter (»unfassbar«, »irre«, »bizarr«) besonders gut funktionieren, welche Bilder, GIFs und Videos Aufmerksamkeit binden und auf Facebook Likes erzeugen. Unternehmen wie *Chartbeat, Spike, Crowdtangle, Linkpulse, 10.000 Flies* und *Google Analytics* fassen präziser als jede klassische Auflagen- und Quotenanalyse die Reaktionen und Interaktionsformen der User in pulsierenden, nervös vibrierenden Statistiken zusammen und stellen ihre Dienste Medienunternehmen auf der ganzen Welt zur Verfügung. Sie weisen auf Geschichten hin, die an einem Ort der Welt gerade viral explodieren und die es sich deshalb an einem anderen Ort womöglich aufzugreifen lohnt. Sie erstellen Artikelrankings (»am meisten gelesen, geteilt, kommentiert …«) und belegen mit der unabweisbaren Autorität der Klickzahlen und Shares, in welcher Intensität auch bestenfalls halbwahre Nachrichten, Gerüchte oder satirische Blödeleien (»Endlich: Chuck Norris startet Bodenoffensive gegen IS – bereits drei Länder IS-frei«) verbreitet werden. Und sie machen mit ihren Beliebtheitsskalen deutlich, dass sich die meisten Menschen mehr für einen unheimlich wirkenden Riesentintenfisch in einem japanischen Hafenbecken, eine kuriose Tierfreundschaft (»Sibirischer Zootiger verschont Ziege, die man ihm zum Fraß vorwirft«) oder das Selfie-Video einer Amerikanerin mit Star-Wars-Maske (mehr als 140 Millionen *views* innerhalb einer einzigen Woche!) interessieren als für die Konflikte im Nahen Osten oder den Krieg in Afghanistan. Kurzum: Es sind Echtzeit-Quoten und präzise analysierte Rezeptionsbewegungen, die die publizistische Welt durchrütteln. Sie besitzen in einer vom Ranking-Denken, der Messbarkeit und Quantifizierung faszinierten Kultur eine eigene suggestive Kraft und animieren dazu, das Prinzip des sanften Paternalismus (»Wir zeigen dem Leser, was wir für wichtig halten!«) schrittweise durch das Prinzip einer geschmeidigen, am gerade aktuellen Massengeschmack orientierten Popularität (»Wir liefern nur noch, was gefällt!«) zu ersetzen.[146]

Selbstverständlich geht es dabei nicht nur um eine einzelne Medienplattform wie beispielsweise *BuzzFeed,* mit Millionen von Nutzern gewiss einer der Großen der Branche und ein zentraler Player der Emotions- und Erregungsindustrie des digitalen Zeitalters.[147] Es sind unterschiedlich ausgerichtete Medienmacher wie *Viralnova* oder *Upworthy,* die das Business der Beachtung in der digitalen Öffentlichkeit mitbestimmen. Manche sind auf Einzelthemen fokussiert wie etwa *The Dodo,* die mit aufwühlenden Tiergeschichten punktet – eine besondere, in zahlreichen Ländern der Welt beachtete Sensation war vor einiger Zeit eine verdurstende, gerade noch rechtzeitig entdeckte Dogge, die ihr Besitzer irgendwo in Frankreich lebendig begraben hatte. Andere konzentrieren sich, wie beispielsweise *Playbuzz,* auf von Usern erfundene, in unbezahlter Mikroarbeit erstellte Quiz- und Ratespiele, weil diese auf Facebook so gut funktionieren. Wieder andere verfassen, wie etwa die deutschsprachige Plattform *Heftig* nur ganz wenige aus dem Netz zusammengeklaubte Artikel am Tag, die aber mitunter die Reichweite von herkömmlichen Boulevardmedien mit Hunderten von Angestellten übertrumpfen. Sie alle betreiben, zumeist mit Boulevard- und Nonsens-Inhalten und sehr viel seltener mit seriöser Information oder gar investigativen Geschichten, eine Art Aufmerksamkeitspoker vor Weltpublikum, getrieben von dem Ziel, den nächsten viralen Hit zu landen und die nächste Erregungsepidemie auszulösen, um schließlich die gemessene Reichweite in Werbeerlöse umzumünzen. Sie alle arbeiten mit den frei im digitalen Universum dahinschwebenden, leicht kombinierbaren, hoch reaktionsbereiten Materialien, die, wie es im Jargon der Plattformpublizisten heißt, so richtig gut *performen,* also Klicks produzieren, Kommentare auslösen und in Eigenregie durch das medienmächtig gewordene Publikum weiter verbreitet werden. Der Tod eines Polizeipferdes, das in Houston angefahren und auf der Straße liegend im Moment des Sterbens von einem Polizisten umarmt wird, kann auf diese Weise zu einer Nachricht werden, die plötzlich global zirkuliert. Die in einem Video dokumentierte Geschichte von einer Gruppe von Delfinen, die sich vermutlich im Jahr 2012 an einen nicht näher bekannten Strand verirrt haben, um dann von ein paar Leuten wieder ins Wasser zurückgezogen zu werden, lässt sich dann noch Jahre später auf der Plattform *Heftig* und zahlreichen anderen Websites erneut als emotionalisierende Supernews präsentieren: »Eigentlich filmte er nur ein bisschen am Strand. Dann traute er seinen Augen kaum«, so bekommt man zu lesen. Und die angebliche Wunderheilung eines zu früh geborenen Säuglings durch eine einzige Umarmung im Brutkasten irgendwo im US-Bundesstaat Massachusetts diffundiert seit 1995 durch die analoge und digitale Öffentlichkeit. Es gibt ein in immer neuen Schüben gepostetes Foto, das diese Umarmung zeigt.[148] Die Geschichte rund um dieses eine Bild, eine klassische urbane Legende, geht folgendermaßen: Die beiden Zwillinge Kyrie und Brielle Jackson wurden zwölf Wochen zu früh geboren. Einer der beiden Säuglinge ist schließlich dem Tode nah, bekommt Atemnot, verfärbt sich. Die moderne Apparatemedizin erweist sich als machtlos. Eine Krankenschwester erkämpft gegen die Vorschriften, dass die Zwillinge in einem Brutkasten zusammengelegt werden. Es kommt zu der rettenden Umarmung, einer Art Wunderheilung durch Berührung, die ein zufällig anwesender Fotograf festhält. Der gesündere Säugling legt seinen Arm um seine sterbende Schwester. Und alles wird gut. 1995 berichten zunächst das *Life Magazine* und *Reader's Digest.* Dann ziehen diverse Medien nach. Schließlich beginnt die Geschichte im Netz zu zirkulieren und wird, so zeigen Google-Recherchen, seit 2011 auf zahlreichen Websites veröffentlicht, der Fernsehsender *CNN* greift sie auf; sie taucht in Blogs und Foren wie *Reddit* auf. Allerdings besitzt die endlos reproduzierte Story ein paar Schönheitsfehler: Die Krankenschwester, die angeblich im Gestrüpp der medizinischen Bürokratie dafür kämpfte, die beiden Babys in einem einzigen Brutkasten zusammenzulegen, musste gar nicht viel tun, um diese Idee durchzusetzen. Sie fragte einfach die Eltern, ob dies in Ordnung sei, so eine Journalistin, die tatsächlich einmal genauer recherchierte.[149] Und der vermeintlich sterbenskranke Säugling war zu keinem Zeitpunkt sterbenskrank, was streng genommen bedeutet, dass die seit mehr als 20 Jahren öffentlich gefeierte Wunderheilung durch Umarmung gar nicht stattfand. Aber wen kümmert es? Die Geschichte funktioniert nach wie vor im Aufmerksamkeitsgerangel und Bullshit-Bingo, sie wird heftig geklickt.

Natürlich kann man, völlig zu Recht, darauf verweisen, dass auch dem klassischen Journalismus der Quotendruck und die Ausrichtung an sinnfreiem Entertainment, frei erfundenen Aufregern und Auflagenzahlen nicht gänzlich fremd sind. Das stimmt, gewiss. Man muss nur die sogenannte Regenbogen- und Klatschpresse lesen, die an jedem Bahnhofskiosk ausliegt. Aber darum geht es nicht. Entscheidend sind vielmehr die publizistischen Kollateralschäden einer Organisationsform von Öffentlichkeit, die sich am Prinzip der totalen Popularität und der Erfolgsmessung von Informationspartikeln orientiert. Zum einen wird klar, dass eine politisch informierte Öffentlichkeit so gar nicht entstehen kann. Denn die politische Öffentlichkeit braucht Relevanz in Gestalt einer Setzung, eines Axioms. Sie lebt von dem Bemühen um das breite Bild und eine Totalität von Themen, die eine radikale Entbündelung von Inhalten in den Informationsströmen der großen Plattformen schon aus ideellen Gründen fürchten muss. Sie zehrt vom Pathos selbstbewusst behaupteter Wichtigkeit und einer vielleicht auch nur intuitiv erspürten, nicht jedoch notwendig empirisch gestützten Evidenz, die sich von Popularitätswerten nicht weiter beeindrucken lässt. Aber ebendiese Öffentlichkeit gerät im Kampf um die naturgemäß knappe Aufmerksamkeit in ein direktes Wettbewerbsverhältnis zu den Playern einer modernen Erregungsindustrie, die ideengeschichtlich von publizistischer Verantwortung keinen Schimmer haben. Zum anderen erzwingt die alleinige Orientierung an Popularitätswerten schon aus rein ökonomischen Gründen, die Einzelstory mit allen Mitteln zum Monothema hochzujazzen und beständig mit Dramen, Tragödien, großen Gefühlen und plakativen Cliffhangern für sie zu werben. »Schau Dir die ersten 54 Sekunden an«, so hieß es in einem millionenfach abgerufenen Video auf *Upworthy* über Straßenkinder, die Musikinstrumente aus Müll basteln. »Das ist alles, worum ich Dich bitte. Ich schwöre, danach wirst Du süchtig sein.« Das ist das Grundmuster, der zur Normalität gewordene Superlativ der Ankündigung: Man behauptet die totale Überraschung, liefert Mininarrationen im Schlagzeilenformat, die das emotionale Nervenkostüm möglichst intensiv berühren, aber die eigentliche Sensation lediglich andeuten. Netzpsychologen und Digitalberater, die Hype-Rezepte dieser Art vermarkten und für ihre Kunden *sticky websites* entwerfen, weisen darauf hin, dass man mit der altbekannten, aber hier besonders exzessiv gebrauchten Technik der Verrätselung eine Neugierlücke *(curiosity gap)* erzeugt, eine offensichtlich mental schwer aushaltbare Ungewissheit, die reflexhaft Aufmerksamkeit bindet.[150] Im Extremfall, diese Gefahr ist in den Dramatisierungsexzessen, den Mechanismen der datengetriebenen Boulevardisierung und der unmittelbaren Verschmelzung von Publikumsbeobachtung und Publikationsgeschehen angelegt, kommt es in der Folge zu einer allmählichen Zweiteilung der Netzöffentlichkeit: Es entsteht dann das stille, unbeobachtete, einsame Netz, das kaum jemand kennt – eine unendliche Sphäre unentdeckter Ideen und Einfälle, vergessener Postings, kaum geklickter Videos. Und es gibt das um Beliebtheitsskalen und Hitlisten zentrierte Netz der berechnend erzeugten Aufreger und der emotional ansteckenden Geschichten, über die auf einmal alle reden, weil universale Schlüsselreize der Interessantheit systematisch und mit aller Macht verstärkt werden.[151] »Unsere Körper sind darauf programmiert, Fett und Zucker zu konsumieren, weil diese in der Natur selten vorkommen. Aus diesem Grund neigen wir dazu, zuzugreifen, wenn diese verfügbar sind«, so die Medienwissenschaftlerin Danah Boyd in einer treffenden Analyse. »Genauso sind wir biologisch darauf programmiert, bestimmte stimulierende Reize zu beachten: abstoßende, grausame oder sexuelle Inhalte und beleidigendes, beschämendes und bloßstellendes Gerede. Wenn wir nicht aufpassen, entwickeln wir das psychologische Äquivalent zur Fettleibigkeit und konsumieren infolgedessen Inhalte, die für uns selbst und die Gesellschaft als Ganzes höchst unvorteilhaft sind.«[152]

Welche Relevanzverzerrung die Orientierung an einzelnen Aufregern mit sich bringen kann, macht ein Vorfall in einem Nationalpark in Simbabwe deutlich, über den die Umweltorganisation *Zimbabwe Conservation Task Force* am 28. Juli 2015 berichtet.[153] Der amerikanische Zahnarzt Walter Palmer, so heißt es in einer Erklärung an diesem Tag, habe einen Löwen mit Namen Cecil getötet, der aufgrund seiner auffälligen Mähne als zentrale Touristenattraktion im Hwange Nationalpark gegolten habe. Kurze Zeit später kommt es weltweit zu Hassausbrüchen gegenüber dem Großwildjäger. Es heißt, er habe den Löwen illegal geschossen und ihn gezielt mit Hilfe eines toten Tieres aus dem Nationalpark herauslocken lassen, um ihn dort – nun auf legalem Terrain – zu erlegen, was nicht sofort gelang, weil Palmer das Tier, mit Pfeil und Bogen schießend, lediglich verletzte. Eine Petition, die den Zahnarzt anklagt, bringt es innerhalb kürzester Zeit auf 280.000 Unterschriften. »Cecil the Lion« und »Walter Palmer« werden zu den Trendthemen auf Twitter; er sei, so heißt es hier, der »meistgehasste Mann der Welt«. Zahlreiche Prominente vom britischen Komiker Ricky Gervais, dem südafrikanischen Model Candice Swanepoel bis zur Sängerin Cher melden sich zu Wort. Es hagelt Hassbotschaften, Verwünschungen, Drohungen – bis hin zum Mordaufruf in einer Boulevardzeitung. So fordert der britische Reporter Piers Morgan in der Online-Ausgabe der *Daily Mail* bereits am Abend des 28. Juli 2015, man solle, »fette, schleimige, egoistische, mordende Geschäftsmänner« wie ebenjenen Zahnarzt »in ihrer natürlichen Umgebung« zur Strecke bringen; man solle ihn bei lebendigem Leib häuten, ihm den Kopf abtrennen, um dann ein paar Fotos von ihm zu machen.[154] Vor der Praxis des Zahnarztes finden sich nur einen Tag später Journalisten ein und dokumentieren den Protest schockierter Menschen, die um den Löwen trauern, Rosen und Plüschtiere am Eingang des Gebäudes deponieren. »Justice for Cecil« und »I am Cecil« steht auf den Pappschildern, die sie in die Luft halten. Auf Facebook werden Falschnachrichten verbreitet, in denen es heißt, Walter Palmer sei tatsächlich in einer Bar in Mexiko erschossen worden. Findige Geschäftsleute produzieren unterdessen im Bemühen, den Aufmerksamkeitsexzess für sich zu nutzen, diverse Merchandising-Artikel; so kann man Plüschtiere mit dem Namen des Löwen oder aber T-Shirts kaufen, die eine Gruppe Löwen zeigen, versehen mit der Überschrift: »Where's that Dentist«. Deutlich wird an diesem Fall eine bizarre Fokussierung auf den emotionalisierenden Hype, ein massives Missverhältnis zwischen dem vergleichsweise unbedeutenden Anlass des umgebrachten Löwen und der Intensität der globalen Rezeption, die über Wochen hinweg andauert. Selbst die *New York Times* und das Magazin *The New Yorker* befassen sich mit dem Thema; andere suchen – im panischen Bemühen, von dem Traffic-Wunder zu profitieren und der Geschichte irgendeinen noch unbekannten Dreh zu geben – einen neuen Blickwinkel. Bei *Vox* heißt es: »Hühnchen zu essen ist schlimmer als den Löwen Cecil umzubringen.« Bei *BuzzFeed* bekommt man zu lesen: »Eine Wahrsagerin behauptet, dass sie mit dem Löwen Cecil nach seinem Tod gesprochen hat.« Kurzum: Hier wird eine primär gefühlsgesteuerte Relevanzhierarchie sichtbar, eben das dominant gewordene Diktat der Interessantheit. *Wichtig ist, was bewegt.* Bedeutsam scheint, was auf eine sofort verständliche, unmittelbar erfassbare Art und Weise aufwühlt. Der simbabwische Journalist Joseph Maramba hat ebendiese Verwandlung des Vorfalls in ein Endlosspektakel in einem nachdenklichen Essay kommentiert. Der eigentliche Schock ist für ihn, dass ein derartiges Ereignis solche Wellen zu schlagen vermochte. »Cecils Tod«, so schreibt er, »hat in großem Maßstab vorgeführt, wie selektiv die internationalen Medien Themen abbilden, die sie für berichtenswert halten, während sie die Probleme, mit denen das gewöhnliche Afrika jeden Tag zu kämpfen hat, augenscheinlich vergessen haben. Die Aufmerksamkeit, die einem weithin unbekannten Tier zuteil wurde, haben die Simbabwer weithin als töricht aufgefasst. Die Medien hätten all die Kraft, die sie in dieses Thema investiert haben, auch in die Darstellung der Zusammenhänge stecken können, die für das Leid der Bevölkerung verantwortlich sind.«[155] Der Tod des Löwen, so hält er fest, sei so ziemlich die geringste Sorge in ihrer von Armut, fehlender medizinischer Versorgung und politischer Verfolgung gezeichneten Welt. Er selbst und weite Teile der Bevölkerung hätten gar nicht gewusst, dass dieser Löwe existiere, der nun zur Ikone von Simbabwe stilisiert werde. »Was bleibt, ist die Erkenntnis, dass das internationale Publikum wilden Tieren offenbar mehr Liebe entgegenbringt als diesem anderen Tier, dem Menschen. Jetzt wissen wir, dass diese Leute, die mehr als genug besitzen, Mitleid eher für ein Tier empfinden, das gezüchtet wurde, um irgendwann getötet zu werden, als für ein hungerndes Kind in irgendeiner abgelegenen Region dieser Welt.«[156]

Das falsche Lob der Ignoranz

Wie auf die Verstörungseffekte durch Daueremotionalisierung, unkontrollierbare Konflikte und die Bilder des Schreckens reagieren? Wie mit der »Integration des persönlichen und öffentlichen Bewusstseins« umgehen, die Marshall McLuhan, der Prophet der Digitalisierung, bereits 1964 in seinem Buch *Understanding Media: The Extensions of Man* beschwört? »Wir leben heute«, so schreibt er, »im Zeitalter der Information und Kommunikation, weil elektrische Medien sofort und ständig ein totales Feld von gegenseitig sich beeinflussenden Ereignissen erzeugen, an welchen alle Menschen teilnehmen. Nun hat die Welt der öffentlichen gegenseitigen Beeinflussung die gleiche umfassende Weite des integrierenden Wechselspiels, das bisher nur für unser persönliches Nervensystem charakteristisch war.«[157] Natürlich, man kann versuchen, sich diesem Wechselspiel zu entziehen – und einfach auszusteigen. In den letzten Jahren haben sich, auch im Zentrum der Netzkultur, Verweigerungsbewegungen herausgebildet, die zumindest auf Zeit den Informations- und Interaktivitätszwängen der digitalen Gegenwart zu entkommen versuchen.[158] Medien- und Kulturkritiker wie Evgeny Morozov erklären öffentlich, dass sie ihr Smartphone mitunter zur Selbstkontrolle in einen Safe mit Zeitschaltuhr wegsperren, und loben die produktive Kraft der Langeweile, die Inspiration durch das kommunikative Nichts. Selbsterfahrungs- und Sehnsuchtsbücher wie *Ohne Netz* und *Ich bin dann mal offline* propagieren die Segnungen der Unerreichbarkeit. Ehemalige Netzenthusiasten wie Douglas Rushkoff kritisieren den Sog der permanenten Ablenkung und empfehlen wie Howard Rheingold die tägliche meditative Versenkung, um den geistigen Fokus und die eigene Konzentrationsfähigkeit zu erhalten.[159] In den USA zelebriert die Digital-Detox-Bewegung einen Kult der medienfreien Unmittelbarkeit. Auch Unternehmen wie Google und Facebook fördern das *contemplative computing* und schicken ihre Mitarbeiter zu den kalifornischen *Wisdom-2.0*-Konferenzen, die als Kontaktzone zwischen den Protagonisten der Achtsamkeitsmeditation (Jon Kabat-Zinn) und den Bewusstseinsingenieuren des Silicon Valley dienen. *Search inside yourself*, so lautet die Devise eines populären Ratgebers, den ein Google-Mitarbeiter verfasst hat, um drohende Negativeffekte der Dauererreichbarkeit (die entsprechenden Diagnosen lauten: *I-Disorder, digital restlessness, Digiphrenie*) zu begrenzen.

Es wäre falsch, diese Mischung aus Spiritualität und Selbstoptimierung mit Spott und Herablassung zu kommentieren, denn all dies ist auch ein Zeitzeichen, ein Symptom, wird hier doch ein Gefühl der Überforderung in einer Welt kollabierender Kontexte und ein Bedürfnis nach Ruhe und Konzentration sichtbar.

Es geht um die Wiederherstellung der Behaglichkeitszone durch die Interimsaskese und die Arbeit am Ich, es geht um die Verwandlung des Weltproblems der Informationsorganisation in ein persönliches Wellnesskonzept. Offen bleibt, wie viel Verstörung und wie viel Spektakel und Schrecken der Einzelne und die Gesellschaft ertragen müssen, um die engagierte Zeitgenossenschaft zu bewahren. Was gilt es auszuhalten, was kann man getrost ausblenden, dies in dem Wissen, dass es »kein Recht auf ein von der Geschichte unbelästigtes Leben«[160] gibt, wie der Publizist Nils Minkmar formuliert? Unter den Bedingungen der Vernetzung sei der Zusammenhang von *Sinnenkreis* und *Handlungskreis* grundsätzlich gestört, die Verbindung zwischen dem öffentlich Sichtbaren und dem vom Einzelnen Gestalt- und Beeinflussbaren befinde sich nicht mehr in akzeptabler Balance, so der Philosoph Rüdiger Safranski. »Der durch Medienprothesen künstlich erweiterte Sinnenkreis hat sich vollkommen vom Handlungskreis losgelöst«, schreibt er. »Man kann handelnd nicht mehr angemessen darauf reagieren, also die Erregung in Handlung umsetzen und abführen. Während einerseits die individuellen Handlungsmöglichkeiten schwinden, steigert andererseits die unerbittliche Logik des Medienmarktes mit seinen Informations- und Bilderströmen die Zufuhr von Erregungen.«[161] Daher müsste man »analog zu den medizinischen Praktiken der Blockierung von Übertragungswegen die Verbreitung der Schreckensnachrichten unterbinden, was aber der Informationspflicht« zuwiderliefe.[162] Rüdiger Safranski empfiehlt – zwischen der Diagnose sinnloser Verstörung und der Betonung der Informationspflicht schwankend – eine Art Immunschutz für den Geist, ein individuell bestimmtes Gleichgewicht aus Zuwendung und Abwendung, selbstbewusstem Autismus und sensibler Wahrnehmung; diese Balance soll helfen, die Selbstüberforderung und das Gefühl von

Hilflosigkeit und Ohnmacht zu vermeiden. Andere haben die Suche nach der persönlichen Balance zwischen Weltzugewandtheit und Weltabgewandtheit in Zeiten der Vernetzung schlicht aufgegeben. Sie propagieren ohne Umwege das Lob der Ignoranz. Dies gilt etwa für den Schriftsteller Botho Strauß, der seine Selbstabschottung als Reaktion eines ästhetisch Gebildeten verstanden wissen will, der noch weiß, was ein echtes Individuum ist. Seine Auseinandersetzung mit den vernetzten Welten ist eine Attacke auf den Massengeschmack und die Demokratisierung aller Lebensbereiche, in der »das Breite zur Spitze« erklärt werde und »Bakterienschwärme neuer Medien« die ohnehin vorhandenen Meinungen und den allgemeinen Konformismus stets nur noch verstärkten. Strauß verherrlicht demgegenüber den »Unverbundenen«, der die *»Aristokratie des Beisichseins«* kultiviert, sich in »neue unzugängliche Gärten« flüchtet. Und er beschwört die Fröhlichkeit und Gelassenheit »des Ungerührten«, dem es gelingt, »ohne eine Regung von Zukunftsunruhe, ohne Angst zu leben«.[163] Was hier präsentiert wird, ist eine Art Wellnesskonzept für Spengler-Jünger, die Umdeutung von Gegenwartsekel zum heroischen Nonkonformismus. Auch hier hat sich, wie schon bei den Anhängern der Achtsamkeitsmeditation, der Blick gedreht: weg von dem Tumult und den Zumutungen der wirklichen Welt hin zum eigenen Ich, das die innere Bewegtheit und das Berührtwerden durch den äußeren Lärm unbedingt vermeiden will.

Vielleicht gibt es jedoch – jenseits der Ego-Rezepte, die ohnehin immer nur eine Option für wenige sind – noch eine andere Möglichkeit. Vielleicht müssen der Einzelne und die Gesellschaft eine Emotions- und Erregungsdidaktik erfinden, die einen klügeren, sorgfältigeren Umgang mit den eigenen Affekten gestattet.[164] Die Leitfragen einer solchen Emotions- und Erregungsdidaktik könnten heißen: Was müssen wir wissen? Was ist im

Sinne engagierter Zeitgenossenschaft und in dem Bewusstsein, dass eine Demokratie von Einmischung lebt, wirklich wichtig? Wie verknüpft man Aufregung mit Relevanz? Und wie verbindet man die Reflexe menschlicher Wahrnehmung und Aufmerksamkeitssteuerung (die Orientierung am Konkreten, Anschaulichen, Emotionalen) mit einer Agenda, die eine allgemeinere Bedeutung besitzt? Es wäre bereits ein vornehmes Ziel, die Gefühle der Empörung und der Rührung möglichst gezielt einzusetzen, sie stets auf ihren sinnvollen Einsatz zu überprüfen und entsprechend zu dosieren. Die Flucht in die Ignoranz ist ohnehin kaum durchhaltbar. Und sie verabsolutiert die Perspektive von Privilegierten und sich avantgardistisch gebenden Spießern, die auch die Nachrichten von Leid, Armut und Demütigung als unerwünschte Störung im eigenen Behaglichkeitskosmos begreifen.

5 Die Reputationskrise – oder die Allgegenwart des Skandals

Der digitale Pranger

Eines Tages im Jahr 2006 hat Aleksey Vayner, Student der amerikanischen Eliteuniversität Yale, eine Idee, die sein Leben ruiniert. Er will sich bei dem Finanzdienstleister und Vermögensverwalter UBS bewerben und dreht ein sechseinhalb Minuten langes Video, mit dem Titel *Impossible Is Nothing*, das er an UBS schickt. Sein Filmchen wirkt wie eine Parodie, ist aber ernst gemeint. »Wenn Menschen dir sagen, dass du etwas nicht erreichen kannst, dann streiche sie aus deinem Leben, weil sie sich deinem Erfolg in den Weg stellen. Ignoriere die Loser«, so sagt er in die Kamera. »Die Behauptung, etwas sei unmöglich, ist einfach nur eine weitere Meinung.« Man sieht ihn, wie er Gewichte pumpt, mit großer Wucht Tennisbälle schlägt, mit einer leicht bekleideten Frau Rumba tanzt und mit einem einzigen Karateschlag sechs Ziegelsteine in Stücke haut. Und man sieht jemanden, der über die Skipiste donnert und einen spektakulären Stunt hinlegt. Dann stellt sich heraus, dass Aleksey Vayner diesen Clip einfach in sein Alleskönner-Video hineinmontiert hat und dass sein Lebenslauf, der der Bewerbung beiliegt, nicht stimmt. Und allmählich beginnt, zunächst nur im kleinen Kreis, ein böses, hämisches Lachen, das schließlich zum großen Gelächter rund um den Erdball anschwillt.[165] Die Leute von UBS müssen lachen über diese unfreiwillige Karikatur des kalten Erfolgsdenkens und zeigen das Video herum. Es kursiert an der Wallstreet. Irgendwer lädt es auf YouTube hoch, eine damals noch ganz junge Plattform. Und auch viele Millionen YouTube-Besucher müssen lachen. Die *New York Times,* der *New Yorker* und andere Medien berichten. Blogger der Website *Ivy Gate* – hier schreiben Studenten und Absolventen amerikanischer Eliteuniversitäten – berichten über Aleksey Vayner, heften sich an seine Fersen und verfolgen ihn über viele Jahre. Sie schreiben im Detail über seine Lügen, seine Misserfolge und seine erneuten Startversuche unter einem anderen Namen irgendwo in New York. Es ist ein gefaktes Leben, das sie vor großem Publikum ausbreiten. Das Buch, das er über den Holocaust geschrieben haben will, erweist sich als Plagiat. Die Wagniskapitalgesellschaft, die er angeblich gegründet hat, gibt es gar nicht. Auch die Charity-Organisation für Kinder in Not, die er ins Leben gerufen haben will, existiert nicht. Und es stellt sich heraus, dass der Dalai Lama ihm vermutlich nie ein Empfehlungsschreiben für die Yale University verfasst hat, wie er behauptet. Aleksey Vayner erscheint als der Prototyp einer narzisstisch verseuchten Kultur, der die Show über alles geht. Es ist ein einziger Egotrip, die große Gala eines Ichlings, die einem hier begegnet. Und es folgen, von den findigen Rechercheuren und Bloggern von *Ivy Gate* ausgegraben, immer neue Enthüllungen, Spottartikel, Parodien. Aleksey Vayner droht mit dem Anwalt, aber es gelingt ihm nicht, das große Gelächter zu stoppen, das ihn fortan begleitet. Im Januar 2013 geht die Meldung durch die Presse, dass er tot ist. Gerüchte kursieren, er habe Drogen oder die falschen Medikamente genommen, kurz vor seinem Tod postet ein Freund auf Vayners Facebook-Seite folgende Nachricht: »Niemand sollte diesem Idioten irgendwelche Pillen verkaufen!« Dann verliert sich seine Spur im digitalen Universum. »War das ein Selbstmord? Wenn das stimmt, dann glaube ich, dass viele von uns verantwortlich sind«, so heißt es im Kommentarforum von *Ivy Gate*, als die Todesnachricht kursiert. Ein anderer schreibt: »Niemand verdient es, lächerlich gemacht zu werden. Das ist alles unglaublich traurig und sollte uns für einen Moment zum Nachdenken bringen, wie schnell wir andere beurteilen.«

Ob Aleksey Vayner tatsächlich an den Folgen der Totalblamage zerbrochen ist, lässt sich nicht mit Sicherheit feststellen; zu diffus sind die verfügbaren Informationen. Aber das Spektakel einer Menschenjagd und des Mobbings auf der Weltbühne des Netzes ist ein robustes Indiz dafür, dass der Skandal im digitalen Zeitalter eine neue Eskalationsstufe erreicht hat. Manche grundsätzlich gemeinte Diagnose bedarf nun der Revision. Es sei bedeutsam, die »Phänomenologie des Skandals zu kennen«, schrieb beispielsweise der Publizist Johannes Gross im Jahr 1965. Dieser habe stets eine polemische Tendenz, gerichtet gegen Eliten, das Establishment, die Mächtigen. »Gegen Ohnmächtige oder kleine Leute«, so sein Fazit, »bricht kein Skandal aus.«[166] Nur wer sich bereits an der Spitze etabliert hat, muss den Angriff fürchten, denn nur er erfüllt das mediendramaturgisch bedeutsame Kriterium der Fallhöhe. »Gegen einen unbekannten Bürger, der weder Macht hat noch repräsentiert«, sekundiert der Journalist Christian Schütze 1985 in ähnlichem Duktus, »wird kein Skandal ausbrechen, einfach deshalb nicht, weil das nicht nötig ist. Der unbedeutende Bürger wird sang- und klanglos der normalen Gerichtsbarkeit überantwortet.«[167] Allein die moralischen »Verfehlungen von hochgestellten Personen und Institutionen«[168] seien überhaupt skandalwürdig, Skandalisierung basiere auf Hierarchisierung, so pflichtet ihm der Soziologe Karl Otto Hondrich im Jahr 2002 bei. Auch er glaubt: Nur wer oben ist, kann stürzen. Der Nobody scheint, eben aufgrund der Gnade der Nichtprominenz und der relativen Unsichtbarkeit im Feld des Öffentlichen, weitgehend skandalimmun.

Es ist fraglich, ob diese Behauptung, gleichsam das zentrale Dogma der Skandalforschung, jemals in dieser Absolutheit zutraf, gehörte und gehört es doch zum Geschäftsmodell der Boulevardpresse, gerade in der Kriminalitätsberichterstattung und den Schlagzeilen über *Mordbestien* beständig auch sogenannte kleine Leute zu attackieren, die angeblich oder tatsächlich schuldig geworden sind. Heute wird jedoch offensichtlich, dass die vermeintliche Phänomenologie des Skandals tatsächlich eine ausschnitthafte Phänomenologie des massenmedialen Zeitalters darstellte. Denn was hier als scheinbar zeitlose Eigenschaft des Skandals präsentiert wurde, erfasst in Wahrheit die Entrüstungslogik der klassischen Massenmedien und des etablierten Journalismus, gilt aber nicht mehr pauschal für die Erregungsverhältnisse des digitalen Zeitalters, die sich neu formieren.[169] Natürlich gibt es nach wie vor jede Menge Massenmedien, die im Akt der Skandalisierung Mächtige und Berühmte skandalisieren und aus Fallhöhe und der Tiefe des Sturzes Faszinations- und Erregungsenergie beziehen. Aber in der allmählich entstehenden Empörungsdemokratie werden auch Unbekannte, Ohnmächtige und gänzlich einflusslose Menschen, unabhängig von ihrem gesellschaftlichen Status, an den Pranger gestellt. Prominenz ist dann nicht die Voraussetzung und die Bedingung der Möglichkeit der Skandalisierung, sondern deren Folge.

In welchem Maße das einst zur Passivität verdammte Publikum an Einfluss gewonnen hat, zeigt sich, wenn man sich einen anderen Fall vergegenwärtigt, der international für Aufsehen gesorgt hat. Er handelt von Justine Sacco, einer erfolgreichen PR-Managerin in New York.[170] Am 20. Dezember 2013 ist sie auf dem Weg in den Weihnachtsurlaub nach Südafrika. Sie twittert fleißig während dieser Reise. Mal stört sie sich am Geruch eines Menschen, der mit ihr im Flugzeug sitzt; mal ekelt sie sich vor einem Sandwich und lässt dies ihre 170 Follower wissen. In London muss sie das Flugzeug wechseln und bringt, kurz bevor sie ihre Reise fortsetzt, folgenden Tweet in Umlauf: »Ich bin auf dem Weg nach Afrika. Hoffentlich bekomme ich kein Aids. Ich mach nur Spaß. Ich bin weiß.« Sie findet, das sei ein ironischer Witz und eine Veräppelung der Perspektive eines Weißen in der Filterblase seiner Vorurteile. Und sie scheint, noch auf dem Londoner Flughafen unterwegs, fast enttäuscht, dass niemand auf ihre Botschaft reagiert, von deren Harmlosigkeit sie selbst überzeugt ist. Während sie jedoch im Flugzeug sitzt, entdeckt der Journalist Sam Biddle ihren Tweet. Biddle hat 15.000 Follower. Er ist ein *prominenter Vermittler,* ein entscheidender Knotenpunkt und Konnektor in einem Netzwerk der Kommunikation, von dem aus sich alles verbreitet, weil nun mit einem einzigen Kommunikationsimpuls unterschiedliche Gruppen und Publika miteinander vernetzt werden.[171] Justine Sacco sitzt noch ahnungslos im Flugzeug, da wird die Kritik an ihr zum weltweiten Twitter-Trend. Tausende Empörte schalten sich mit eigenen Stellungnahmen zu. Innerhalb kürzester Zeit kommen, wie *BuzzFeed* berichtet, 100.000 Tweets zusammen; darunter ist auch eine Botschaft ihres Arbeitgebers, von dem zu hören ist, die fragliche Mitarbeiterin sei gerade auf einem internationalen Flug und nicht zu erreichen, aber hier handele es sich um einen unerhörten und unverschämten Kommentar.[172] Andere fordern, man solle sie entlassen, ihr Rassismus sei ekelhaft und schockierend. Unter dem Hashtag *#HasJustineLandedYet* versammelt sich die Masse zur Menschenjagd. Es gibt Todesdrohungen. Irgendwer findet heraus, in welcher Maschine sie sitzt, und veröffentlicht die entsprechenden Flugdaten. Es heißt auf Twitter: »Sieht so aus als würde @Justine-Sacco in ca. 9 Minuten landen, sollte spannend werden.« Jemand schreibt: »Fährt denn aus Cape Town niemand zum Flughafen, um ihre Ankunft zu tweeten? Komm schon, Twitter! Hätte so gerne Bilder!« Tatsächlich wird sie dann am Flughafen fotografiert, das Gesicht hinter einer Sonnenbrille verborgen. Den Urtweet, der die Skandalisierung in Echtzeit auslöste, hat sie, kaum gelandet, panisch gelöscht, aber es gibt längst etliche Kopien und entsprechende Kommentare, die da heißen: »Sorry @Justine-Sacco – aber dein Tweet wird ewig leben.« *BuzzFeed* gräbt unterdessen weitere Twitter-Nachrichten von ihr aus und stellt eine Liste zwielichtig klingender Botschaften zusammen. »16 Tweets Justine Sacco regrets« heißt der Artikel. Ihren Südafrikaurlaub bricht sie ab. Hotelangestellte würden mit Streik drohen, sollte sie erscheinen, so heißt es. Ihre PR-Agentur feuert sie, und sie wird zur Symbolfigur der verwöhnten weißen Frau, deren Arroganz und Rassismus sich zufällig offenbart hat. Zu diesem Bild passt das im Netz kursierende Gerücht, sie sei die Tochter reicher Eltern und habe etliche Millionen Dollar geerbt – was nicht stimmt, aber scheinbar durch ein Instagram-Foto belegt wird, das ihre Mutter vor einem teuren Auto zeigt. Eines Tages, sechs Monate nachdem sie ihren Job und ihr altes Leben verloren hat, kommt Justine Sacco auf die Idee, sich bei Sam Biddle zu melden, dem Journalisten mit seinen vielen Followern, der die Wutlawine überhaupt erst ausgelöst hat. Sie will ihn treffen; ganz so wie jemand, der seinem Henker einfach mal in die Augen sehen möchte. Und schon beim ersten Treffen entschuldigt er sich bei ihr, weil er ihre Karriere zerstört hat und ihr glaubt, dass alles nur ein missglückter Witz war, falsch verstandene Ironie. »Twitter ist eine schnelle Maschine, die fast nach Missverständnissen und Fehldeutungen schreit – bewusst falsche Auslegungen sind der Treibstoff des Ganzen«, so schreibt er in einem Essay im Nachgang des Treffens. »Es ist dieselbe Oberflächlichkeit der Emotion, die diesen Ort so kurios und unterhaltsam und doch auch so heikel und gefährlich macht. Scherze sind komplex, Zusammenhänge sind schwierig. Wut ist einfach.«[173]

Sam Biddle hat recht mit seinen späten Reflexionen. Denn es ist eine eigene Empörungsdynamik, die sich hier offenbart, ein Zusammenspiel von Verbreitungstechnologie, dem Verkürzungs- und Verknappungszwang von maximal 140 Zeichen, die ein Tweet erlaubt, und einer rasch entzündlichen Wut. In der Zusammenschau lassen sich sieben Mechanismen und Muster identifizieren.[174] Erstens wird am Beispiel der öffentlichen Hinrichtung von Justine Sacco deutlich, dass sich die Herausbildung von Urteilen in Hochgeschwindigkeit vollzieht; die Attacke erfolgt im *Live-Modus* und formiert sich entlang von Hashtags, die den Prinzipien der spontanen Selbstorganisation folgen: Der mediale Rahmen von Twitter liefert lediglich ein Korsett von Kommunikationsformen (die Knappheit der Äußerung, die Möglichkeit der Direktansprache von anderen Usern und Organisationen etc.), erlaubt es gleichzeitig aber allen, die einen Account besitzen, sich zuzuschalten und sich in das Ad-hoc-Konnektiv der Wütenden einzureihen.[175] Zweitens entsteht das Online-Image oder eben auch die Online-Fratze des jeweils Angeklagten auf der Basis von einigen wenigen, bestenfalls bruchstückhaften Informationen, die weitgehend kontextfrei als Schuldbeweise benutzt werden. »Wer einen Online-Bericht über irgendeinen weit entfernt lebenden, ihm fremden Menschen liest, wird eben kaum je die vollständige Geschichte vermittelt bekommen«, so der Jurist Daniel J. Solove in seinem Buch *The Future of Reputation.* »Der Leser verfügt bloß über Bruchstücke an Information, und wenn keine persönliche Beziehung existiert, dann genügen auch schon Informationen, die vielleicht unvollständig und von zweifelhaftem Wahrheitsgehalt sind, um unmittelbar Spott, Ablehnung oder Tadel auszulösen.«[176] Drittens zeigt sich eine typische Asymmetrie von Verfehlung und

Strafe, denn das Vergehen einer merkwürdig schillernden Twitter-Botschaft steht in keinem Verhältnis zu den eintretenden Folgen, dem Verlust von Ansehen und Arbeitsplatz, der Wucht und Gewalt der plötzlich aufschäumenden Empörung. Viertens illustriert die Attacke die blitzschnelle Verurteilung im Medium der Öffentlichkeit, die keine Appellationsinstanz kennt, keine erklärende Einordnung erlaubt und keine effektive Rechtfertigung der Beschuldigten vorsieht. Es ist die Ad-hoc-Anklage auf unsicherer Grundlage bei gleichzeitiger Sofortbestrafung, die hier wirksam wird – ohne geregeltes Verfahren, ohne die Möglichkeit des Einspruchs, ohne die Chance der effektiven Verteidigung, die die Unschuldsvermutung bis zur endgültigen Klärung von Sachverhalt und Kontext gelten lässt. Fünftens wird in solchen Prozessen der digitalen Menschenjagd ein eigener Konformitätsdruck erlebbar. Im Chor der Wütenden dominieren in der Regel die Lauten. Und diejenigen, die zweifeln, schließen sich entweder der gefühlten Mehrheit an, artikulieren sich allenfalls verzagt oder aber schweigen lieber gleich ganz, um nicht selbst zum Objekt von Wut und Hass und frei flottierenden Aggressionen zu werden. Die Journalistin Helen Lewis hat ihr eigenes Versagen in diesem Fall und die Macht von Mehrheitsmeinungen reflektiert. »Ich hatte damals versucht, wenn auch vorsichtig, darauf hinzuweisen, dass der Tweet vielleicht gar nicht so schlimm war«, so schreibt sie, »zumindest sicher nicht schlimm genug, um damit die pausenlos eintreffenden Vergewaltigungs- und Todesdrohungen zu rechtfertigen. Andere Tweeter begannen mir vorzuwerfen, mich wie die prototypische weiße Mittelklasse-Feministin zu verhalten, die für eine einflussreiche PR-Chefin eintrat und gleichzeitig die Stimmen der geschädigten Schwarzen ignorierte. Und so tat ich etwas, wofür ich mich bis heute schäme. Ich schwieg und sah nur noch zu, wie Justine Saccos Leben auseinandergenommen wurde.«[177]

Sechstens lässt sich an diesem Beispiel die Logik und Schrittfolge einer *publikumsgetriebenen Skandalisierung* studieren. Das Publikum kann, unabhängig von den Filterinstanzen der klassischen Medien, Öffentlichkeit herstellen, mit Tweets, Wikis und Weblogs, dem eigenen Smartphone oder auch einer Digitalkamera Anstößiges dokumentieren und publizieren, selbst Agenda-setting betreiben und zum Taktgeber des Geschehens werden. In der Zeit der mächtigen Leitmedien gab es eine Art Dreischritt der Skandalisierung, der dem Publikum eine vergleichsweise passive Rolle zuwies. Am Anfang stand eine angebliche oder tatsächliche Normverletzung, dann folgte die Veröffentlichung durch Journalistinnen und Journalisten, die als Gatekeeper darüber entscheiden mussten, ob und mit welchen Gründen man all dies überhaupt publizieren wolle. Schließlich reagierte das Publikum. Leser, Hörer und Fernsehzuschauer konnten sich am Schluss des Kommunikationsprozesses aufregen – oder eben auch nicht, sie konnten sich telefonisch bei der Redaktion melden, einen Leserbrief schreiben und auf die Gnade des unredigierten Abdrucks hoffen; sie waren jedoch in der weitgehend interaktionsfreien Welt der klassischen Massenmedien in jedem Fall zur Reaktion verdammt.

Ebendieser Dreischritt lässt sich heute umkehren, weil die vernetzten Vielen selbst zur Medienmacht geworden sind und eigene Themen setzen können. Die neue Logik kann auch bedeuten: Zuerst wütet und publiziert ein aktiv gewordenes Publikum, das mal aus wenigen und mal aus vielen tausend Menschen bestehen kann, die sich auf Twitter oder in einem der anderen sozialen Netzwerke artikulieren. Dann nehmen die klassischen Medien das Empörungsangebot auf, schließen sich entweder der Stoßrichtung der Kommentare an oder aber machen den Fall weiter bekannt, indem sie kritisieren, was da in den sozialen Netzwerken geschieht, benutzen also die Tatsache der Netzpublizität als Nachrichtenfaktor, der die Berichterstattung legitimieren soll. Schon immer galt in offenen Gesellschaften mit freien Medien und naturgemäß unterschiedlichen Ansichten, was der Soziologe Roland Hitzler zu der plakativen Formel zu verdichten wusste: *Skandal ist Ansichtssache.* Was dem einen als gravierende Normverletzung erscheint, mag für andere eine Marginalie sein, die keine weitere Beachtung, schon gar nicht die öffentliche Beanstandung verdient. Diese Strittigkeit ist der kommunikative Normalfall, »jedenfalls in segmentierten, in eine Vielzahl von Auffassungen, Ideologien und Glaubensrichtungen zerfallenen Gesellschaften wie der unseren«, so Hitzler, der seine Einsichten der Beobachtung von klassischen Massenmedien verdankt.[178] Wenn jedoch, wie heute der Fall, jeder zu publizieren vermag, dann heißt dies, dass die Erregung sich auch deswegen fortzeugt und sich die allgemeine Gereiztheit verschärft, weil die Empörung der jeweils anderen Seite als das eigentliche Ärgernis gilt und Deutungskonflikte in neuer Schärfe aufeinanderprallen. Die Folge ist die in endlosen Schüben wuchernde *Skandalisierung der Skandalisierung;* auch das kann man aus dem Spezialdrama um den Tweet von Justine Sacco herauslesen, denn die Heftigkeit der Attacke wird – kaum ebbt die Erregung ab – ihrerseits heftig als maßlos und übertrieben kritisiert. *Der Skandal ist die öffentlich manifestierbare, regelhaft heftig umstrittene Ansichtssache sehr unterschiedlicher medialer Milieus,* so muss man unter den aktuellen Kommunikations- und Medienbedingungen formulieren.

Schließlich und siebtens wird das Spektrum der angeblich oder tatsächlich skandalösen Inhalte und Themen radikal erweitert. Noch für die Welt der klassischen Massenmedien formuliert der Philosoph Peter Sloterdijk die folgende Diagnose: »Tag für Tag versuchen Journalisten neue Erreger in die Arena einzuschleusen, und sie beobachten, ob der Skandal, den sie auslösen wollen, zu blühen beginnt. Man darf nicht vergessen, dass in jeder modernen Nation jeden Tag zwanzig bis dreißig Erregungsvorschläge lanciert werden, von denen naturgemäß die meisten nicht zu dem gewünschten Ergebnis führen. Die moderne Gesellschaft ist zwar eine sehr skandalisierungsfreudige Lebensform, aber sie nimmt nicht jeden Skandalisierungsvorschlag auf. Die meisten Erregungsvorschläge werden abgelehnt oder mit mäßigem Interesse studiert.«[179] Jetzt sind es eben nicht mehr nur Journalisten, die testen, ob ihr Thema zündet. Eben weil sich jeder und jede zuschalten kann und beliebige Inhalte in die Erregungskreisläufe einzuspeisen vermag, werden tatsächliche und vermeintliche Ungerechtigkeiten und echte Missstände in hoher Schlagzahl bekannt und konkurrieren um Beachtung. Ohne Vorfilterung und ein Minimum der Relevanzklärung ist nun auch die banale und vielleicht gänzlich unbedeutende Normverletzung öffentlich kritisierbar geworden. Es reicht, dass sich ein Einzelner ärgert und dass es ihm gelingt, Beteiligung und Anschlusskommunikation zu erzeugen. *Skandalisiert wird, was missfällt.* Mal sind es die Nachbarn, die ihren Abfall auf die Straße werfen und zur Strafe fotografiert werden, dann dokumentiert man die Überholmanöver riskant agierender Autofahrer oder stellt die Bilder von Handynutzern auf der Foto- und Videoplattform *Flickr,* die angeblich zu laut telefoniert haben. Prangerseiten handeln wahlweise von kiffenden Studierenden, Abtreibungsärzten, Steuersündern und Zahlungssäumigen, Links- oder Rechtsextremisten, Ehebrechern und Freiern, prügelnden Vätern, vermeintlichen Tierquälern, schlechten Lehrern, miesen Professoren und terroristischen Chefs.[180] Auch die gezielte Blamage zu Erziehungszwecken ist nachweisbar. So filmte eine Mutter ihren Sohn im Zustand der Volltrunkenheit, um dann das Video auf YouTube zu publizieren. Ein Vater wiederum sah sich veranlasst, seine Tochter mit einem

Bekenntnisfilm auf Facebook zu strafen, und drängte sie zu dem Geständnis, ein paar Jungs über ihr wahres Alter getäuscht zu haben. Kurzum: Die von Peter Sloterdijk noch argwöhnisch beobachteten Journalisten haben längst Gesellschaft bekommen im Entlarvungs- und Skandalisierungsbusiness. Was heißt das? Es bedeutet, dass sich Öffentlichkeit in ein Testlabor für Erregungsvorschläge aller Art verwandelt, die jeder zu unterbreiten vermag, der einen Netzzugang besitzt. Relevante Information und banale Narration existieren auf ein und demselben Kanal in unmittelbarer Nachbarschaft. Und es bedeutet, dass die neue Macht des Publikums in Kombination mit den Technologien der Dokumentation und der barrierefreien Verbreitung dazu führt, dass Reputationsrisiken allgegenwärtig werden und sich einmal entstandene Aufmerksamkeitsexzesse kaum noch stoppen lassen. Man weiß nie so genau, was andere über einen wissen, wie sie zu diesem Wissen gelangt sind und was sich von alldem dann eines Tages, womöglich nach dem Muster einer Epidemie, verbreitet.

Erfahrung des Kontrollverlustes

Was ein solcher Kontrollverlust im Konkreten bedeutet und welche Zufälle und Ereignisse mitunter bestimmend sind, zeigt die Geschichte von Lindsey Stone, die zunächst einen Fehler gemacht hat, dann aber, unterstützt von Profis, alles daransetzte, ihren beschädigten Ruf wiederherzustellen, um schließlich doch zu scheitern.[181] Lindsey Stone ist bis zu ihrem Rauswurf Mitarbeiterin von *LIFE (Living Independently Forever)*, einer Organisation, die Menschen mit Lernschwierigkeiten betreut. Gemeinsam mit ein paar Jugendlichen und ihrer Freundin Jamie Schuh, die auch für *LIFE* arbeitet, reist sie im Oktober 2012 nach Washington. Es ist ein Ausflug, der sie an unterschiedliche Orte führt, darunter auch auf das Gelände des Nationalfriedhofs Arlington. Als Stone ein Schild sieht, das »Silence and Respect« verlangt, stellt sie sich davor, tut so, als ob sie schreit, zeigt den gestreckten Mittelfinger. Für sie ist das ein Scherz, eine Art *running gag* zwischen zwei Freundinnen, die es witzig finden, vor einer Verbotstafel mit dem Hinweis »Rauchen verboten« zu rauchen oder eben gerade dann Lärm zu machen und vulgär aufzutreten, wenn Ruhe und Benehmen gefordert sind, um sich bei alldem zu fotografieren. Jamie Schuh postet das Foto auf Facebook. Es gibt ein paar freundliche und ein paar kritische Kommentare von Bekannten und Freunden. Und Stone denkt kurz darüber nach, das Foto wieder zu löschen, lässt es dann aber doch stehen, weil sie der ganzen Sache keine wirkliche Bedeutung beimisst. »Moment, Moment, Moment«, so schreibt sie in Richtung der Kommentatoren. »Wir haben doch hier bloß wie immer rumgeblödelt und Autorität generell in Frage gestellt.« Vier Wochen später explodiert das Scherzbild zum Skandal, ohne dass sich heute noch im Detail rekonstruieren ließe, wer es kopiert und weitergegeben hat. Es verbreitet sich im Netz. Ihre Adresse und Telefonnummer kursieren online. Sie wird massiv bedroht, weil sie das Ansehen von gefallenen Soldaten beschmutze; man solle sie aus den USA verbannen oder erschießen, so heißt es. Eine Facebook-Gruppe und die Initiatoren einer Petition fordern ihre Entlassung. Journalisten tauchen vor ihrer Wohnung auf und verlangen ein Statement vor der Kamera. Ein paar Kostproben der Hasskommunikation im Netz illustrieren das Ausmaß der Erregung: »Hoffe diese Schlampe wird vergewaltigt und erstochen.« – »Stirb, Fotze.« – »Verrotte in der Hölle.« – »Fick dich, Hure. Ich hoffe, du stirbst einen langsamen und qualvollen Tod.« – »Habe mit einem Mitarbeiter bei LIFE gesprochen, der mir mitteilte, im Aufsichtsrat säßen auch Veteranen und dass sie gefeuert werden wird.«

Wie im Falle von Justine Sacco löst auch hier ihr Arbeitgeber den Vertrag, beugt sich dem öffentlichen Druck. Auch hier zeigt sich die Macht der medial vermittelten Wut, die charakteristische Asymmetrie von Vergehen und Strafe und das Zusammenwirken von Ad-hoc-Diffamierung und Kontextignoranz. Aber zu den Besonderheiten des Geschehens gehört, dass Lindsey Stone intensive Anstrengungen unternimmt, die Empörung zu dämpfen und die Geschichte grundsätzlich aus der Welt zu schaffen. »Es war lediglich eine Kurzschlusshandlung, eine absolute Fehleinschätzung«, so sagt ihr Vater der Presse. »Ihr Verhalten war nicht auf den Ort, sondern auf das Schild bezogen, und sie möchte sich bei allen entschuldigen.«[182] Sie selbst setzt gemeinsam mit ihrer Freundin Jamie Schuh, die man ebenfalls gefeuert hat, einen offenen Brief auf, in dem es heißt: »Wir möchten uns in aller Form für den Schmerz und das Leid entschuldigen, das wir durch die Veröffentlichung des Fotos aus Washington DC auf Facebook ausgelöst haben. Obwohl wir das Bild in einem öffentlichen Forum gepostet haben, war es ausschließlich zu unserer eigenen Unterhaltung bestimmt. Es war niemals unsere Absicht, die Personen, die der Nation gedient und unsere Freiheit so heldenhaft verteidigt haben, respektlos zu behandeln. Das Ganze war lediglich als visuelles Wortspiel gemeint, mit der Absicht, das genaue Gegenteil dessen darzustellen, was auf dem Schild geschrieben steht. Nichts davon steht in Zusammenhang mit dem Ort oder den Menschen, die dort repräsentiert werden. Wir wollten niemandem Schaden zufügen oder respektlos auftreten, insbesondere nicht gegenüber den Männern und Frauen in Uniform. Uns ist bewusst, wie unglaublich geschmacklos unser Verhalten war, und wir entschuldigen uns in aller Form für das Ärgernis, das wir provoziert haben.«[183] Eines Tages kontaktiert sie der britische Journalist Jon Ronson; er recherchiert, selbst Opfer von Online-

Attacken, ihre Geschichte für ein Buch über die Macht der öffentlichen Beschämung. Sie erzählt ihm, dass sie nach einem Jahr voller Angst und Depressionen die Befürchtung habe, dass ihr neuer Arbeitgeber auf ihre Online-Vergangenheit stoßen könnte. Und Ronson macht ihr das Angebot, sie durch professionelle Reputationsmanager zu unterstützen. Er würde den Kontakt einfädeln, alles sei kostenlos für sie. Und so geschieht es, zumindest für ein paar Monate. Die Profis von *Reputation.com* versuchen mit aller Macht das Foto zu verdrängen, andere Einträge über Menschen, die zufällig auch Lindsey Stone heißen, in die oberen Ränge der Suchmaschinentreffer zu bugsieren, weil sie wissen, dass die ersten Ergebnisse über den Gesamteindruck entscheiden. Und sie erschaffen einen digitalen Zwilling, schreiben Blogbeiträge und Netzkommentare in ihrem Namen, die von Filmen, Eiscreme, Tapas und der Nutzung eines Hotelsafes auf Reisen (»Bleibt wachsam, Reisefreunde«) handeln. Eine aus Banalitäten und gefälligen Harmlosigkeiten konstruierte Zweitpersönlichkeit soll helfen, das Online-Image einer Frau zu übermalen, die durch eine Grab- und Gedenkstätte für Soldaten marodiert. Das Foto sei schließlich fast verschwunden, so Jon Ronson, der das Experiment beobachtet. »Hier und da fanden sich noch ein paar, vielleicht drei oder vier, daneben gab es aber jede Menge Bilder, auf denen Lindsey nichts Schlimmes tat. Nur lächelte. Zudem, was noch besser war, eine Menge Fotos *anderer* Lindsey Stones – Menschen, die gar nicht sie waren«, vermerkt er.[184] Dann veröffentlicht und vermarktet er Anfang 2015 sein Buch, während die Reputationsmanager im Hintergrund offensichtlich, zumindest legt dies die Analyse der Google-Suchresultate nahe, ihre Arbeit einstellen. Das Kapitel über den Fall erscheint als Vorabdruck im *Guardian,* dies im Verbund mit dem fatalen Foto, das zur Illustration ausgewählt wird. Es folgen zahlreiche Rezensionen, Interviews und öffentliche Reaktionen in England und den USA, die Lindsey Stone wieder als diejenige präsentieren, die sie definitiv nicht mehr sein wollte: das Opfer einer missverstandenen, offensiv skandalisierten Geste. Wer sie heute googelt, stößt sofort auf das Foto. Die ersten zehn die allgemeine Wahrnehmung prägenden Suchtreffer handeln samt und sonders von der Geschichte, die sie mit allen Kräften hinter sich lassen wollte. Auch die Rekonstruktion der Google-Suchanfragen im Zeitverlauf belegt, dass das Interesse an ihrem Fall rund um das Erscheinen des Buches wieder aufflammt. Das Experiment von Jon Ronson zeigt damit nicht das, was er eigentlich demonstrieren wollte – die endgültige Beseitigung eines Digitalstigmas mit Hilfe von Profis, die versuchen, die Systemarchitektur von Suchmaschinen, Plattformen und Netzwerken und die Prinzipien der Aufmerksamkeitsökonomie im Dienst ihrer Kunden auszunutzen. Er hat vielmehr vorgeführt, dass die alte Online-Identität, die man für einen gewissen Zeitraum nach Kräften retuschiert, als eine Art *Informationszombie* bestehen bleibt. Sie lässt sich bei Bedarf und aus verändertem Anlass (z.B., wie in diesem Fall, der Marketingkampagne für ein Buch) wieder zu neuem Leben erwecken und kehrt in anderen erneut beschämenden Kontexten zu einem zurück.

Man könnte sagen: Jon Ronson wollte die Wirksamkeit von Kontrollversuchen zeigen, er hat jedoch die allgegenwärtige Erfahrung des Kontrollverlustes und das Phänomen der Kontrollverschiebung belegt – und damit das Zusammenspiel von drei Grundmustern sichtbar gemacht, die Kommunikation unter den Bedingungen digitaler Vernetzung strukturieren. Was ist damit gemeint? Der *Kontrollversuch* besteht in dem Versuch des gezielten Reputationsmanagements, der scheitert, weil der Autor Jon Ronson die Hinterbühnen-Story der Imagekosmetik in seinem Buch offenlegt, sie online publiziert.[185] Die *Kontrollverschiebung* umschreibt die Tatsache, dass mit Suchmaschinen und sozialen Netzwerken Weltbildmaschinen und Instanzen der Wirklichkeitskonstruktion entstanden sind, die ein eigenes System mit speziellen Spielregeln der Aufmerksamkeitsentstehung bilden. Sie fokussieren im Verbund mit dem klassischen Journalismus und den Aktivitäten eines medienmächtig gewordenen Publikums die allgemeine Wahrnehmung. Sie regulieren, wie Images entstehen, sich verfestigen oder wieder vergehen. Sie bestimmen, was man zuerst und vor allem über einen Menschen weiß, und legen – schon durch die mehr oder minder prominente Platzierung von Suchergebnissen und Autocomplete-Vorschläge – nahe, was man von ihm zu halten hat.[186] Schließlich und endlich: Der *Kontrollverlust* ist die Erfahrung von Ohnmacht und Ausgeliefertsein, die der Einzelne oder auch eine Organisation in dieser Gemengelage notwendig macht. Weil niemand mehr wissen und auf Dauer bestimmen kann, wer die eigenen Datenspuren auswertet, rekombiniert und aktualisiert und auf welche Weise die so entstandenen Informationen dann, algorithmisch gelenkt, durch soziale Netzwerke diffundieren und von den intransparenten Filtermechanismen einer Suchmaschine im Wahrnehmungsfeld eines Weltpublikums arrangiert und platziert werden, ist diese Erfahrung zum Alltagserleben geworden. »Wir wissen nicht mehr, welche Daten zu welcher Zeit erhoben werden können, weil die ganze Welt durch die allgegenwärtige Verbreitung von Sensoren digitalisiert wird«, so schreibt der Netztheoretiker Michael Seemann prägnant. »Wir bestimmen nicht selbst, was mit diesen Daten geschieht, wo sie gespeichert werden, wo sie hinkopiert werden, wer darauf Zugriff hat. Und wir können nicht ermessen, welche Dinge diese Daten potenziell aussagen. Kurz: Daten, von denen wir nicht wussten, dass es sie gibt, finden Wege, die nicht vorgesehen waren, und offenbaren Dinge, auf die wir nie gekommen wären.«[187]

Kontrollversuch	Eigene Versuche der Imagekontrolle und der gezielten Selbstdarstellung (»Impression Management«, Selbstmarketing), Versuche der Korrektur und Zensur, professionelles Reputationsmanagement.
Kontroll-verschiebung	Suchmaschinen und Plattformen, die im Verbund mit dem klassischen Journalismus und den publizistischen Aktivitäten des medienmächtig gewordenen Publikums als mächtige Instanzen der Imagekonstruktion funktionieren. Sie bestimmen in ihrem Zusammenspiel, was als relevant erscheint.
Kontrollverlust	Grunderfahrung von Individuen und Organisationen, die die Interaktion von Informationen aufgrund ihrer breiten Streuung und Verknüpfung, der Permanenz ihrer Präsenz, der raschen Durchsuchbarkeit, leichthändigen Rekombinierbarkeit und Transferierbarkeit in neue Kontexte nicht mehr zu steuern vermögen.

Die Abbildung zeigt drei Muster, die Kommunikation strukturieren und im digitalen Zeitalter das Reputationsschicksal von Einzelnen und Organisationen bestimmen.

An dieser Stelle sollte sich der Blick nun weiten. Es gilt, die Trias von Kontrollversuch, Kontrollverschiebung und Kontrollverlust als drei Muster zu begreifen, die Kommunikation insgesamt strukturieren. Die Frage lautet nun: Wie lässt sich die Beziehung der Phänomene fassen, wie das Miteinander und Gegeneinander von Kontrollversuch, Kontrollverlust und Kontrollverschiebung im digitalen Zeitalter umschreiben? Es sind drei Merkmale aktueller Medienentwicklung, die unmittelbar auffallen, wenn man von dem hier skizzierten Denk- und Analyseschema ausgeht. Erst einmal zeigt sich eine *neue Qualität* des Kontrollverlustes. Selbstverständlich weist Kommunikation, ganz gleich ob analog oder digital, stets auf überraschende, kaum bis ins Letzte kalkulierbare Weise über sich selbst hinaus; dies schon allein deshalb, weil der Akt der Mitteilung irreversibel ist und sich die eigene Äußerung, einmal in der Welt, nicht mehr ungeschehen machen lässt und sie in jeweils anderen Zusammenhängen womöglich sehr unterschiedlich aufgefasst und interpretiert wird. »Wer schweigt, kann immer noch reden«, so der Soziologe Niklas Luhmann. »Wer dagegen geredet hat, kann darüber nicht mehr schweigen.«[188] Unter den Bedingungen der Digitalisierung und der Vernetzung wird der jeder Kommunikation immanente Kontrollverlust jedoch wahrscheinlicher und überdies deutlich drastischer und dramatischer erlebbar, weil bislang ungeahnte Möglichkeiten der Datenkopie, der Datenspeicherung, des Datentransfers, der leichthändigen Verknüpfung und Auswertung und der barrierefreien Publikation von Daten und Dokumenten aller Art existieren. Niemand kann sich auch nur im Ansatz vorstellen, was mit seinen Facebook-Postings, seinen Fotos, den eigenen Twitter-Botschaften oder SMS-Nachrichten geschieht, wie sie vielleicht schon in diesem Moment oder aber erst eines fernen Tages von anderen interpretiert und instrumentalisiert werden. Offensichtlich ist, dass die »Komplexität der Interaktion von Informationen die Vorstellungsfähigkeiten eines Subjekts übersteigt«[189] und Menschen unvermeidlich *möglichkeitsblind* sind, blind für die mögliche Zukunft all der Daten und Dokumente, die über sie zirkulieren und die womöglich eines Tages in beschämenden Kombinationen und Kontexten zu ihnen zurückkehren und sich untrennbar mit der eigenen Person verbinden.[190] Dann lässt sich beobachten, dass sich die *Kontrollversuche* auf der Seite von potenziell Betroffenen, auch befeuert durch Berichte über Reputationsrisiken, die Angriffe von Hackern, Leaks, Desinformations- und Schmutzkampagnen, intensivieren.[191] Die Image- und

PR-Beratung expandiert,[192] das Zahlenverhältnis von Journalisten und PR-Leuten verschiebt sich, dies in besonders drastischer Weise in den USA. Hier kommen auf einen Journalisten fast fünf PR-Leute, die durchschnittlich 40 Prozent mehr verdienen als die Kolleginnen und Kollegen auf der anderen Seite des Nachrichtenmarktes.[193] Nicht mehr nur Unternehmen, sondern auch Individuen, aber auch ganze Staaten und Nationen investieren massiv in Marketinganstrengungen und Imagekampagnen.[194] Und auch das Reputations- und Skandalmanagement ist im digitalen Zeitalter ein eigenes Geschäftsfeld geworden, das von dem Versprechen lebt, man würde die Systemarchitektur von Suchmaschinen und Plattformen durchschauen, könne die neuartigen Instanzen der Kontrollverschiebung begreifen, dementsprechend Negativimages im Netz gezielt beseitigen und durch positive Berichte verdrängen. Kurzum: Das Kontrollversprechen erscheint gerade in Zeiten des drohenden Kontrollverlustes attraktiv; die Instanzen, von denen die Kontrollverschiebung ausgeht, sind das neuartige Objekt und der Ansatzpunkt des Handelns. Und schließlich lässt sich zeigen, dass Zensur, Einschüchterungsmaßnahmen, Gegenattacken, einstweilige Verfügungen etc. unter den aktuellen Medienbedingungen häufig kontraproduktiv wirken, dass also der Kontroll*versuch* den Kontroll*verlust* oftmals erst produziert. Wer Zensurmaßnahmen praktiziert, wird attackiert. Wer sich bemüht, missliebige Inhalte aus dem Netz zu entfernen, lässt sie ebendadurch oft erst so richtig interessant erscheinen und erzeugt eine Aufmerksamkeit, die er eigentlich unbedingt vermeiden wollte. Und wer Information unterdrücken will, macht sich generell verdächtig. Der freie Fluss von Information (»Information wants to be free«, so lautet eine Sentenz des Kybernetikers Stewart Brand, Begründer der ersten Online-Gemeinschaft und Initiator der ersten Hacker-Konferenzen) erscheint unter den digitalen Bedingungen als Norm eigenen Rechts, deren Verletzung angeprangert wird.

Ein Paradebeispiel für das Umschlagen des Kontrollversuchs in den Kontrollverlust ist der *Streisand-Effekt*, der seinen Namen der Sängerin Barbra Streisand verdankt. Streisand entdeckte eines Tages, dass der Fotograf Kenneth Adelmann, der die Erosion der nordkalifornischen Küste in einem Langzeitprojekt dokumentierte, auch eine Luftbildaufnahme ihres Strandhauses im Netz publiziert hatte. Es war ein Foto inmitten von 12.000 anderen Bildern. Sie ging gegen Adelmann vor, versuchte das Foto aus dem Netz zu klagen, verlangte 50 Millionen Dollar Schadenersatz und verlor im Ergebnis nicht nur den Prozess, sondern machte auch zahllose Menschen erst auf das Strandhausbild aufmerksam, die dieses – mit Kringeln und roten Pfeilen versehen – kopierten, um gegen das Vorgehen der Sängerin zu protestieren. Der Unterdrückungsversuch war Relevanzbeweis genug, Indiz dafür, dass man doch besser genauer hinschauen sollte. »Es wirkt wie ein natürlicher Reflex des Informations-Immunsystems. Wenn etwas wichtig genug ist, um zensiert oder verboten zu werden«, so die Informatikerin Constanze Kurz über die dahinterstehende Logik, »muss es offenbar von Interesse und der allgemeinen Beachtung wert sein. […] Potentiell interessante Informationen aus dem Internet zu entfernen, wird genau dann unmöglich, wenn sie Aufmerksamkeit erregen. Die Wogen noch glätten zu wollen, ist ein aussichtsloses Unterfangen. Auch wenn das Netz zum großen Teil aus Katzenbildchen und sonstigen Belanglosigkeiten zu bestehen scheint: Sobald das allgemeine Interesse eine gewisse Schwelle überschreitet, was heute innerhalb von Minuten passieren kann, funktionieren die Informationskontrollreflexe aus dem vorigen Jahrtausend nicht mehr.«[195] Heute findet man unter dem Stichwort *Streisand-Effekt* nicht nur sofort das Foto, das eigentlich verschwinden sollte, sondern auch Wikipedia-Artikel, die die Auseinandersetzung im Detail rekonstruieren, ebenfalls im Verbund mit dem inkriminierten Bild. Was lässt sich daraus schließen? Hier offenbart sich ein Phänomen allgemeiner Natur. Das Umschlagen der Dinge in ihr Gegenteil wird schon in den Fragmenten des Heraklit beschrieben; es handelt sich, so seine Auffassung, um ein Gesetz der Existenz; er nennt dies *Enantiodromie* – ein Grundprinzip, das der Psychotherapeut Paul Watzlawick für die Kommunikations- und Ideologieanalyse adaptiert hat. In seinen Aufsätzen und Büchern zeigt er, wie Lösungen zum Problem werden, das eigentlich gutgemeinte Handeln fatale Folgen zeitigt und Ideologen und Utopisten in dem Wunsch, eine vollkommene Welt zu erschaffen und Glück und Frieden notfalls mit Zwang und Gewalt herzustellen, eben das Gegenteil dessen bewirken, was sie erreichen wollen.[196] Streisand hat durch ihr Vorgehen dieses Prinzip nun in der Sphäre digitaler Kommunikation exemplifiziert, aber eben nicht nur das. Denn an ihrem Beispiel wird der Kontrollverlust als Universalerfahrung erlebbar, die Mächtige und Ohnmächtige und Prominente und Nichtprominente in neuartiger Schärfe und Dramatik erfasst, weil sich Informationsflüsse heute ungleich schwieriger steuern lassen und klassische Formen der Gegenwehr nicht mehr notwendig greifen. Ihr Beispiel zeigt eben auch: Einfluss, Kontakte, Geld und die Möglichkeit, aggressive Anwälte in die Arena der Auseinandersetzung zu schicken, liefern längst keine Garantie der effektiven Kontrolle mehr, weil die unliebsamen Informationen von jedem, der mag, weiter verbreitet werden können und das kaum eingrenzbare Publikum zu einem zentralen Player in der Erregungsarena der Gegenwart geworden ist.

Wie ist das zu bewerten? Es wäre unter allen Umständen falsch, so zu tun, als sei die alte Welt der Massenmedien und der professionellen Gatekeeper die Sphäre der Informationskontrolle und der stets seriös geprüften Relevanzentscheidungen gewesen und als habe sich nun, bedingt durch die publizistischen Aktivitäten des Publikums, die Situation auf unerträgliche Weise verändert. Derartige Gut-Böse-Dichotomien greifen nicht, dies gleich aus mehreren Gründen. Zum einen ist es keineswegs so, dass im Prozess der Ad-hoc-Veröffentlichung nur Quatschthemen und banale Narrationen emporgespült werden. Es gibt durchaus relevante Enthüllungen von Ungerechtigkeit, Gewalt und Übergriffen, die allein deshalb bekannt werden, weil jemand im richtigen Moment mit seinem Smartphone ein Video dreht und den Film später online stellt. Zum anderen arbeiten auch klassische Medien mit Pseudoaufregern, Prangermethoden und frei erfundenen Geschichten, die Klickzahlrekorde, Auflage und Quote versprechen. In welchem Maße im Furor der Skandalisierung auch im Journalismus die Orientierung an einem Ethos von Aufklärung verlorengehen kann, illustrieren drei Beispiele aus der jüngeren Vergangenheit: Als der einstige Bundespräsident Christian Wulff im Januar 2012 landesweit von den Medien als Schnäppchenjäger kritisiert wurde, gingen drei Journalisten der *Financial Times Deutschland* der Frage nach, ob Wulff, um als Gymnasiast Schülersprecher zu werden, Mitschüler mit Kleingeld und After-Eight-Schokolade bestochen haben könnte und sie zu einem späteren Zeitpunkt gebeten habe, über diesen Bestechungsversuch zu schweigen. Der Hintergrund: Eine dänische Zeitung hatte einen Bericht gedruckt, in dem ein ehemaliger Schulfreund sich bemühte, wie es hieß, »das nächste Kapitel in der Skandalgeschichte um den Bundespräsidenten« aufzuschlagen und den Mann als *After-Eight-Politiker* schmähte. Die Journalisten recherchierten auf der Basis derartiger Nonsens-Hinweise ernsthaft im Umfeld ehemaliger Mitschüler, schickten einem der Anwälte von

Christian Wulff dringliche Anfragen und forderten Auskunft darüber, was an alldem dran sei. Der Subtext dieser monströs peinlichen Enthüllungsrecherche: After-Eight-Bestechung in Tateinheit mit Vertuschungsversuch im Süßigkeitenmilieu.[197]

Dass man auch mit gänzlich unbelegten, womöglich frei erfundenen Behauptungen versuchen kann, im Kampf um Aufmerksamkeit zu punkten, ist bekannt. Selten geschah dies jedoch so skrupellos wie im September 2015, als das britische Boulevardblatt *Daily Mail* die Geschichte verbreitete, der Premierminister David Cameron habe während einer Initiationszeremonie des Männerklubs Piers Gaveston Society eine »obszöne Handlung mit dem Kopf eines Schweines« vollzogen und »einen intimen Körperteil in das Tier eingeführt«.[198] Ein Abgeordneter des britischen Unterhauses habe dies behauptet, so gab man an, und überdies konstatiert, er habe Fotos von der Aktion gesehen. Ein paar Tage nach der Veröffentlichung – *#Piggate* hatte sich längst als Hashtag auf Twitter etabliert – stellte die verantwortliche *Daily-Mail*-Reporterin Isabel Oakeshott klar: Sie wisse auch nicht, ob diese Geschichte stimme, aber sie sei nun mal in Umlauf. »Die Leute müssen selbst entscheiden, ob sie der Sache Glauben schenken oder nicht«, so meinte sie, nach Belegen gefragt. »Man konnte den Eindruck gewinnen, als sei es gar nicht mehr länger notwendig, dass Journalisten ihre eigenen Geschichten glauben und sie beweisen können«, kritisierte die *Guardian*-Chefredakteurin Katharine Viner die Argumentationstechnik, die hier verwendet wurde. »Stattdessen sollten die Leserinnen, die nicht einmal die Identität der Quelle kennen, sich selbst eine Meinung bilden. Auf welcher Basis? Bauchgefühl, Eingebung, Laune?«

Ähnlich wie Isabel Oakeshott argumentierte auch der *BuzzFeed*-Chefredakteur Ben Smith, als er die Komplettveröffentlichung eines Enthüllungsdossiers über Donald Trump in einem

Artikel für die *New York Times* begründete; dem amerikanischen Präsidenten wird in dem 35 Seiten umfassenden Papier aus der Feder eines ehemaligen Agenten des britischen Geheimdienstes vorgeworfen, sein Wahlkampfteam habe sich mit Russland ausgetauscht, er selbst habe versucht, zweifelhafte Geschäfte in Russland anzubahnen, und in einem Hotelzimmer in Moskau Prostituierte für bizarre Dienste bezahlt. Auch in diesem Fall ließ der Journalist verlauten, das Dossier kursiere nun mal, es sei in der Welt – für ihn offensichtlich Grund genug, einfach draufloszupublizieren. Ganz nach dem Motto: *Publiziere erst, prüfe später!* Es könnte ja stimmen und sich eines Tages als wahr erweisen, was hier geschrieben wird. Und dann wäre man im Wettrennen um den Scoop durch die Ad-hoc-Veröffentlichung in jedem Fall vorne mit dabei.[199] Mit anderen Worten: Das medienmächtig gewordene Publikum taugt nicht als Sündenbock. Und die Grenzüberschreitung ist keine Spezialität der vernetzten Vielen. Auch etablierte Journalisten, Boulevardreporter mit einem ökonomischen Interesse an Schmutz und Dreck und die Chefredakteure von schillernden Medienangeboten wie *BuzzFeed* arbeiten bei Bedarf mit äußerst fragwürdigen Mitteln und Methoden, wie sich leicht durch weitere Beispiele illustrieren ließe.

Balanceakt der Aufklärung

Was folgt aus alldem, wenn man erneut den Blick weitet? Droht der permanente Skandal? Versinkt die öffentliche Welt im Dauerspektakel, wie Kulturpessimisten argwöhnen? Und wie ist der Skandal als Kommunikationsereignis generell einzuschätzen? Zwei Positionen haben sich in dieser Debatte herauskristallisiert, die eine eher optimistisch, die andere weitgehend pessimistisch.

Protagonisten der *funktionalistischen Skandaltheorie* nehmen an, dass Grenz- und Normverletzungen eine Moralkommunikation im Modus der Abgrenzung (»Das darf nicht sein!«) initiieren und letztlich den Zusammenhalt der Gesellschaft stärken. Die Veröffentlichung von Missständen erlaube es, so die von dem Soziologen Émile Durkheim inspirierte Annahme, »der modernen, verunsicherten, aus vielen Teilöffentlichkeiten bestehenden Gesellschaft, durch Aufarbeitung einzelner Normverletzungen Grundwerte zu redefinieren, sprich: sich zu reformieren oder zu restaurieren«.[200] Skandale sind – so betrachtet – äußerst nützliche Kommunikationsereignisse, die positive Lerneffekte bereithalten. Sie gestatten es, Normen zu härten, sich ihrer überhaupt zu erinnern, sie gegebenenfalls aber auch zu revidieren, und taugen als Katalysatoren des großen moralischen Gesprächs einer Gesellschaft über sich selbst, als »Lehrveranstaltungen darüber, was die Gesellschaft nicht sein will, aber auch ist: eine unschöne und in sich widersprüchliche Realität«.[201] Sie erzeugen Abschreckungseffekte und erzwingen Verantwortung, weil Medien und Öffentlichkeit wissen wollen, wem das Fehlverhalten vorzuwerfen ist. Und sie helfen dabei, Korruption zu beenden, und tragen zur Beseitigung von Missständen und zur Korrektur von Fehlentwicklungen bei. Für die Fraktion der funktionalistischen Optimisten gilt daher das Motto des Soziologen Karl Otto Hondrich, der zu den prominenten Fürsprechern dieser Betrachtungsweise zählte: »Nichts ist den guten Sitten zuträglicher als der Skandal.«[202]

Vertreter der *negativistischen Skandaltheorie*, die sich selbst so nicht bezeichnen, sondern ihren eigenen Ansatz als empirisch begründete, daher mit der Aura besonderer Objektivität versehene Stellungnahme ausflaggen, verdächtigen Journalisten der gezielten Kampagne und der übertriebenen Inszenierung. Sie beklagen die ungerechte Demütigung, kritisieren die enthemmte Attacke, mitunter auch die gezielt eingefädelte Diskreditierung, die Absprache im Verborgenen. Im Skandal können sie in der Regel keinen Anstoß zur positiven Neuordnung der Verhältnisse erkennen; sie sehen hier primär ein von Irrationalismen geprägtes Meuteverhalten, das Konformismus erzeugt und sich an Übertreibungen und Scheingewissheiten orientiert, die jedoch mit absolutem Wahrheitsanspruch verfochten werden. Wer andere Auffassungen vertritt, nicht in das allgemeine Wutgeheul einstimmt, wird entweder ignoriert oder selbst stigmatisiert. »In diesem Sinne«, so formuliert einer ihrer Protagonisten, der Kommunikationswissenschaftler Hans Mathias Kepplinger, »weisen alle Skandale totalitäre Züge auf: Sie zielen auf die Gleichschaltung aller, weil die öffentliche Abweichung einiger den Machtanspruch der Skandalierer und ihrer Anhänger infrage stellen würde. Die großen Skandale kann man deshalb auch als demokratische Variante von Schauprozessen betrachten.«[203] Kurzum: Aus der Perspektive der Negativisten ist der Skandal gleich doppelt destruktiv; er ruiniert das Leben der Betroffenen und verbraucht den Rohstoff des Systemvertrauens, von dem die Akteure und Institutionen in einem demokratischen Gemeinwesen zehren, und fördere in der Summe »eher resignative Apathie als kritisches Engagement«.[204]

Offensichtlich haben beide Perspektiven ihre Berechtigung. Denn natürlich gibt es Belege und Beispiele, die mal die eine und mal die andere Seite stützen; in einem Fall ermöglicht der Skandal eine komplexe Wertedebatte, im anderen Fall führt er zur Sofortvernichtung und zum sozialen Tod eines Menschen. Beide Positionen haben jedoch, wenn sie im Anschein des Allgemeingültigen stehenbleiben, ihre Defizite. Die Funktionalisten besitzen kein ausreichend entwickeltes Gespür für den Sensationalismus der alten und neuen Medien und das Leid der Opfer, die auf dem Altar einer aus der Makroperspektive der Gesellschaft womöglich nützlichen Wertedebatte geopfert werden. Denn unabhängig davon, ob man zu Recht oder zu Unrecht skandalisiert wird, gilt: Schon die schiere Wucht der Berichte kann traumatisieren, schmerzhafte Widersprüche zwischen Fremdbild und Selbstbild erzeugen, Phasen der Depression und der ohnmächtigen Wut, Gefühle des Gehetztseins und der Verunsicherung auslösen.[205] Das alles ist gut belegt. Aber daraus folgt eben auch nicht, dass Skandalisierung grundsätzlich verdammt werden muss. Genau das ist aber das Problem der Negativisten im Feld der Skandalforscher. Sie präsentieren ihre vermeintlich rein empirische Medienkritik derart grundsätzlich und in einem Sound der mühsam kontrollierten Wut, dass man sich fragen muss, ob sie die Aufgabe des Journalismus, nämlich Mächtige zu kontrollieren und zu kritisieren, überhaupt anerkennen und wertschätzen, ob sie also – jenseits der strikten Konzentration auf Übertreibung, Zuspitzung und Dramatisierung – irgendeinen Skandalisierungsprozess und irgendeine für den Einzelnen selbstverständlich schmerzhafte Enthüllung als angemessen durchgehen lassen wollen. Die journalistische Inszenierung und Dramatisierung gesellschaftlich relevanter Themen und Missstände, die im Dienst der Aufklärung vielleicht sogar dringend geboten ist, scheint ihnen prinzipiell verdächtig.[206] Sie benutzen, ganz gleich ob sie eher konservativ sind oder sich der politischen Linken zugehörig fühlen, den speziellen Fall einer angeblichen oder tatsächlichen Grenzüberschreitung, um auf der Grundlage ihrer eigenen Voreingenommenheiten, ihrer politischen Meinung und eigener, nicht empirisch begründbarer Werturteile in steter Wiederkehr die immer gleiche Behauptung zu intonieren: Journalisten sind Kampagneros, sie missbrauchen ihre Macht.[207]

Aufschlussreich sind jedoch, bei allen Unterschieden zwischen beiden Denkschulen der Skandalanalyse, auch die Gemeinsamkeiten. Die Vertreter der beiden Denkschulen argumentieren vordigital, sie orientieren sich an den klassischen Gatekeepern, an der Enthüllungslogik mächtiger Massenmedien und behaupten ihre diskursbestimmende Macht, die so nicht mehr existiert. Sie sind überdies, eben aufgrund des Pauschalismus ihrer Argumentation, gleichermaßen blind für die Ambivalenz von Skandalisierungsprozessen. Denn tatsächlich sind Enthüllungen weder per se gut oder schlecht; mal taugen sie zur Aufklärung, stürzen Mächtige mit guten Gründen; mal dienen sie der Gegenaufklärung und befördern das sinnlose Spektakel, das Unschuldige oder Kaum-Schuldige auf nicht zu rechtfertigende Weise verletzt. Es lassen sich, wie schon angedeutet, sowohl Belege für die Position der Funktionalisten oder für die der Negativisten entdecken, und manchmal stößt man auch auf Formen der öffentlichen Empörung, die, bezogen auf den Einzelnen, ungerecht und überzogen sind, aber gleichwohl, aus der Makroperspektive betrachtet, relevante Themen auf die Agenda setzen. Dann wird die Einschätzung endgültig schwierig, weil es für die differenzierte Beurteilung notwendig ist, personenbezogene Ungerechtigkeit und allgemeine thematische Relevanz zu unterscheiden. Als Beispiel kann hier die Skandalisierung in Form eines Shitstorms dienen, denn in der Regel ergibt sich eine eigene Grausamkeit der Attacke schon aus der schieren Zahl und der Taktung der Stellungnahmen. Gleichzeitig werden jedoch in dem plötzlich aufflackernden Empörungssturm immer wieder auch Themen von allgemeiner Relevanz – die Diskriminierung von Minderheiten, sexistische oder rassistische Attacken, schlechte Arbeitsbedingungen, übertriebene Werbeversprechen, Greenwashing etc. – artikuliert. Hier zeigt sich die Ambivalenz der Skandalisierung womöglich in ein und demselben Kommunikationsereignis. Die entscheidende Leitformel, um zu beurteilen, ob die öffentliche Attacke legitim und die kollektive Empörung angemessen ist oder nicht, lautet daher nicht: Skandalisierung ist in jedem Fall ein positives Lehrstück oder in der Regel als journalistische Anmaßung zu verurteilen. Das Credo dieser Position, die ich, im Unterschied zur funktionalistischen und negativistischen Denkschule, als *situationistisch* bezeichnen möchte, lautet: *Es kommt darauf an.* Man muss die Bedingungen der Situation und den besonderen Kontext kennen, die Quellenlage prüfen, Relevanzeinschätzungen vornehmen und öffentliches Interesse und Persönlichkeitsrechte gegeneinander abwägen und sich in der Hermeneutik der Wut schulen, um zu entscheiden, ob die Normverletzung tatsächlich bedeutsam, eine Veröffentlichung gerechtfertigt und die Entrüstung angebracht ist – oder eben nicht. Mal wird vorschnell attackiert. Und mal wird, vielleicht aus falsch verstandener Rücksichtnahme, gar nicht erst bekannt, was dringend öffentlich und damit der Kritik zugänglich werden sollte. Aufklärung im Medium der Öffentlichkeit ist, aus der Perspektive einer situationistischen Skandaltheorie betrachtet, ein Balanceakt, der heute nicht mehr nur klassischen Journalisten, sondern auch all denen abverlangt wird, die publizieren und kommentieren. Einst entschieden vor allem mächtige Journalisten, ob ein Geschehen als Skandal einzustufen sei – und das Publikum konnte im Akt der Empörung lediglich akklamieren oder die Geschichte ignorieren. Heute ist jeder, der einen Netzzugang besitzt, ein Gatekeeper eigenen Rechts, der das Klima des Öffentlichen mitbestimmt und mit darüber entscheidet, ob echte Nachrichten oder sinnlose Spektakelberichte verbreitet werden. Die klassischen Fragen nach der Relevanz, der Glaubwürdigkeit und der Überprüfbarkeit von Informationen gehen heute jeden an, der im Netz unterwegs ist. Was das für Bildungsprozesse bedeuten könnte und sollte, wird abschließend gezeigt.

6 Die konkrete Utopie der redaktionellen Gesellschaft

Prinzipien der redaktionellen Gesellschaft

Es ist ein dramatischer Moment im Leben von Jordi Mir, ein Augenblick im Affekt, als er am 7. Januar 2014 um kurz vor 12 Uhr aus seiner Wohnung auf die Straße blickt.[208] Er sieht zwei Vermummte, die Maschinengewehre im Anschlag. Jordi Mir greift zum Handy, filmt, 42 Sekunden lang. Auf dem Boden liegt der Polizist Ahmed Merabet, der, um Gnade flehend, die Hände hebt. Dann fallen die Schüsse, die Merabet töten. Die beiden Attentäter, die kurz zuvor etliche Redakteure und Mitarbeiter des Satiremagazins *Charlie Hebdo* erschossen haben, springen ins Auto und flüchten. Jordi Mir weiß nicht wirklich, was er gefilmt hat. Er denkt an einen Banküberfall, lädt wie in Trance das Video auf Facebook hoch und löscht es nur eine Viertelstunde später wieder, weil er doch ahnt, dass die Ad-hoc-Publikation keine gute Idee war. Aber da ist schon alles zu spät. Rasend verbreiten sich die Bilder der Exekution. Jordi Mir hat den ikonischen Moment des Anschlags als reproduktionsfähiges Dokument geliefert. Keine Stunde später bringt das französische Fernsehen die Erschießung, dann folgt der Rest der Medienwelt, die Filmaufnahmen werden in sozialen Netzwerken geteilt, von Journalisten gestreut. Sie sind auf einmal überall. Der Bruder des Getöteten wird später vor die Kameras treten und sagen: »Wie könnt ihr es wagen, dieses Video zu senden? Ich habe seine Stimme gehört. Ich habe ihn erkannt. Ich habe gesehen, wie man ihn abgeschlachtet hat.« Unter Journalisten entbrennt eine Debatte, ob man all dies zeigen darf, unverpixelt, in anonymisierter Form oder eben gar nicht. Sind die Bilder relevant, von öffentlichem Interesse, Dokumente einer Grausamkeit, die sonst nicht verstehbar wäre? Auch Jordi Mir wendet sich ein zweites Mal an die Öffentlichkeit. Er bittet die Familie des Getöteten um Verzeihung, nennt sein Handeln einen »dummen Reflex«, eine Idiotie, die ihm im Moment der Überforderung passiert ist.

Man kann diese Szene als einen Hinweis verstehen, dass die Gesellschaft, wie der Journalist Friedemann Karig in einem klugen Essay schrieb, eine *Ethik des Teilens* benötigt, eine sensible Moral des Users, der Inhalte eben nicht gedankenlos weiterleiten, Exekutionsbilder online stellen, womöglich Gerüchte verbreiten sollte.[209] Tatsächlich ist die Verantwortung für die öffentliche Sphäre heute auch ins Lager derjenigen diffundiert, die einst das Publikum genannt wurden. Und tatsächlich ist es *auch* eine Entscheidung der vernetzten Vielen, was aus der Öffentlichkeit wird. Ein gigantischer Pool aus Blutbildern und pulsierenden Hitlisten von immer lustigeren Katzenvideos? Eine Sphäre des Spektakels? Eine Manege für überdrehte Clowns und für diejenigen, die am lautesten brüllen und am effektivsten provozieren? Oder doch, wie der Philosoph Jürgen Habermas, der Doyen der Öffentlichkeitstheorie, hofft, eine Welt, in der »das Phänomen des eigentümlich zwanglosen Zwangs des besseren Arguments«[210] noch Gültigkeit besitzt?

Allerdings ist die Forderung nach einer Ethik des Teilens einigermaßen wolkig. Sie hat etwas von einer gutgemeinten Predigt, der es an einem übergreifenden Gerüst aus Werten, Prinzipien und konkreten Standards fehlt, die im Moment der Entscheidung die Reflexion leiten könnten. Ihr fehlt die institutionalisierbare Grundlage, denn sie kennt nur einen einzigen Adressaten, nämlich das Individuum, das postet, tweetet, kommentiert. Kurzum: Die individualistisch konzipierte Ethik des Teilens ist die falsche Antwort auf die richtige Frage, wie man publizistische Verantwortung in den Wirkungsnetzen des digitalen Zeitalters neu denken kann, wenn man selbst so unmittelbar und schnell, ein Smartphone in der Hand, vom Beobachter zum Beteiligten zu werden vermag, der vielleicht die entscheidenden Dokumente publiziert. Jordi Mir postet seinen Handyfilm auf Facebook, irgendwer leitet sein Video weiter, der klassische Journalismus reagiert, etablierte Fernsehsender publizieren, was bereits auf Facebook öffentlich war. Und alles explodiert in einem plötzlich aufschäumenden Aufmerksamkeitsexzess. In diesem Zusammenwirken zeigen sich wie unter einem Brennglas die Kraftzentren der digitalen Öffentlichkeit: das medienmächtige Publikum, der real existierende Journalismus mit seinem Sofortsendezwang, die Wirkmacht von Plattformen.

In dieser Situation eines Medienumbruchs verbirgt sich ein noch unverstandener, in seiner Dimension kaum wirklich entzifferter Bildungsauftrag. Es reicht nicht, allein am Individuum, einer Ethik des Teilens oder, wie in der Medienpädagogik, an einem diffusen, politisch entkernten Konzept von Medienkompetenz anzusetzen,[211] sondern es gilt, die Player der öffentlichen Welt insgesamt zu involvieren, den Einzelnen mit seinem Netzzugang genauso wie die Journalisten und diejenigen, die Informations- und Meinungsströme in sozialen Netzwerken lenken. Es geht, um eine Formulierung des Philosophen Carl Friedrich von Weizsäcker aufzugreifen, darum, *den Raum der Freiheit zu planen* – also produktive und nützliche Maximen der kommunikativen und publizistischen Selbstkontrolle zu umschreiben, die umso wichtiger erscheinen, je wirkungsloser in einer vernetzten Welt die juristischen und institutionellen Kontrollmechanismen werden.[212]

Die Grundfragen, auf die es ankommt, lauten: Wie kann man diesem Zusammenspiel alter und neuer Gatekeeper gerecht werden, die verschiedenen Akteure gleichermaßen in den Blick nehmen? Wie könnte ein verbindendes Wertegerüst aussehen, das das allgemeine Postulat mit konkreten Kategorien zur Einschätzung verbindet? Wie lässt sich eine Balance zwischen Abstraktion und Konkretion im Wertediskurs der digitalen Welt ausfindig machen, so dass man einerseits präzise argumentieren kann, andererseits jedoch auf paternalistische Bevormundung und moralistische Besserwisserei verzichtet, die keinen Wertedialog in der Breite der Gesellschaft erlaubt? Und wie verbindet man das Leitziel einer konkreten Normativität mit der nötigen Offenheit und jener liberalen Elastizität, die dem demokratischen Ideal der Mündigkeit angemessen ist, ihm erst seine Würde durch die individuelle Entfaltungs- und Gestaltungsmöglichkeit gibt? Die Antwort auf diese Fragen, die hier entfaltet wird, ist die Utopie der *redaktionellen Gesellschaft.*[213] Sie taugt als Bildungsziel für die digitale Moderne und kann dabei helfen, die revolutionäre Öffnung des kommunikativen Raumes zu verarbeiten. Diese Utopie sollte, so wird zu zeigen sein, im Prinzipiellen wie im Praktischen das medienmächtig gewordene Publikum genauso inspirieren wie einen von Profit- und Geschäftsinteressen drangsalierten Journalismus, deren Vertreter es womöglich an Werteklarheit und Integrität, an politischer Unabhängigkeit und diskursiver Vitalität fehlt. In einer redaktionellen Gesellschaft sind, so möchte ich definieren, die Normen und Prinzipien eines ideal gedachten Journalismus zum Bestandteil der Allgemeinbildung und zum selbstverständlichen Ethos geworden, das einen dazu animiert, die Folgen der eigenen Kommunikation kompetent zu reflektieren. Diese Normen werden in ihrer konkreten Anwendung an Schulen, Hochschulen und bürgernahen Journalistenschulen gelehrt und taugen als Wertegerüst des öffentlichen Sprechens. Sie liefern Impulse für die Entwicklung einer Plattformethik und dienen insgesamt als Leitmarken des großen Gesprächs der Gesellschaft über den Zustand und die Entwicklungsrichtung der publizistischen Welt. Man muss diese Prinzipien nicht neu erfinden, denn sie werden seit Jahrzehnten in Ethikkodizes in Europa und den USA beschrieben. Sie sind in der theoretischen und der praktischen Literatur und in Form von Journalistenbefragungen dokumentiert, wie vergleichende Analysen zeigen.[214] Das heißt: Die Maximen einer redaktionellen Gesellschaft liegen bereits vor, sie müssen lediglich, wie dies im Folgenden geschehen soll, aus ihrer allzu engen Bindung an eine einzige Profession gelöst und als Elemente einer allgemeinen Kommunikationsethik vorstellbar gemacht werden. Sie dienen dann nicht mehr nur der Orientierung von Journalistinnen und Journalisten, sondern einem größeren übergeordneten Ziel: Sie sollen es der Gesellschaft erlauben, sich auf eine möglichst direkte, schonungslose und wahrheitsorientierte Art und Weise selbst zu beschreiben, ihre vielschichtigen und verstreuten Interessen zu sortieren und auszudrücken und auch Ohnmächtigen und Marginalisierten Stimme und Sichtbarkeit zu verschaffen, deren Einsichten und Ansichten sonst öffentlich nicht verfügbar wären. In diesem Sinne sind sie für eine lebendige Demokratie unabdingbar.

Das erste Prinzip: Wahrheitsorientierung

Selbstverständlich ist *Wahrheit* ein erkenntnistheoretisch heikler, für die moralisierende Selbstüberhöhung anfälliger Begriff. Und doch ist er in Zeiten, in denen Falschmeldungen in Serie durch die sozialen Netzwerke wirbeln und sich die PR-Branche und das Geschäft der Desinformation immer stärker professionalisiert, als Leitwert einer redaktionellen Gesellschaft unverzichtbar. Natürlich gilt, dass die Behauptung, man selbst sei im Besitz der absoluten Wahrheit, vermöge über diese wie über eine Substanz oder eine dingliche Entität zu verfügen, lediglich von der eigenen Naivität zeugt. Niemand, der sich mit der Geschichte und der Begründung des Erkenntniszweifels befasst hat, wird für sich absolute Objektivität und Neutralität reklamieren, weil doch offensichtlich ist, dass stets eigene Auswahlentscheidungen und Werturteile unvermeidlich in die Beschreibung einer vermeintlich unabhängig gegebenen Realität eingehen.[215] Indes: Das Prinzip der Wahrheitsorientierung, das in journalistischen Ethikkodizes auftaucht, wird in der Regel auch nicht im Sinne eines naiven Realismus verstanden, sondern als ein Set von Arbeitstechniken und Vorgehensweisen aufgefasst – ebendarin besteht ein entscheidender Vorteil. Wahrheitsorientierung bedeutet, unabhängig von allen erkenntnisphilosophischen Grundsatzfragen, nach bestem Wissen und Gewissen unter Verwendung unterschiedlicher, möglichst vielfältiger, voneinander unabhängiger Quellen zu beschreiben, was man vorfindet, dies in dem Wissen, dass absolute Gewissheit unerreichbar bleiben muss. Es heißt, sich selbst ein Bild zu machen, falls auch nur irgendwie möglich. Es bedeutet, mit der Möglichkeit der Täuschung und der systematischen Desinformation zu rechnen, im Falle von Kontroversen stets die Gegenseite anzuhören, die Wahrnehmungen unterschiedlicher Beobachter eines Geschehens abzugleichen, um zu einem möglichst umfassenden Eindruck und einer präzise begründeten Einschätzung vorzudringen, die auch beinhalten kann, dass man klar benennt, was sich nicht klären ließ und was man noch nicht weiß und vielleicht nie wissen kann. Die Techniken der Recherche (das Zwei-Quellen-Prinzip, der Motivverdacht gegenüber Informanten, das Wissen um die Raffinesse eines PR-Spins etc.) sind hier konkrete Arbeitshilfe; vor allem jedoch sind sie, grundsätzlich betrachtet, Mittel und Möglichkeit, um sich aus der Blase der eigenen Vorurteile zu befreien und die mentalen Barrieren, die einer unvoreingenommenen Wahrnehmung entgegenstehen, zu attackieren, wie der Journalismusforscher Horst Pöttker schreibt.[216] »Wahrheit«, so resümiert er, »ist dabei nicht als in der einzelnen Mitteilung realisierbare Objektivität, als Substanz zu verstehen, die sich schwarz auf weiß nach Hause tragen ließe. Sie ist nur als ein *kommunikativer Prozess der permanenten Vervollständigung* vorstellbar, der auf das unerreichbare Ziel der Vollständigkeit richtiger Information gerichtet ist.«[217] Wahrheitsorientierung im Bewusstsein der unvermeidlichen Vorläufigkeit des Erkannten ist – so verstanden – ein Leitwert der Kommunikation in der redaktionellen Gesellschaft.

Das zweite Prinzip: Skepsis

»If your mother says she loves you, check it out«, so lautet ein geflügeltes Wort amerikanischer Journalisten, das, obgleich scherzhaft gemeint, doch einen ernsthaften Hintergrund besitzt. Denn guter Journalismus basiert auf einer Haltung prinzipieller Skepsis und einer Infragestellung des scheinbar Selbstverständlichen, weil man weiß, wie mächtig Paradigmen, Glaubenssätze, Vorurteile, große und kleine Ideologien sind und wie einflussreich Konformitäts- und Gruppendruck, Mechanismen der Manipulation und die allgemein menschliche Bestätigungssehnsucht sein können. »Meistens schauen wir nicht zuerst und definieren dann, wir definieren erst und schauen dann«, so formuliert schon Walter Lippmann 1922 in seinem Grundlagenwerk *Public Opinion.*

»In dem großen blühenden, summenden Durcheinander der äußeren Welt wählen wir aus, was unsere Kultur bereits für uns definiert hat, und wir neigen dazu, nur das wahrzunehmen, was wir in der Gestalt ausgewählt haben, die unsere Kultur für uns stereotypisiert hat.«[218] Diese allgemeine Einsicht in die Geprägtheit der eigenen Weltwahrnehmung legt den Zweifel an eigenen und fremden Gewissheiten und vorschnellen, in der Hektik des Moments formulierten Urteilen nahe. Man wird zu abwartenden, zögernden Einschätzungen animiert und verwandelt sich, wie dies Bill Kovach und Tom Rosenstiel in ihrem Buch *The Elements of Journalism* formulieren, im Idealfall in einen »Manager der eigenen Vorurteile«[219], weil man um die Gefahr der eigenen Blindheit und der möglichen Blindheit für die eigene Blindheit weiß. Diese selbstreflexive Skepsis ist heute jedoch nicht mehr nur das Leitprinzip des um Genauigkeit und Fehlervermeidung bemühten Journalismus. Sie ist unter den Hochgeschwindigkeitsbedingungen des digitalen Zeitalters längst zur allgemeinen Anforderung mutiert; dies gerade in einer Mediumumgebung, die permanent die rasche Aktion und Reaktion verlangt und den Reflex des kommentierenden Sofortismus begünstigt.

Das dritte Prinzip: Verständigungs- und Diskursorientierung

Es gibt in der momentanen gesellschaftlichen Situation, der Verhärtung von Fronten und des Rückzugs in selbstfabrizierte Bestätigungsmilieus eine Art Alptraum der Verständigungs- und Diskursunfähigkeit, den man mit Heinrich Mann das *Ententeich-Problem* nennen könnte.[220] Heinrich Mann etwa dachte 1938 darüber nach, ob er sich mit dem Kommunisten Walter Ulbricht gegen die gemeinsam verabscheuten Nazis verbünden wolle. Er kam jedoch zu dem Schluss, dies sei unmöglich. »Sehen Sie«, so lautete sein Bonmot, »ich kann mich nicht mit einem Mann an einen Tisch setzen, der plötzlich behauptet, der Tisch, an dem wir sitzen, sei kein Tisch, sondern ein Ententeich, und der mich zwingen will, dem zuzustimmen.«[221] In der digitalen Gegenwart kann man ohne größere Schwierigkeiten eine aktuelle Neuauflage der Erfahrung von Heinrich Mann machen; man muss nur eine halbe Stunde zwischen den Seiten der sogenannten Klimaskeptiker und den Facebook-Präsenzen von Verschwörungstheoretikern hin und her surfen, die überzeugt sind, das eigene Land sei zum Spielball geheimer Mächte geworden, die den *Bevölkerungsaustausch* planten. Wie will man, so fragt man sich, in dieser Konstellation noch sprechen, wie überhaupt eine gemeinsame Basis finden, und sei es nur, um das Maß an Uneinigkeit und ideologisch-weltanschaulicher Unterschiedlichkeit zu klären? Und was bedeutet es, wenn Konflikte in einer Gesellschaft nicht mehr aus schlichten Meinungsverschiedenheiten bestehen, sondern darauf basieren, dass man nicht einmal mehr die grundlegenden Standards der Wahrheitsfindung und Argumentation teilt, also eine Art *Polarisierung zweiter Ordnung* beherrschend wird? Was heißt es, wenn der Verständigung somit die Basis entzogen wird?

Natürlich gibt es in Zeiten der Entfremdung, der Diskriminierung und der wuchernden Hasskommunikation keine Patentrezepte, aber eines lässt sich doch festhalten: Die Verständigungs- und Diskursorientierung eines ideal gedachten Journalismus wird in solchen Zeiten aus verschiedenen Gründen bedeutsamer. Zum einen ist offensichtlich, dass sich Diskriminierung und Diffamierung unvermeidlich als Verständigungs- und Diskursblockaden auswirken. Sie bedingen die rhetorische Eskalation, sie bringen Verunsicherte und Marginalisierte zum Schweigen. Zum anderen taugt die journalistische Leitlinie *Audiatur et altera pars*

(»Man höre auch die andere Seite«) als Maxime eines Verständigungs- und Diskursbemühens, denn wer die Gegenseite anhört, sich überhaupt mit ihr befasst, ihre Argumente zur Kenntnis nimmt, der gibt dem Diskurs Substanz durch die Vielfalt der in Betracht gezogenen Positionen und Einwände. »Die Norm ›Audiatur et altera pars‹ zielt auf ein Mindestmaß an Offenheit für andere Positionen«, wie der Kommunikationswissenschaftler und ehemalige Journalist Tanjev Schultz vermerkt. »Sie verlangt, eine andere Sicht zumindest zur Kenntnis zu nehmen, und legt nahe, sich auf die Suche nach Gegenargumenten zu begeben und selbst Begründungslasten zu übernehmen.«[222] Doch was ist mit der Tugend der Verständigung als Grundlage des Diskurses überhaupt gemeint? Der Begriff selbst hat eine intellektuell-kognitive Komponente und eine moralische Konnotation.[223] Einerseits gilt es, Neues und Andersartiges überhaupt zu begreifen und in seiner Andersartigkeit und vielleicht auch Fremdheit zu durchdringen. Andererseits ist ein Minimum an *Verständnis* für andere, gegnerische Positionen (nicht jedoch das *Einverständnis*) die Basis jeder um Klärung bemühten Auseinandersetzung, die Konflikte lösen will und schon in der Art der Argumentation auf den Kompromiss und den Ausgleich zielt.[224] Um das Verstehen überhaupt zu ermöglichen und Verständnis zu entwickeln, muss man die Einsichten des anderen überhaupt zur Kenntnis nehmen, sich partiell von der eigenen Weltwahrnehmung lösen, die andere Ansicht für grundsätzlich legitim erachten. Heinrich Mann hat sich entschieden, nicht weiter mit Walter Ulbricht zu sprechen, dem Prototyp eines Ideologen. Er hat für den Kommunikationsabbruch votiert, vielleicht mit guten Gründen und aus der Annahme heraus, dass das Gespräch ohnehin nicht möglich ist. Eine Gesellschaft kann sich diese Haltung nicht auf Dauer erlauben, weil sie dann auf unheilvolle Weise fragmentiert. Sie braucht Räume der kommunikativen Integration, Kontaktzonen und Anlaufstellen der Kompromissfindung. Sie braucht ein ausreichend großes Reservoir an gemeinsamen Wertvorstellungen, einen minimalen Konsens darüber, welche Themen von allgemeiner Relevanz und Brisanz sind, und sie benötigt Foren und Formen der Debatte, um den differenzierten Dialog und den Ausgleich von Mehrheits- und Minderheitsinteressen in grundsätzlich respektvoller Art und Weise zu erproben.[225] Die Tugend der Verständigungs- und Diskursorientierung lässt sich – so gesehen – als ein implizites Plädoyer für die Kompromissfähigkeit und die Pluralität der Perspektiven im sozialen Miteinander betrachten, von der eine vitale Demokratie lebt.

Das vierte Prinzip: Relevanz und Proportionalität

Guten Journalismus kann man als *publizistische Kartografie* der aktuellen Lebenswirklichkeit begreifen. Er skizziert jeden Tag und jede Stunde aufs Neue eine Landkarte der Geschehnisse für diejenigen, die nach Orientierung über die Ereignisse in der Welt verlangen – nach einer Auswahl und einer möglichst verständlichen Aufbereitung des Bedeutsamen und Interessanten. Das zentrale Merkmal dieser Form von Kartografie ist, dass man umfassend, differenziert und mit einem Gespür für Relevanz, Proportionalität und Nuancen berichtet. »Das Konzept der Kartografie hilft, die Frage zu klären, über was Journalisten berichten sollen«, so schreiben die Journalisten Bill Kovach und Tom Rosenstiel in einer Reflexion über diese Metapher. »Journalisten, die mehr Zeit und Raum für einen aufsehenerregenden Prozess oder einen Prominentenskandal verwenden, als dieser verdient – weil sie denken, dass sich dies gut verkaufen wird –, sind wie die

Kartenzeichner, die England oder Spanien zu einer Größe von Grönland ausdehnten, weil es schlicht gängig war, dies zu tun. [...] Journalismus als Akt des Kartografierens zu begreifen hilft uns zu erkennen, dass Verhältnismäßigkeit und Vollständigkeit der Schlüssel zur Genauigkeit sind.«[226]

Diese Orientierung an Relevanz, Proportionalität und der Frage, was in der Zusammenschau *tatsächlich* als wichtig erscheint, ist unter den digitalen Kommunikationsbedingungen aus drei Gründen in neuartiger Weise allgemein bedeutsam. Zum einen werden, bedingt durch die weltweite Vernetzung, Echtzeit-Quoten und die Verstärkermechanismen von Plattformbetreibern, das banale Spektakel und die Ausrichtung an Hypes und Hitlisten des Populären zur alltäglichen Erfahrung. Das birgt die Gefahr in sich, dass vorhandene Energien und Ressourcen zur Thematisierung von tatsächlich relevanten Themen kannibalisiert werden. In dieser Situation stellt der Akt des Gewichtens von Information längst eine allgemeine Kernkompetenz dar. Zum anderen setzen intransparente Filtersysteme (*Edge Rank* von Facebook, die Algorithmen von Twitter, Google, YouTube etc.) eigene Relevanzkonzepte, sie lenken die Wahrnehmung und beeinflussen die Meinungsbildung, ohne dass der Einzelne im Detail wissen kann, wie die Programme und Geheimrezepte der Wirklichkeitskonstruktion funktionieren. Vor diesem Hintergrund ist die reflektierte Relevanzentscheidung des Einzelnen ein Akt autonomer Fokussierung von Aufmerksamkeit und Konzentration. Und schließlich sind auch klassische, um die Refinanzierbarkeit ringende Medienunternehmen unter Druck und beständig in Versuchung, sich dem Diktat der Interessantheit zu unterwerfen, sinnlose Provokationen und Extrempositionen über Gebühr zu beachten und ihr Publikum als bloßes Klickvieh zu missbrauchen. Ein nuanciertes Gespür für

Relevanz und Proportionalität ist daher stets auch ein Korrektiv und Basis der Kritik des real existierenden Journalismus in der redaktionellen Gesellschaft der Zukunft.

Das fünfte Prinzip: Kritik und Kontrolle

Die Digitalisierung hat die kritische Kommentierung von Themen aller Art, aber auch den Geheimnisverrat, die Verbreitung und die Veröffentlichung von vermeintlich oder tatsächlich skandalösem Material unendlich leicht gemacht. Überdies zeigt sich, dass die Rollen von Whistleblowern, Enthüllungsaktivisten und Journalisten, die einen Skandal aufdecken und Mächtige kritisieren, durchlässiger geworden sind und dass auch der Einzelne – ganz gleich ob als Kommunikator oder als Rezipient – einen Kompass braucht, um einen echten Skandal von einem bloß behaupteten Missstand oder einer gänzlich unbedeutenden Normverletzung zu unterscheiden. Es gilt, die eigenen Maßstäbe im Austausch mit anderen zu schulen, die eigene moralische Fantasie vor dem Hintergrund prinzipiell gewaltiger Wirkungsmöglichkeiten auf der Weltbühne des Netzes zu trainieren und ein Gespür für die Angemessenheit und Stichhaltigkeit von kritischen Einlassungen zu entwickeln. Hier liefert das journalistische Ideal der Kritik und Kontrolle nützliche Kategorien, weil man die Entlarvung und auch die robuste Attacke an das öffentliche Interesse koppelt, sich also die Frage vorlegt, ob die Publikation, die einen anderen Menschen womöglich verletzt, bloßstellt und im Extremfall irreversibel beschädigt, im Sinne der Kritik- und Kontrollfunktion der Medien gleichwohl angemessen und gerechtfertigt ist. Selbstverständlich gibt es für diese Abwägung und das Bemühen um Gerechtigkeit keine Patentlösung und kein

Fertigrezept. Was für den einen legitime Kritik und eine absolut notwendige Enthüllung darstellt, wird dem anderen womöglich als unerträgliche Anmaßung und falsche Skandalisierung erscheinen. Es wäre naiv und im Sinne des Meinungspluralismus und der autonomen Entscheidungsfähigkeit auch falsch und kontraproduktiv, auf einen finalen Konsens und die Harmonie der Wohlmeinenden zu hoffen. Aber die Frage nach dem Nutzen für die Allgemeinheit und die Beachtung von Privatsphäre und Persönlichkeitsrechten zwingen doch dazu, über den Horizont der eigenen Sensationsinteressen, der privaten Rachegelüste und der persönlichen Verletztheit hinauszudenken; sie setzen Kritik und Enthüllung einem produktiven Begründungs- und Rechtfertigungsdruck aus, weil man dazu gebracht wird, das eigene Handeln im Blick auf ein übergeordnetes Ziel und die Rechte und Bedürfnisse anderer Menschen zu reflektieren. Und die Frage nach dem Nutzen für die Allgemeinheit inspiriert idealerweise zur politisch engagierten Zeitgenossenschaft, geht es doch darum, die Korrektur von Fehlentwicklungen in einer Demokratie als eigene Aufgabe zu begreifen.

Das sechste Prinzip: ethisch-moralische Abwägung

Im Idealfall heißt journalistisch arbeiten, widersprüchliche Anforderungen und Wertekonflikte auf möglichst reflektierte Weise auszubalancieren – dies mit dem Ziel, auf ethisch-moralisch vertretbare Weise und im Bewusstsein der möglichen Folgen des eigenen Vorgehens zu publizieren.[227] Ein paar Beispiele für Paradoxien der Profession, die sich kaum grundsätzlich vermeiden lassen und die es möglichst umsichtig zu traktieren gilt: Man sollte, zumal in Zeiten der Live-Berichterstattung, schnell sein und doch gleichzeitig auch exakt formulieren, gleichermaßen am Leitwert der Geschwindigkeit *und* der Genauigkeit orientiert.[228] Es gehört zu den Kernaufgaben der Profession, Komplexität zu reduzieren – und gleichzeitig die verzerrende Vereinfachung zu vermeiden. Es ist eine Herausforderung eigener Art, Unterhaltungsbedürfnissen gerecht zu werden, aber auch mit Substanz zu informieren, eine ansprechende Darstellung mit aufklärerischen Interessen zu verbinden. Man muss das richtige Verhältnis von Nähe und Distanz im Umgang mit Informanten austarieren. Denn wer nur auf Distanz bedacht ist, wird nicht mit ausreichend Hintergrundinformationen versorgt; wer hingegen allzu sehr in das zu beschreibende Milieu eintaucht, gefährdet seine Unvoreingenommenheit, wird womöglich vom Beobachter zum Akteur des Geschehens, über das er dann berichten soll. Man muss im Wissen um die Beeinflussungsversuche von PR-Agenturen oder Polit- und Marketingprofis und den möglichen Interessen der eigenen Chefredaktion oder aber der Anzeigen- oder Marketingabteilung des eigenen Unternehmens doch seinen persönlichen Idealen und dem eigenen Gewissen folgen. Es gehört zu den ureigenen Aufgaben der Profession, Fehlverhalten und Machtmissbrauch mit aller Entschiedenheit und Rücksichtslosigkeit aufzudecken – und doch gleichzeitig die Persönlichkeitsrechte und die Unschuldsvermutung zu beachten, Prangerattacken und die kleinlich-mäkelnde Dauermoralisierung von unbedeutenden Grenzüberschreitungen zu vermeiden. Es gilt abzuwägen, ob man die Nationalität oder die Religion eines Menschen, der verdächtig ist, ein Verbrechen begangen zu haben, erwähnt – oder ob man dies im Bemühen, Diskriminierung zu vermeiden, unterlässt. Im digitalen Zeitalter sind dies nicht mehr nur die Aporien und Paradoxien der speziellen Profession des Journalismus. Sie gehen jeden an, der kommentiert und publiziert und auf den Plattformen des digitalen

Zeitalters Aufmerksamkeit erzeugt, vielleicht eigene Enthüllungen bekannt macht. Derartige Widersprüche überhaupt verstehbar zu machen und anschaulich werden zu lassen ist schon der entscheidende Schritt auf dem Weg zur reflektierten, autonom getroffenen Entscheidung. Denn solche Widersprüche provozieren die richtigen Fragen. Sie taugen als Katalysatoren der Debatte. Sie erlauben es, das ethisch-moralische Gespür zu schulen und erzeugen – ohne ausbuchstabierte Entscheidungsvorgabe, die im Widerspruch zur Idee der Selbstverantwortung stünde – das nötige Problem- und Dilemmabewusstsein des Einzelnen, der zum Gatekeeper eigenen Rechts geworden ist.

Das siebte Prinzip: Transparenz

Transparenz – die Offenlegung der eigenen Vorgehensweisen und Arbeitspraktiken – ist ein Leitwert der redaktionellen Gesellschaft, dies gleich aus drei Gründen. Erstens sichert und signalisiert Transparenz Unabhängigkeit in der Berichterstattung: Wer Beeinflussungsversuche und mögliche Interessen- und Rollenkonflikte (Beraterverträge, Tätigkeiten in der Politik, im PR-Bereich etc.) offenlegt, der macht sie der kritischen Begutachtung zugänglich und stellt sich der Debatte über die Grenzen des Vertretbaren. Zweitens minimiert Transparenz Misstrauen und hilft dabei, die Akzeptanz von Medien zu bewahren, weil man einem eventuell unsinnigen Manipulationsverdacht mit Offenheit und konkreten Informationen begegnet und den Dialog mit dem Medienpublikum führt. Drittens eröffnet der Leitwert der Transparenz auch die Möglichkeit, die Bildungsprozesse in der redaktionellen Gesellschaft voranzutreiben: Wer erfährt, wie in Medienunternehmen gearbeitet wird, wie Themen gefunden, ausrecherchiert und gewichtet werden, welche Quellen, Befragungen und Experten als seriös gelten, der vermag sich ein genaueres Bild davon zu machen, wie die Auswahlentscheidungen zustande kommen und nach welchen Regeln die Berichterstattung funktioniert. Die von Offenheit geprägte Debatte über solche Standards ist schon ein Wert für sich, weil diese dann überhaupt kenntlich und reproduzierbar werden. Der Imperativ der Transparenz in der redaktionellen Gesellschaft ließe sich daher folgendermaßen formulieren: *Gib deinem Publikum jede nur denkbare Möglichkeit, die Qualität der von dir vermittelten Informationen einzuschätzen!*

Ausweitung der publizistischen Verantwortungszone

Wenn man – zumal in Zeiten grassierender Medienverdrossenheit, des medialen Sensationalismus und einer spürbaren Verunsicherung der Branche – die Ideale des Journalismus als Wertegerüst für die Allgemeinheit empfiehlt, dann ist es notwendig, auch mögliche Einwände zu diskutieren, die gegen die Idee einer redaktionellen Gesellschaft sprechen. Den ersten Einwand könnte man das *Argument der unsinnigen Ausweitung des Journalismusbegriffs* nennen. Dieser Einwand basiert auf der Annahme, dass Journalismus ausschließlich bzw. primär als ein Beruf anzusehen ist und die Domäne einer geschlossenen Gesellschaft von mehr oder minder gut ausgebildeten Profis darstellt. Dem ist entgegenzuhalten, dass der Begriff des Journalismus schillert, sich nicht und schon gar nicht unter den aktuellen Medienbedingungen auf die hauptberuflich Tätigen verengen lässt. Man würde dann die Perspektive eines redaktionellen, stets organisationsabhängigen Journalismus verabsolutieren, der erst Mitte des 19. Jahrhunderts entstanden ist. Journalismus ist gewiss ein *Beruf* und eine *Betä-*

tigung, aber auch ein *Geschäft*, überdies jedoch auch *Lebensform* und *Bewusstseinszustand* – im Sinne einer skeptischen Wahrheitssuche und einer kritischen Distanz zu Macht und Autorität. Und Journalismus ist im Sinne der hier gewählten Perspektive eine gleichermaßen idealistische und konkrete *Kulturtechnik*, die mal organisationsabhängig und mal organisationsunabhängig praktiziert und mal innerhalb und mal außerhalb von klassischen Medienunternehmen ausgeübt werden kann. Diese Offenheit der Bestimmung erlaubt es, publizistische Leistungen zu würdigen, die nicht auf der Grundlage einer Festanstellung und in direkter Anbindung an eine Redaktion entstanden sind. Darüber hinaus ist es, wie der Historiker Timothy Garton Ash vermerkt, keineswegs »erwiesen, dass immer *die* Art von Journalismus dem Gemeinwohl am besten dient, die Berufsjournalisten für Medienunternehmen ausüben. Der Profitzwang und die harte Hand der Eigentümer, Inserenten, PR-Leute, Lobbyisten und politischen Kräfte können den Vorteil durchaus aufwiegen, den festangestellte Journalisten an Zeit und Mitteln haben. Der Journalismus braucht die Unternehmen und die Berufsjournalisten, aber er kann nicht auf sie beschränkt werden.«[229]

Der zweite Einwand gegen die Idee der redaktionellen Gesellschaft ließe sich als das *Argument der heimlichen Arroganz und des verborgenen Paternalismus* bezeichnen. Hier wird kritisiert, dass es wohl letztlich darum geht, das traditionelle Mediensystem zu retten und einer zunehmend medienverdrossenen Gesellschaft zu predigen, wie wunderbar und systemrelevant der Journalismus doch in Wahrheit für die Demokratien westlichen Typs sei.[230] Tatsächlich ist es vorstellbar, dass der etablierte Journalismus in einer redaktionellen Gesellschaft mit einem anderen Verständnis betrachtet wird, weil das Publikum die Ökonomie der Qualität genauer durchschaut. Aber es könnte genauso gut der Fall sein, dass manche Kritik am Spektakel-Business, mancher Ärger über die Komplizenschaft zwischen Journalismus und Populismus, mancher Vorwurf einer Verengung der Weltsicht in Richtung der etablierten Eliten und einer urbanen Mittelschicht nun noch schärfer, energischer und noch kenntnisreicher artikuliert wird. Der Vorwurf der verborgenen Arroganz und eines heimlichen Paternalismus und der Parteinahme übersieht, dass sich *alle* Beteiligten an einem Ideal von Journalismus messen lassen müssen und dass es an der Zeit ist, das Verhältnis zwischen den sogenannten Laien und den professionellen Experten neu und weniger asymmetrisch-hierarchisch zu denken – im Sinne einer *kollaborativen Intelligenz,* wie noch zu zeigen sein wird.[231] Diese Form der Intelligenz kann erst dann entstehen, wenn Journalisten und die vernetzten Vielen einander tatsächlich wechselseitig inspirieren, also die vierte Gewalt auch von der fünften Gewalt lernt, ihr mit echtem Interesse zuhört, sie aufmerksam und aus einer dialogischen Haltung heraus ernst nimmt.

Den dritten Einwand gegen die hier in hellen Farben skizzierte Idee einer redaktionellen Gesellschaft will ich das *Argument der normativen Überhöhung* nennen. Es besagt, dass es den hier skizzierten kritischen, wahrheits- und diskursorientierten Journalismus nur als realitätsfernes Gedankengebilde gibt und dass zu den Journalisten auch jene zählen, die Neonazis für Hitlergrüße bezahlen, Fotos von gerade Verunglückten organisieren (»Witwenschütteln«), Prominente bespitzeln und im Wettlauf um die Sensation Biografien zerstören, Fälschungen drucken, Beiträge im Austausch gegen Anzeigenbuchungen lancieren und systematisch das Geschäft der Public Relations unter dem Deckmantel der scheinbar unabhängigen Berichterstattung betreiben. Dem kann man entgegnen, dass es diesen korrupten und erbärmlichen Journalismus gerade in Zeiten einbrechender Umsätze und eines sich verschärfenden Kampfes um Aufmerksamkeit gibt und dass er Kritik und gesellschaftliche Ächtung verdient. Aber man muss auch hinzufügen, dass ein Ideal nicht schon deswegen wertlos ist, weil es in der Realität immer wieder verletzt wird. Und man kann ergänzen, dass es in der gegenwärtigen Phase der Medienevolution, in der sich – einerseits – die Öffnung und – andererseits – die Refeudalisierung des Kommunikationsraumes durch Plattformgiganten beobachten lässt, gerade den Energiestoß idealistischer Überlegungen braucht; dies gewiss nicht, weil diese schon in der Breite irgendwo punktgenau realisiert und umgesetzt worden wären, sondern weil die Proklamation von Sollens-Forderungen als Katalysator von Diskurs und Debatte zu wirken vermag. Denn tatsächlich braucht die Gesellschaft, so sie sich als liberal und aufgeklärt versteht, Denkräume der Differenz, um die Frage nach der publizistischen Verantwortung in der öffentlichen Sphäre neu zu stellen, sie überhaupt erst, abseits der allgemeinen Appelle, des resignativen Achselzuckens oder des entsetzten Aufschreis, zu behandeln. Hier können Ideal *und* Realität des Journalismus gleichermaßen eine Hilfe sein – als Sammlung herrlich-pathetischer Sollens-Sätze, die von der Aufklärung, der Orientierung an Wahrheit und Relevanz handeln, aber auch als Reservoir von Geschichten, Negativbeispielen und Fallstudien, die vom Versagen, von Medienopfern und Meutenverhalten erzählen, von Vorurteilen und Diskriminierung und den traumatisierenden Wirkungen aggressiver, ungerechtfertigter Skandalisierung. Doch wie verlässt man die Ebene der bloßen Proklamation? Wie schafft man – dauerhaft – gleichermaßen wirklichkeitsnahe und doch autonome Räume des Denkens und Handelns, in denen die skizzierten Prinzipien erprobt, überprüft, diskutiert und verändert werden können? Ich mache drei Vorschläge: In einem ersten Schritt beschreibe ich ein eigenes Schulfach als Labor der redaktionellen Gesellschaft, skizziere dann, wie sich das Verhältnis von Journalismus und Publikum anders und neu denken ließe, und zeige schließlich, wie auch die Betreiber von Suchmaschinen und sozialen Netzwerken dazu gebracht werden könnten, sich ihrer publizistischen Verantwortung zu stellen.[232]

Der erste Vorschlag: ein eigenes Schulfach als Labor der redaktionellen Gesellschaft

Für die Erziehung zur Medienmündigkeit braucht es lange schon ein eigenes Schulfach; dieses lässt sich als eine Art Labor der redaktionellen Gesellschaft begreifen, als ein geschützter, aber doch von der aktuellen Medienwirklichkeit geprägter Raum, in dem die Mechanismen des Öffentlichen studiert werden könnten, abseits privater Geschäftsinteressen, ohne Echtzeit-Hektik, aber in dem Versuch, die moralische Fantasie und das publizistische Vermögen aller Beteiligten zu schulen. Warum an den Schulen? Die Antwort: Die Laborsituation der Schule erlaubt den Kraftakt der reflektierten Distanznahme zu einer scheinbar naturwüchsig und alternativlos erscheinenden Wirklichkeit. Sie bietet vergleichsweise unabhängige Sphären einer relativen Freiheit für diejenigen, die faktisch schon längst in der digitalen Welt leben und eines Tages deren Zukunft bestimmen werden. Die Vernetzung und Digitalisierung in ihren persönlichen und gesellschaftlichen Folgen zu durchdenken, sie mit Blick auf die soziale Umwelt und die eigene kognitive Innenwelt zu begreifen, ihre Sozialverträglichkeit zu debattieren – das wäre so etwas wie der pädagogische Grundauftrag dieses neuen, unvermeidlich interdisziplinären Faches an der Schnittstelle von philosophischer Ethik, Sozialpsychologie, Medienwissenschaft und Informatik. Am Anfang stünde eine medientechnisch fundierte *Entstehungsgeschichte der digitalen Welt,* die offenbart, in welchem Maße der Medienwandel ökologisch wirkt, weil er – von der Nutzung der Schrift bis zur Erfindung von Druckerpresse, Radio, Film, Fernsehen oder eben des Computers – die Gesellschaft radikal transformiert, die Organisation des Wissens, den Charakter von Autorität und Wahrheit und die Formen des Diskurses verändert.[233] Fortfahren ließe sich, eben in der geschützten, nicht unmittelbar von kommerziellen Verwertungsinteressen regierten Laborsituation der Schule, mit einer *Machtanalyse der digitalen Welt,* die zeigt, was Big Data, Quantified Self, die Plattformmonopole von Facebook oder Google oder die Automatisierung der Arbeitswelt und die Vermessung des Menschen lebenspraktisch bedeuten, welche Wirklichkeiten Algorithmen erschaffen und wer überhaupt Anschluss hat an die Segnungen der digitalen Welt. Das dritte Großthema und Lernziel wäre eine erkenntniskritische Sensibilisierung durch eine Disziplin, die ich als *angewandte Irrtumswissenschaft* bezeichnen möchte. Sie verdankt ihre Illustrationsbeispiele und Grundeinsichten der sozialpsychologischen Literatur zum Gruppen- und Bestätigungsdenken, der kasuistischen Analyse von Fälschungen und Fehleinschätzungen, dem historischen und epistemologischen Studium von Vorurteilen, von Manipulation und Persuasion. Ein solches Studium der Irrtumswissenschaft vermittelt Wissen, das davon handelt, wie Wissen zustande kommt und wie fehlerhaft und manipulationsanfällig die Wahrnehmung des Einzelnen oder auch ganzer Gruppen und Gesellschaften potenziell sein kann.[234] Es immunisiert idealerweise gegen die Versuchung der unbedingten Gewissheit, die Verführung von Dogmatismus und Ideologie. »Wir müssen die kulturellen, intellektuellen und zerebralen Eigenschaften des menschlichen Verstands, seine Prozesse und Modalitäten sowie die psychologischen und kulturellen Veranlagungen, die uns anfällig für Fehler und Illusionen machen, einbeziehen und ihre Erforschung vertiefen«, so schreibt der Philosoph Edgar Morin in einem Buch über die Herausforderungen einer Pädagogik, die auch die Relativität von Erkenntnis behandelt. »Das Wissen um dieses Wissen sollte die entscheidende Voraussetzung bilden, um unseren Geist auf die ständige Bedrohung durch den Irrtum und die Täuschung vorzubereiten, der er ausgesetzt ist. Es geht darum, den Geist im Entscheidungskampf um Klarheit zu bewaffnen.«[235] Schließlich wäre die *Praxis des Mediengebrauchs in der digitalen Welt* ein entscheidendes Thema. Hier ginge es um die Einschätzung der Verlässlichkeit und Objektivität von Quellen und um die konkreten Kriterien, die einen bei der Einordnung von mehr oder minder vertrauenswürdigen Informationen leiten können. Hier ginge es um die potenzielle Wirkung eigener Postings und Publikationen in den Wirkungsnetzen des Digitalen und die Macht raffiniert getarnter Werbung und Propaganda, die im Extremfall global zirkuliert. Und hier ginge es um die Ethik des eigenen Sprechens, die Spielregeln einer vernunftorientierten, um das bessere Argument ringenden Debatte, die enthemmende Wirkung der Anonymität bzw. Pseudonymität, die konkreten Maßnahmen zur Sicherung der Privatsphäre, aber eben auch um den Schutz der eigenen Konzentrationsfähigkeit und der tiefen Aufmerksamkeit in Zeiten der Dauerablenkung und des Informationsbombardements. Eine vitale, demokratisch fundierte Öffentlichkeit, das wäre so etwas wie die treibende Grundeinsicht des neuen Schulfaches, braucht Achtsamkeit und Aufmerksamkeit. Sie ist nichts Natürliches und beständig Vorhandenes, sondern dynamisch, angreifbar, unvermeidlich im Spiel der Interessen und aggressiven Polarisierungen bedroht. Es könnte so, Schritt für Schritt, ein neues Verständnis der öffentlichen Sphäre entstehen – als dem geistigen Lebensraum einer Gesellschaft, der vor Missbrauch und Manipulation, vor Desinformation und intransparent agierenden Machtmonopolen geschützt werden muss.

Der zweite Vorschlag: der dialogische Journalismus

In der redaktionellen Gesellschaft der Zukunft müssen Journalistinnen und Journalisten ihr Verhältnis zum aktiv und medienmächtig gewordenen Publikum grundsätzlich überdenken, dieses anders entwerfen, sich von der arroganten Simulation von Allwissenheit, der Rolle des Predigers, des Pädagogen und Wahrheitsverkünders verabschieden, zum Zuhörer und Moderator und gleichberechtigten Diskurspartner werden. Die entscheidende Umorientierung besteht darin, dass sich Journalistinnen und Journalisten von der Idee der asymmetrischen Belehrung verabschieden.[236] Diese Idee geht davon aus, dass es Informierte (Journalisten) und Nichtinformierte (Leser, Zuschauer, Zuhörer) gibt. Wer auf Wissenstransfer und die Unterrichtung der Allgemeinheit in der hier gemeinten Weise zielt, der weiß präzise und lange vor der direkten Interaktion, welchen Stoff er vermitteln möchte, er kennt den optimalen Weg zu seiner Präsentation, er zergliedert Wissensbestände in verdauliche Portionen und hebt allmählich das Niveau, schraubt sich von einfachen Überlegungen zu komplizierten Gedankengängen empor. Das Gegenüber hat hier die Rolle des passiven Rezipienten, der versucht, im Modus einer natürlich erscheinenden Duldungsstarre nachzuvollziehen, was Journalistinnen und Journalisten meinen, wenn sie von einer ihm unbekannten, fremden Welt berichten. Die verborgene Epistemologie eines solchen Vorgehens besteht darin, dass man von einer strikt hierarchischen Unterscheidung von Experten und Laien ausgeht. Und man glaubt, Wissen ließe sich –

vergleichbar mit einer Substanz – den noch Unwissenden einflößen, um sie (nach dem Muster einer tradierten lerntheoretischen Metapher, die von der alchemistischen Verwandlung von ursprünglich wertlosem Material in wertvolle Stoffe handelt) aus ihrem rohen, noch ungebildeten Zustand zu erlösen. Wissen erscheint als statisch, nicht als prozesshaft. Es handelt sich, so die Annahme, um eine übertragbare Ressource, eine Entität, die sich verdinglichen lässt.

In der redaktionellen Gesellschaft der Zukunft braucht es einen neuen, weniger asymmetrisch organisierten Pakt zwischen den Journalisten und ihrem Publikum, ein großes Gespräch auf Augenhöhe, das die Uralt-Tugenden des Dialogs – Nahbarkeit und Berührbarkeit, echtes, nicht bloß strategisch bzw. geschäftlich motiviertes Interesse und wirkliches Zuhören, die Bereitschaft zum Perspektivenwechsel – in moderne Formen überführt.[237] Die Chefredakteurin des *Guardian*, Katharine Viner, hat in einem Essay mit dem Titel »Der Aufstieg des Lesers« einige zentrale Veränderungen hin zu einer Berufsauffassung und einer anderen Haltung genannt, die ich als *dialogischen Journalismus* bezeichnen möchte.[238] »Was heißt es also«, so fragt sie sich auf dem Weg zu einer anderen Matrix der Kommunikation, »für den Journalismus, wenn Informationen nicht mehr nur in eine Richtung verbreitet und nicht mehr in über Jahrhunderte eingeschliffenen redaktionellen Prozessen aufbereitet werden? [...]Digital bedeutet nicht, eine Geschichte ins Netz zu stellen. Es geht um einen grundlegend neuen Entwurf unseres Verhältnisses zum Publikum und unserer Rolle in der Gesellschaft. Wir haben nicht mehr den Status der Neunmalklugen, die von oben ihre Texte liefern, an Empfänger, die passiv bleiben, außer wenn sie einen Leserbrief schreiben. In der digitalen Welt kann jeder sofort reagieren, und es ist gut möglich, dass manche Leser über ein Thema mehr wissen oder an einer Geschichte dichter dran sind als die Schreibenden selbst. Jay Rosen spricht deshalb von ›den Leuten, die früher Publikum genannt wurden‹. In der Ära der Zeitung gab es wenige Schreiber und viele Leser. Heute sind sie manchmal kaum noch zu unterscheiden. Die Leute, die früher Publikum genannt wurden, sitzen nicht still.«[239] Kurzum: Das Publikum ist aus der Sicht des dialogischen Journalismus nicht mehr passiv, sondern Teilnehmer eines großen, niemals abgeschlossenen Gesprächs auf der Suche nach Wahrheit, Relevanz und Sinn. Es bestimmt die Agenda der Themen in direkter und unmittelbarer Weise mit, wird mitunter in Rechercheprozesse nach dem Muster des *Crowdsourcing* involviert, wie dies etwa die Redaktion des *Guardian* verschiedentlich vorgemacht hat: Leser halfen dabei, den Spesenbetrug von Politikern aufzudecken, sie lieferten Material für investigative Berichte (z.B. zur Polizeigewalt am Rande eines G20-Gipfels in London), sie erörterten Vorschläge, wie sich das Leck der Bohrinsel Deepwater Horizon würde stopfen lassen.[240] Das Grundprinzip, das hier am Beispiel und im Konkreten deutlich wird: Das Publikum wird zum Dialog- und Diskurspartner in einem Klima wechselseitiger Inspiration. Information gilt aus dieser Perspektive nicht mehr als statisch, Wissensentstehung wird prozesshaft gedacht, nicht als Ergebnis abschließender und ausschließender Verkündigung. Die professionelle Expertise des organisierten Journalismus verdankt sich damit nicht mehr allein einem Informations- und Wissensvorsprung, sondern der Kunstfertigkeit, mit der man Kommunikationsprozesse initiiert und schöpferische Dialoge moderiert und kuratiert. Die *Souveränität erster Ordnung* (der Überlegenheit auf der Grundlage des Wissensvorsprungs und der eigenen Wahrheitsgewissheit) verwandelt sich allmählich in die *Souveränität zweiter Ordnung*, die in der Virtuosität besteht, mit der Prozesse der Wissensentstehung angestoßen und kollaborative Intelligenzleistungen ermöglicht werden.[241]

Es braucht – als Bedingung der Möglichkeit eines dialogischen Journalismus – heterogene Redaktionen, die die unterschiedlichen Wirklichkeiten eines Landes abbilden, Ombudsleute und Öffentlichkeitsredakteure, die Publikumsinteressen vertreten, eine auf Diversität setzende Personalpolitik der Medienunternehmen. Es müssen Migranten in der Redaktion sein, Nichtstudierte, mehr Frauen und insgesamt Menschen mit tiefen biografischen Erfahrungen – auch um eine allzu große weltanschauliche Homogenität, die Fokussierung auf eine urbane Mittelschicht, akademische oder elitäre Milieus zu vermeiden.[242] Es gilt überdies, das klassische *Gatekeeping* des massenmedialen Zeitalters durch das *Gatereporting* zu ergänzen; der Journalismus der Zukunft muss neben der Vermittlung von Inhalten noch systematischer über die Prozesse ihres Zustandekommens informieren und offensiv für die eigenen Rationalitätskriterien werben.[243] Was ist damit gemeint? *Gatekeeping* betreiben heißt, Information auszuwählen, sie überhaupt als relevant auszuzeichnen. Das ist die klassische, nach wie vor unverzichtbare Kernkompetenz in einer Zeit, in der Gerüchte und gefährlicher Nonsens blitzschnell zirkulieren. *Gatereporting* betreiben hingegen bedeutet, die eigenen Auswahlkriterien und Quellen, wann immer möglich, offenzulegen und sich um die Begründung von Relevanz, Stichhaltigkeit und Wahrheitsanspruch zu bemühen. Es reicht heute nicht mehr nur zu verkünden, was man selbst für richtig und wichtig hält. Es ist an der Zeit, die Metarezepte der Quellen- und Wissensüberprüfung sowie die etablierten Spielregeln der Faktenrecherche mitzuliefern. Man muss – in Redaktionsblogs, Foren, sozialen Netzwerken, durch Netztutorials, die Veröffentlichung von Rohmaterial – erklären und wieder erklären, warum man sagt, was man sagt, und auswählt, was man auswählt; man muss eigene Fehler und Grenzüberschreitungen transparent machen, Gefährdungen und Hindernisse der unabhängigen Gesellschaftsbeobachtung unerschrocken beschreiben und durch eigene Fortbildungsangebote und bürgernahe Journalistenschulen über die eigene Arbeit informieren.[244] Das heißt: Die Selbstaufklärung über die Gesetze der eigenen Branche ist der unvermeidliche Zweitjob von Journalistinnen und Journalisten in einer redaktionellen Gesellschaft, die die Medienmündigkeit und die publizistische Verantwortung aller Beteiligten als Ziel kollektiver Anstrengungen begreift. Der kategorische Imperativ eines in dieser Weise verwandelten Journalismus, der auf das große Gespräch zielt, lautet: *Begreife die eigene Kommunikation nie als Endpunkt, sondern immer als Anfang und Anstoß von Dialog und Diskurs.*

Der dritte Vorschlag: die Diskurs- und Transparenzpflichten der Plattformmonopolisten

Soziale Netzwerke wie Facebook, Suchmaschinen wie Google und Mikrobloggingdienste wie Twitter sind Zwitter- und Metamedien und agieren als solche in einem schwer definierbaren und noch schwerer sinnvoll regulierbaren Grau- und Grenzbereich. Wer sie als Medienunternehmen mit redaktioneller Verantwortung für sämtliche Beiträge auffasst, der macht den Fehler, ihnen implizit Zuständigkeiten für den Charakter von Einzeläußerungen anzutragen, die sie nicht besitzen – und vergrößert paradoxerweise, womöglich in dem Bestreben ihren Einfluss zu begrenzen, ihre Macht. Und wer sie als gänzlich neutrale Plattformen begreift, die doch nur unterschiedslos Kommunikation ermöglichen, der übersieht, dass ihre Betreiber sehr wohl – nur eben auf weitgehend intransparente Art und Weise – permanent redaktionelle Entscheidungen durch die algorithmische Filterung von Information treffen. Er ignoriert, dass sie nicht nur, wie beispielsweise Facebook, Brustwarzen- und Penisbilder löschen, sondern auch im Falle von nationalen und internationalen Konflikten widersprüchlich agieren, Profile, Seiten und Inhalte nach eigenem Gutdünken sperren, andere stehenlassen, weil dies ihren bzw. den nordamerikanischen Vorstellungen von Meinungsfreiheit entspricht. Und er macht sich nicht ausreichend deutlich, dass die Plattformgiganten der digitalen Zeit schon durch die schlichte Tatsache ihrer Marktmacht und die Kannibalisierung des Werbe- und Anzeigenmarktes die öffentliche Sphäre tiefgreifend verändern. Damit stellt sich das Problem, wie man in einer redaktionellen Gesellschaft Plattformen regulieren könnte, ohne in Richtung der Totalbevormundung (das wäre das eine Extrem) oder in Richtung eines allzu gleichgültigen Laissez-faire (das wäre das andere Extrem) abzustürzen. Dass es diese Regulierung braucht, ist offensichtlich, weil die Plattformbetreiber gegenwärtig – je nach Belieben, politisch-juristischer Opportunität und aktuellem Anlass – verschiedene einander widersprechende Positionen kombinieren: Mal treten sie als Subjekte in Erscheinung, die für sich das Recht auf freie Meinungsäußerung in Anspruch nehmen; dann wieder werden redaktionelle Entscheidungen bekannt, die willkürlich oder rein situativ begründet erscheinen.[245] Und schließlich wählen sie, dies ist wohl die häufigste Reaktion, die »technokratische Pose« (ein Ausdruck des Netzkritikers Evgeny Morozov), beanspruchen also Neutralität und tun so, als seien ihre Algorithmen gleichsam stumpf vor sich hin rechnende Gerechtigkeitsautomaten, die mechanisch und unterschiedslos Informationen sortieren. Dann heißt es von Seiten der Plattformbetreiber beispielsweise, man produziere keine eigenen Inhalte bzw. bilde lediglich Nutzerinteressen ab; man würde Computerwissenschaftler und Ingenieure beschäftigen und keine Journalisten; und es gebe keine redaktionellen Eingriffe von Menschen in den Fluss von Information – all dies sind Schutzbehauptungen, die in dieser Form und dieser Absolutheit, wie die Politik- und Kommunikationswissenschaftler Philipp M. Napoli und Robyn Caplan gezeigt haben, nicht stimmen.[246]

Die Lösung, die im Bemühen um allgemeine Medienmündigkeit naheliegt, besteht darin, dass man Filtertransparenz, die Offenlegung der Entscheidungspraxis und die Möglichkeit des allgemeinen Publikums, diskursiv auf diese Entscheidungspraxis Einfluss zu nehmen, befördern und notfalls auch gesetzlich erzwingen muss. Denn Medien (und eben auch medienähnliche Unternehmen bzw. Plattformen) müssen, wie die Philosophin Onora O'Neill formuliert, *verfügbar* und *einschätzbar* sein.[247] Wir müssen wissen, wer auf welche Weise und mit welcher Agenda Informationen auswählt, personalisiert und gewichtet, womöglich Relevanz- und Realitätsverzerrungen programmiert, um dann zu entscheiden, wie wir diese Informationen einschätzen und ob wir uns ihnen aussetzen wollen.[248] Im Bereich der klassischen Massenmedien und des etablierten Journalismus ist die Einschätzbarkeit in sehr viel stärkerem Maße gegeben. Natürlich wird auch hier gefiltert, selektiert. Selbstverständlich sind auch hier die Auswahlregeln nicht bis ins Letzte transparent, aber sie lassen sich doch sehr viel genauer bewerten, weil die politisch-ideologische Ausrichtung, die Redaktionsstatute und Kodizes des Mediums bekannt und die Medienmacher nahbarer und leichter erreichbar sind. Es ist, wenn man zu einer rechts- oder zur linkslastigen Zeitschrift greift oder einen Fernsehsender wie *Fox News* einschaltet, ein wenig so, als würde man sich bewusst eine getönte Brille aufsetzen. Man weiß, was man bekommt, womit man zu rechnen hat; das Themenspektrum ist bekannt, Agenda und weltanschauliche Orientierung sind vergleichsweise klar.[249] Und ebendieser Grad an Bewusstheit, mit dem man für eine Form der Wirklichkeitsinterpretation und ein redaktionelles Programm votiert, ist entscheidend. Denn diese Bewusstheit verwandelt den eigenen Medienkonsum und die Delegation von Auswahlentscheidungen an eine mediale Instanz in eine souveräne Handlung, weil man sich das Medium mit seiner besonderen Herangehensweise selbst und in Kenntnis möglicher Alternativen ausgesucht hat. Erst dieser Akt der Auswahl ermöglicht eine gewisse Filtersouveränität,[250] weil man doch präziser zu sagen vermag, in welcher Weise Selektions- und Interpretationslinien bereits vorfixiert sind.

Wie könnte ein gangbarer Weg zur Filtersouveränität aussehen, wenn es um Plattformen geht? Wie könnte der Einzelne lernen, die Plattform als Medium zu begreifen? Der Vorschlag, der hier unterbreitet wird, lautet: Plattformen müssen sich eigene, detailliert ausbuchstabierte Richtlinien und Ethikkodizes geben, die der öffentlichen Diskussion zugänglich sind. Sie brauchen in jedem einzelnen Land Ombudsgremien des Publikums. Sie benötigen – dies ebenso in jedem einzelnen Land – Öffentlichkeitsredakteure, die den Dialog mit dem Publikum pflegen, die analog und digital erreichbar und zur sofortigen Reaktion im Falle von Beschwerden oder Kontroversen angehalten sind.[251] Die Unternehmen selbst müssen in Transparenzberichten zur Beantwortung folgender Fragen verpflichtet werden: Wie wird – eben durch die eigene Stellung im Markt – die öffentliche Sphäre verändert? Welche publizistischen Effekte haben die eingesetzten Algorithmen, welche Tendenz und welche diskursiven Effekte begünstigen sie? Welche Werte sind ihnen eingeschrieben? Wie geht das Unternehmen mit Hasskommunikation, mit politischem und religiösem Extremismus und Beschwerden generell um?[252] Wie wird man – gerade vor dem Hintergrund der Monopolstellung – der eigenen publizistischen Verantwortung (z.B. durch Medienbildungsprogramme) gerecht? Welche Leitlinien verfolgt das Unternehmen im Kampf gegen Desinformation und im Umgang mit Propaganda, ideologischem oder religiös begründetem Fanatismus?[253] Wie differenziert man Seriositäts- und Qualitätsunterschiede? Auf welche Weise bestimmt man die Grenzen der Meinungsfreiheit? Wer ist damit beauftragt, Inhalte zu kuratieren? In welche Prozesse der Informationsfilterung sind Menschen involviert, in welche nicht? Wie geht man mit Mitarbeitern um, deren Aufgabe es ist, Tag für Tag Videos aus dem Netz zu filtern, die Enthauptungen, Misshandlungen, Vergewaltigungen und Sadismus in sämtlichen Schattierungen zeigen?[254] Und wie lassen sich auf dem Weg zu einer größeren Filtersouveränität des Einzelnen Nachrichten- und Informationsströme eigenhändig und ohne großen Aufwand konfigurieren?[255] Es liegt in der Logik eines Metamediums und der hier unterbreiteten Vorschläge, dass diese Transparenzberichte wiederum von Ombudsgremien und unabhängigen Wissenschaftlern bewertet werden und diese Einschätzung prominent auf der Plattform selbst kommuniziert und diskutiert werden sollte. Sinnvoll erschiene mir zu diesem Zweck ein eigener *Plattformrat,* eine neu zu gründende Institution als Anlaufstelle, Schiedsrichter und Korrektinstanz von Fehlentscheidungen, die Diskurs- und Transparenzpflichten einfordert. Das hieße konkret: In einem solchen Plattformrat kämen Plattformbetreiber, Journalisten, Verleger, Wissenschaftler und Vertreter der verschiedenen gesellschaftlichen Gruppen zusammen; hier würden Beschwerden und Kritikpunkte diskutiert; hier würde man auf Debatten zur Transformation der digitalen Welt reagieren, Rügen oder Missbilligungen aussprechen oder Vorwürfe in Teilen oder zur Gänze zurückweisen. Die Debatten und die angebliche oder tatsächliche Verletzung von Standards müsste dann von den Plattformen selbst veröffentlicht und den Nutzern prominent zugänglich gemacht werden. Auf diese Weise würden – in einer Mischung aus Top-down- und Bottom-up-Verfahren, aus Deduktion und Induktion – die allgemeinen Prinzipien der redaktionellen Gesellschaft Schritt für Schritt in Richtung einer eigenen Plattformethik konkretisiert; diese Plattformethik würde überhaupt erst für das breite Publikum identifizierbar und transparent gemacht. Und es würde klarer, in welcher Ernsthaftigkeit man Leitwerte wie Wahrheits-, Diskurs- und Verständigungsorientierung respektiert, welches Relevanzkonzept man favorisiert und die eigenen Mitarbeiter für ethisch-moralische Leitfragen sensibilisiert.[256]

Was wäre damit gewonnen? Die Antwort lautet: Damit würde die inzwischen gefährlich normal scheinende und seltsam natürlich wirkende Intransparenz der publizistischen Vorentscheidungen durch Plattformbetreiber der allgemeinen Analyse und der öffentlichen Kritik zugänglich. Das Publikum würde auf diese Weise in die Lage versetzt, das bislang weitgehend unsichtbare, dem öffentlichen Diskurs entzogene redaktionelle Programm einzuschätzen, sich die Frage zu stellen, ob es selbst mit diesem einverstanden ist – oder doch die Plattform und den Anbieter wechseln sollte; ebendieser Wechsel zu Alternativplattformen ist ja möglich. Das hieße, allgemeiner betrachtet, dass man im Falle von Plattformen Transparenzpflichten und Metaprinzipien der Diskursorganisation durchsetzt, nicht jedoch eine spezielle Vorstellung von Wahrheit, Moral oder Meinungsfreiheit, weil einen dies, sieht man von klaren, offensichtlichen Rechtsverstößen einmal ab, auf die schiefe Bahn der Gesinnungsvorgabe gleiten lässt. Man greift also nicht direkt auf der Ebene der einzelnen Inhalte ein, aber steigert die Entscheidungsfreiheiten des Einzelnen, vergrößert seine Möglichkeiten der bewussten Auswahl; der Einzelne muss sich dann selbst ein Urteil bilden.

Dies alles bedeutet, einen langen, mühevollen Weg zu gehen, gewiss. Aber eben erst diese Sisyphusarbeit der fortwährenden Auseinandersetzung ist den Idealen eines demokratischen Miteinanders in der redaktionellen Gesellschaft der Zukunft wirklich angemessen. Warum? Weil Bildungsanstrengungen dieser Art die Mündigkeit des anderen voraussetzen, ihn als selbständiges Gegenüber betrachten – aus welchen Gründen sollte man sich sonst auch im Diskurs engagieren? Und weil erst durch die Bereitschaft zur fortwährenden Auseinandersetzung das große Gespräch über publizistische Verantwortung möglich wird, das die redaktionelle Gesellschaft der Zukunft auszeichnen könnte. Ein solches Plädoyer, das nicht auf ein statisches System aus Normen und Regeln zielt, weist ins Offene und will und braucht die Debatte, nicht die Ruhebank fester Wahrheiten und vermeintlich zeitloser Gewissheiten. Es setzt, ebendarin besteht seine Schwäche, aber vielleicht auch seine Stärke und Attraktivität, schon in der Wahl der Mittel voraus, was es als Ziel erst zu erreichen gilt: die Autonomie und Selbstverantwortung des Menschen und seine Fähigkeit, mit anderen auf gute Weise in Freiheit zu leben.

Danksagung

Ein Buch wie dieses ist ein Medium, das monologisch wirkt, aber eigentlich im Dialog entsteht und erst durch ihn – wenn sich der dialogische Impuls fortsetzt – sinnvoll wird. Ohne den Austausch mit Kolleginnen und Kollegen, mit Freunden und Förderern hätte ich es nicht schreiben können. Danken möchte ich Melinda Crane, Hanne Detel, Bernd Engler, Alexander Filipović, Manfred Geier, Martin Giesler, Manuel Hartung, Friedemann Karig, Adrian Lobe, Daniela Nagy, Andreas Narr, Gunhild Pörksen, Julian Pörksen, Uwe Pörksen, Horst Pöttker, Julia Raabe, Jan-Lüder Röhrs, Andrea Schaub, Armin Scholl, Wolfgang Schulz, Tanjev Schultz, Friedemann Schulz von Thun, Michael Seemann, Eberhard Stahl und Surjo Soekadar. Tobias Heyl vom Hanser Verlag, Daniel Graf und Karin Graf von der Literatur- und Medienagentur Graf & Graf danke ich für ihr Vertrauen in meine Arbeit und für eine Fülle von Anregungen auf dem Weg zu diesem Buch, Kati Trinkner für umfassende, mit detektivischem Gespür ausgeführte Recherchen in den entscheidenden Phasen der Arbeit. Zu Dank verpflichtet bin ich auch den Redaktionen von Zeitungen und Radiosendern in Deutschland, Österreich und der Schweiz, die mich in den letzten Jahren gebeten haben, zu aktuellen Ereignissen Kommentare und Essays zu schreiben. Sie sind, soweit für das Thema bedeutsam und wie in den Quellenangaben nachgewiesen, in dieses Buch eingegangen und wurden erweitert, korrigiert, nuanciert. Mir hat dieses Denken auf Anfrage in der Vorbereitung auf dieses Buch geholfen. Denn die Nötigung, anschaulich zu formulieren, erzeugt ein eigenes Reizklima der Erkenntnis. Und der Auszug aus dem Elfenbeinturm ist, so betrachtet, eine Inspiration und produktive Irritation von eigener

Qualität, keine lästige Bringschuld gegenüber der Öffentlichkeit, sondern eine Chance, die eigenen Gedanken im Akt des Austausches selbst besser zu begreifen. Kurzum: Dieses Buch ist aus Gesprächen entstanden, von denen ich selbst enorm profitiert habe, und es hat seine Funktion erfüllt, wenn es dem großen Gespräch im öffentlichen Raum ein paar Begriffe und Ideen hinzufügt.

Anmerkungen

Clash der Codes – oder das Zeitalter der indiskreten Medien

1 McLuhan, Marshall (2011): »Der Inhalt der Umwelt – Bemerkungen zu Burroughs«. In: Baltes, Martin, Rainer Höltschl (Hg.): *Absolute Marshall McLuhan*. Freiburg: orange-press. S. 180.

2 Siehe exemplarisch ein peinlich-verspieltes Interview mit dem Medientheoretiker Jean Baudrillard, in dem dieser behauptet, der Golfkrieg des Jahres 1991 finde gar nicht statt, es handele sich vielmehr um eine Riesenshow. Seidl, Claudius, Nikolaus von Festenberg (1991): »Der Feind ist verschwunden«. *Spiegel*-Interview mit dem Pariser Kulturphilosophen Jean Baudrillard über die Wahrnehmbarkeit des Krieges. In: *Der Spiegel*. H. 6. S. 220–221.

3 Die Darstellung stützt sich auf die Auswertung unterschiedlichster Kommentarseiten und Fernsehsendungen sowie auf die folgenden Artikel: Ivits, Ellen (2016): »Angebliche Vergewaltigung – Russland wirft deutscher Polizei Vertuschung vor«. In: *Stern* (26.01.2016). http://www.stern.de/politik/ausland/lisa-f----russland-wirft-der-deutschen-polizei-vertuschung-von-vergewaltigung-vor-6666758.html (abgerufen am 25.04.2017). Kopietz, Andreas (2016): »Von der Vergewaltigungslüge zum diplomatischen Gewitter«. In: *berliner-zeitung.de* (29.01.2016). http://www.berliner-zeitung.de/berlin/13-jaehrige-lisa-aus-marzahn-von-der-vergewaltigungsluege-zum-diplomatischen-gewitter-23544190 (abgerufen am 25.04.2017). Wehner, Markus (2016): »Unser Mädchen Lisa«. In: *FAZ.net* (31.01.2016). http://www.faz.net/aktuell/politik/russlands-informationskrieg-hat-angela-merkel-als-ziel-14043618.html (abgerufen am 25.04.2017).

4 Den Begriff des indiskreten Mediums habe ich, angeregt durch die Arbeiten des Techniksoziologen Geoff Cooper, einen Essay von Uwe Justus Wenzel und die Analysen von Joshua Meyrowitz, konzipiert. Siehe: Cooper, Geoff (2002): »The Mutable Mobile: Social Theory in the Wireless World«. In: Brown, Barry, Nicola Green, Richard Harper (Hg.): *Wireless World*. Social and Interactional Aspects of the Mobile Age. London: Springer. S. 19–31. Sowie: Wenzel, Uwe Justus (2006): »Zeitzeichen«. In: *NZZ*. 02.10.2006. S. 23. Und schließlich: Meyrowitz, Joshua (2003): »Global Nomads in the Digital Veldt«. In: Nyíri, Kristóf (Hg.): *Mobile Democracy*. Essays on Society, Self and Politics. Wien: Passagen Verlag. Insbesondere S. 98.

5 Mann, Thomas (2015): *Der Zauberberg*. In der Fassung der Großen kommentierten Frankfurter Ausgabe. Frankfurt am Main: Fischer. S. 1034.

6 Arendt, Hannah, Martin Heidegger (1998): *Briefe 1925–1975 und andere Zeugnisse*. Aus den Nachlässen hg. von Ursula Ludz. Frankfurt am Main: Klostermann. S. 40. Siehe auch: Schirrmacher, Frank (2013): »Sein letztes Jahr«. In: *FAZ.net* (23.02.2013). http://www.faz.net/aktuell/feuilleton/bue-

cher/themen/thomas-manns-zauberberg-sein-letztes-jahr-12092273.html (abgerufen am 15.07.2016).

7 Ich greife hier auf Überlegungen zurück, die ich zunächst in folgendem Essay formuliert habe: Pörksen, Bernhard (2015): »Es entsteht eine grell ausgeleuchtete Welt, ein monströses Aquarium, in dem kaum noch etwas verborgen bleibt«. In: *Zeit Online* (21.02.2015). http://www.zeit.de/2015/08/medien-macht-angst-anpassung-oezdemir-cannabis (abgerufen am 12.04.2017).

8 Zum Begriff der deterritorialisierten Simultanität siehe: Thompson, John B. (2005): »The New Visibility«. In: *Theory, Culture & Society*. 22. Jg. H. 6. S. 37.

9 Zu diesen Überlegungen siehe auch: Pörksen, Bernhard (2015): »Pöbeleien im Netz ersticken Debatten. Wir brauchen endlich Regeln!«. In: *Zeit Online* (09.07.2015). http://www.zeit.de/2015/26/journalisten-medien-verantwortung-debatten-regeln (abgerufen am 03.03.2017).

1 Die Wahrheitskrise – oder die gefühlte Manipulation

10 Zu den Details siehe: Erken, Rebecca (2014): »Urlaubslüge nach Thailand. Interview mit Zilla van den Born«. In: *Spiegel Online* (11.12.2014). http://www.spiegel.de/lebenundlernen/uni/facebook-luege-hollaendische-studentin-taeuscht-asien-reise-vor-a-998943.html (abgerufen am 07.02.2017).

11 Siehe zum Folgenden: Lobe, Adrian (2015): »Nehmen Roboter Journalisten den Job weg?«. In: *FAZ.net* (17.04.2015). http://www.faz.net/aktuell/feuilleton/medien/automatisierter-journalismus-nehmen-roboter-allen-journalisten-den-job-weg-13542074.html (abgerufen am 14.02.2017). Sowie: Lobe, Adrian (2017): »Prosa als Programm«. In: *FAZ.net* (21.02.2017). http://www.faz.net/aktuell/feuilleton/medien/roboterjournalismus-prosa-als-programm-14873449.html (abgerufen am 25.02.2017).

12 Siehe hierzu (und auch zu den bestenfalls sehr groben Schätzungen, es gebe etwa »100 Millionen Fake-Accounts« auf allen großen Plattformen) die Analyse von: Fuchs, Martin (2016): »Warum Social Bots unsere Demokratie gefährden«. In: *NZZ.ch* (12.09.2016). http://www.nzz.ch/digital/automatisierte-trolle-warum-social-bots-unsere-demokratie-gefaehrden-ld.116166 (abgerufen am 22.11.2016).

13 Zahlreiche Beispiele für Fake-News finden sich in folgendem Buch: Wannenmacher, Tom, Andre Wolfe (2016): *Die Fake-Jäger.* Wie Gerüchte im Internet entstehen und wie man sich schützen kann. München, Grünwald: Verlag Komplett-Media.

14 Zum Folgenden siehe: Lobe, Adrian (2016): »Das ist doch nicht wahr. Im Netz laufen gefälschte Nachrichten immer besser«. In: *FAZ.net* (16.08.2016). http://www.faz.net/aktuell/feuilleton/medien/im-netz-laufen-gefaelschte-nachrichten-immer-besser-14389442.html (abgerufen am 29.08.2016).

15 Siehe: Schröder, Jens (2016): »Fake-News: Warum Facebook verdammt nochmal seiner Verantwortung gerecht werden muss«. In: *meedia.de* (18.11.2016).

http://meedia.de/2016/11/18/fake-news-warum-facebook-verdammt-noch-mal-seiner-verantwortung-gerecht-werden-muss/ (abgerufen am 15.12.2016).

16 Silverman, Craig, Jeremy Singer-Vine (2016): »Most Americans Who See Fake News Believe It, New Survey Says«. In: *BuzzFeed* (07.12.2016). https://www.buzzfeed.com/craigsilverman/fake-news-survey?utm_term=.evb9Bg-KeeA#.ko6EBKRDD6 (abgerufen am 07.02.2017).

17 Liebelson, Dana, Jennifer Bendery, Sam Stein (2016): »Donald Trump Made Up Stuff 71 Times In An Hour«. In: *The Huffington Post* (30.03.2016). http://www.huffingtonpost.com/entry/donald-trump-fact-check_us_56fc375fe4b0daf53aee9175 (abgerufen am 12.09.2016).

18 Zum *Backfire Effekt* siehe folgende grundlegende Studie: Nyhan, Brendan, Jason Reifler (2010): »When Corrections Fail: The Persistence of Political Misperceptions«. In: *Political Behavior*. 32. Jg. H. 2. S. 303–330. Überdies: Brodnig, Ingrid (2016): *Hass im Netz*. Was wir gegen Hetze, Mobbing und Lügen tun können. Wien: Christian Brandstätter Verlag. S. 139ff.

19 Darüber hinaus gilt im Falle von Propaganda, dass Menschen die konkreten Inhalte länger im Gedächtnis behalten als die Quellen, aus denen diese Inhalte stammen. Die Folge ist, dass Informationen aus dubiosen Kanälen allmählich an Glaubwürdigkeit gewinnen. Zu diesem *Schläfereffekt* (*Sleeper Effect*) von diffamierenden Botschaften, deren Überzeugungskraft mit der Zeit ansteigt, weil ihre Herkunft vergessen wird, siehe Dobelli, Rolf (2012): *Die Kunst des klugen Handelns*. 52 Irrwege, die Sie besser anderen überlassen. München: Carl Hanser Verlag. S. 82f.

20 Der Begriff der Gleichwertigkeitsdoktrin stammt ursprünglich aus erkenntnistheoretischen Debatten, siehe: Boghossian, Paul (2013): *Angst vor der Wahrheit*. Ein Plädoyer gegen Relativismus und Konstruktivismus. Berlin: Suhrkamp Verlag. S. 10.

21 Der Trend in Richtung Quellenignoranz zeigt sich am Beispiel folgender Zahlen: In den USA registrieren lediglich 52 Prozent der Leserinnen und Leser in sozialen Netzwerken, aus welchem Medium eine Nachricht stammt; nur 49 Prozent tun dies, wenn sie Informationen durch Aggregatoren bekommen. In Japan und Südkorea nehmen allein ein Viertel der Menschen die Medienmarke wahr, wenn sie Angebote von Aggregatorendiensten konsumieren. Die Quellenbindung wird, wie angedeutet, zusätzlich dadurch geschwächt, da Facebook und andere Plattformen die Präsentationsweise von Nachrichtenangeboten bestimmen, also die Informationsherkunft im Prinzip vollkommen auszulöschen vermögen. Zu den entsprechenden Untersuchungen siehe: Khorana, Smitha, Nausicaa Renner (2016): »Social Media Is on the Rise, but Not Like You'd Expect«. In: *Columbia Journalism Review* (21.06.2016). http://www.cjr.org/analysis/reuters_report.php (abgerufen am 13.07.2016). Zum Fehlen von definierenden Quellen- und Glaubwürdigkeitssignalen siehe auch: Müller von Blumencron, Mathias (2016): »Trennt Propaganda von Wahrheit!«. In: *FAZ.net* (05.02.2016). http://www.faz.net/aktuell/politik/inland/luegen-im-internet-spannen-ein-netz-der-verwirrung-14052436.html (abgerufen am 08.02.2016).

22 Zu der Verbreitung dieses Gerüchts siehe die sorgfältigen Recherchen der *BuzzFeed*- und der *New-York-Times*-Redaktion sowie exemplarisch: Rehfeld, Nina (2016): »In Amerika herrscht die Lüge«. In: *FAZ.net* (09.12.2016). http://www.faz.net/aktuell/feuilleton/debatten/wie-sich-in-amerika-die-herrschaft-der-luege-festigt-14565557.html (abgerufen am 16.12.2016).

23 Zu diesem Fall siehe auch: Pörksen, Bernhard (2017): »Schöne falsche Welt«. In: *Chrismon* (21.03.2017). http://chrismon.evangelisch.de/artikel/2017/33307/kampf-gegen-fake-news-im-internet (abgerufen am 08.04.2017).

24 Del Vicario, Michela, Alessandro Bessi, Fabiana Zollo, Fabio Petroni, Antonio Scala, Guido Caldarelli, H. Eugene Stanley, Walter Quattrociocchi (2016): »The Spreading of Misinformation Online«. In: *PNAS*. 113. Jg. H. 3. S. 558.

25 Zur folgenden Analyse siehe: Pörksen, Bernhard (2016): »Die postfaktische Universität«. In: *Zeit Online* (29.12.2016). http://www.zeit.de/2016/52/wissenschaft-postfaktisch-rationalitaet-ohnmacht-universitaeten (abgerufen am 07.03.2017). Sowie: Pörksen, Bernhard (2017): »Das peinliche Zeitalter«. In: *Forschung & Lehre*. 24. Jg. H. 2. S. 97.

26 Siehe: Davies, William (2016): »The Age of Post-Truth Politics«. In: *NYTimes.com* (24.08.2016). http://www.nytimes.com/2016/08/24/opinion/campaign-stops/the-age-of-post-truth-politics.html?_r=0 (abgerufen am 06.12.2016). Sowie: Lepore, Jill (2016): »After the Fact. In the History of Truth, a New Chapter Begins«. In: *newyorker.com* (21.03.2016). http://www.newyorker.com/magazine/2016/03/21/the-internet-of-us-and-the-end-of-facts (abgerufen am 19.07.2016).

27 Vgl. Fuest, Benedikt (2016): »Der absurde Krieg der Wikipedia-Roboter«. In: *welt.de* (27.09.2016). https://www.welt.de/wirtschaft/webwelt/article158396690/Der-absurde-Krieg-der-Wikipedia-Roboter.html (abgerufen am 11.10.2016).

28 Die Formulierung von der *Deregulierung des Wahrheitsmarktes* verdanke ich Michael Seemann, siehe: Seemann, Michael (2017): »Digitaler Tribalismus und Fake News«. In: *ctrl-verlust.net* (29.09.2017). http://www.ctrl-verlust.net/digitaler-tribalismus-und-fake-news/ (abgerufen am 10.10.2017).

29 Zur detaillierten Chronologie der Ereignisse siehe: Pick, Yussi (2013): *Das Echo-Prinzip*. Wie Onlinekommunikation Politik verändert. Wien: Czernin Verlag. S. 103f.

30 »Technology is neither good nor bad«, so Melvin Kranzberg, »nor is it neutral.« Zur Erläuterung siehe: Kranzberg, Melvin (1986): »Presidential Address. Technology and History: ›Kranzberg's Laws‹«. In: *Technology and Culture*. 27. Jg. H. 3. S. 545f.

31 Siehe hierzu grundlegend: Rushkoff, Douglas (2014): *Present Shock*. Wenn alles jetzt passiert. Freiburg: orange-press.

32 Persönliche Mitteilung.

33 Auf dieses Beispiel greife ich auch in folgendem Essay zurück: Pörksen, Bernhard (2015): »Trolle, Empörungsjunkies und kluge Köpfe: Die fünfte Gewalt des digitalen Zeitalters«. In: *cicero.de* (17.04.2015). http://cicero.de/berliner-

republik/trolle-empoerungsjunkies-und-kluge-koepfe-die-fuenfte-gewalt-des-digitalen (abgerufen am 03.03.2017).

34 Zitiert nach: Pick, Yussi (2013): *Das Echo-Prinzip*. Wie Onlinekommunikation Politik verändert. Wien: Czernin Verlag. S. 29.

35 Diese Überlegungen habe ich zuerst in folgendem Essay ausgeführt: Pörksen, Bernhard (2015): »Extremismus der Erregung«. In: *Zeit Online* (06.04.2015). http://www.zeit.de/politik/2015-04/germanwings-absturz-journalismus-berichterstattung-medien-pilot (abgerufen am 08.03.2017).

36 In anderen Fällen reagiert man auf das Visualisierungsvakuum auch durch Fotofälschungen und visuelle Scheinbelege für das Erwartbare. Man denke in diesem Zusammenhang nur an die Foto-Fakes nach dem Tod von Osama bin Laden.

37 Zum Phänomen des kommentierenden Sofortismus siehe auch das folgende Gespräch: Huber, Joachim (2016): »Die Simulation von Einordnung lässt einen frösteln. Interview mit Bernhard Pörksen«. In: *tagesspiegel.de* (20.01.2016). http://www.tagesspiegel.de/medien/medienwissenschaftler-bernhard-poerksen-zu-koeln-die-simulation-von-einordnung-laesst-einen-froesteln/12851788.html (abgerufen am 06.03.2017).

38 Siehe Brodnig, Ingrid (2016): *Hass im Netz*. Was wir gegen Hetze, Mobbing und Lügen tun können. Wien: Christian Brandstätter Verlag. S. 132.

39 Feuz, Martin, Matthew Fuller, Felix Stalder (2011): »Personal Web Searching in the Age of Semantic Capitalism: Diagnosing the Mechanisms of Personalisation«. In: *First Monday* (07.02.2011). http://firstmonday.org/article/view/3344/2766 (abgerufen am 08.02.2017). Zu dieser Untersuchung siehe auch: Tißler, Jan (2011): »SEO-Studie: Personalisierte Suche macht Ranking unberechenbar«. In: *t3n.de* (19.04.2011). http://t3n.de/news/seo-studie-personalisierte-suche-macht-ranking-306470/ (abgerufen am 08.02.2017).

40 Pariser, Eli (2012): *Filter Bubble*. Wie wir im Internet entmündigt werden. München: Carl Hanser Verlag.

41 Zur Kritik der Annahmen von Eli Pariser siehe die umfassende Auseinandersetzung von Christoph Kappes. Kappes, Christoph (2012): »Menschen, Medien und Maschinen. Warum die Gefahren der ›Filter Bubble‹ überschätzt werden«. In: *Merkur*. Deutsche Zeitschrift für europäisches Denken. 66. Jg. H. 754. S. 256–263. Überdies kritisch: Passig, Kathrin, Sascha Lobo (2012): *Internet*. Segen oder Fluch. Berlin: Rowohlt. S. 267ff. Eine Studie von Facebook-Mitarbeitern, die eher Entwarnung gibt, referiert und kritisiert Ingrid Brodnig: Brodnig, Ingrid (2016): *Hass im Netz*. Was wir gegen Hetze, Mobbing und Lügen tun können. Wien: Christian Brandstätter Verlag. S. 33f.

42 Siehe hierzu die aktuelle Studie zu Formen der asymmetrischen Polarisierung im amerikanischen Präsidentschaftswahlkampf, die auf die Bedeutung von Ideologien und organisierten Kampagnen verweist: Benkler, Yochai, Robert Faris, Hal Roberts, Ethan Zuckerman (2017): »Study: Breitbart-Led Right-Wing Media Ecosystem Altered Broader Media Agenda«. In: *Columbia Journalism Review* (03.03.2017). http://www.cjr.org/analysis/breitbart-

media-trump-harvard-study.php (abgerufen am 29.03.2017). Siehe auch: Seemann, Michael (2017): »Digitaler Tribalismus und Fake News«. In: *ctrl-verlust.net* (29.09.2017). http://www.ctrl-verlust.net/digitaler-tribalismus-und-fake-news/ (abgerufen am 10.10.2017).

43 Seemann, Michael (2011): »Breivik, Queryology und der Weltkontrollverlust«. In: *ctrl+verlust.net* (07.08.2011). http://www.ctrl-verlust.net/breivik-queryology-und-der-weltkontrollverlust/ (abgerufen am 09.12.2014).

44 Glaser, Peter (2009): »Kulturelle Atomkraft«. In: *berliner-zeitung.de* vom 25.08.2009. http://www.berliner-zeitung.de/die-digitalisierung-zersetzt-alte-medienformen---ihre-atome-suchen-hitzig-nach-neuer-synthese-kulturelle-atomkraft-14979222 (abgerufen am 23.07.2017).

45 Michael Seemann hat für die Entstehung solcher Abfrage- und Wunschöffentlichkeiten den Ausdruck *Queryology* geprägt (die *Query* ist das Resultat einer Suchanfrage). Siehe Seemann, Michael (2014): *Das neue Spiel.* Strategien für die Welt nach dem digitalen Kontrollverlust. Freiburg: orange-press. S. 58ff. sowie S. 179ff.

46 Siehe das grundlegende Buch von David Weinberger, der die Befreiung vom behäbigen Trägermedium des Papiers feiert. Weinberger, David (2008): *Das Ende der Schublade.* Die Macht der neuen digitalen Unordnung. München: Carl Hanser Verlag. S. 22ff. Überdies sind die Analysen von Katharine Viner und Jayson Harsin zur digitalen Informations- und Wahrheitsordnung äußerst lesenswert, siehe etwa: Viner, Katharine (2016): »Die Wahrheit in Zeiten des Internets«. In: *freitag.de* (28.09.2016). https://www.freitag.de/autoren/the-guardian/die-wahrheit-in-zeiten-des-internets (abgerufen am 28.09.2016). Sowie: Harsin, Jayson (2015): »Regimes of Posttruth, Postpolitics, and Attention Economies«. In: *Communication, Culture & Critique.* 8. Jg. H. 2. S. 327–333.

47 Die Gefahren des online verstärkten Gruppendenkens hat Cass R. Sunstein in vielen Büchern beschrieben, siehe exemplarisch: Sunstein, Cass R. (2009): *Infotopia.* Wie viele Köpfe Wissen produzieren. Frankfurt am Main: Suhrkamp Verlag.

2 Die Diskurskrise – oder die Schwächung der Gatekeeper

48 Payne, Martha, David Payne (2012): *NeverSeconds.* The Incredible Story of Martha Payne. Glasgow: Cargo Publishing. S. 25. (Die Geschichte von Martha Payne habe ich in verschiedenen Vorträgen und Artikeln verwendet.)

49 Zum Konzept des Gatekeepers, das ursprünglich am Beispiel des Einkaufsverhaltens von nordamerikanischen Hausfrauen entwickelt wurde, lohnt die Lektüre des frühen Aufsatzes von Kurt Lewin. Lewin zeigt hier, wie die einkaufende Hausfrau innerfamiliäre Nahrungsströme reguliert, indem sie auswählt, was in der Einkaufstüte landet – und was nicht. Die Übertragung des Konzepts auf Informations- und Nachrichtenströme wird bereits angedeutet,

wenn auch nicht weiterverfolgt. Lewin, Kurt (1947): »Frontiers in Group Dynamics. II. Channels of Group Life; Social Planning and Action Research«. In: *Human Relations*. 1. Jg. H. 2. S. 143–153.

50 Morozov, Evgeny (2013): *Smarte neue Welt*. Digitale Technik und die Freiheit des Menschen. München: Karl Blessing Verlag. S. 278. Zum Phänomen der *Disintermediation bei gleichzeitiger Hyperintermediation* und der algorithmischen Filterung siehe auch: Pörksen, Bernhard (2015): »Pöbeleien im Netz ersticken Debatten. Wir brauchen endlich Regeln!«. In: *Zeit Online* (09.07.2015). http://www.zeit.de/2015/26/journalisten-medien-verantwortung-debatten-regeln (abgerufen am 03.03.2017).

51 Die idealtypische, nachfolgend entfaltete Unterscheidung von Mediendemokratie und Empörungsdemokratie habe ich erstmals in folgendem Artikel vorgestellt: Pörksen, Bernhard (2012): »Wir Tugendterroristen«. In: *Zeit Online* (08.11.2012). http://www.zeit.de/2012/46/Digitales-Zeitalter-Mediendemokratie-Tugendterroristen (abgerufen am 06.03.2017).

52 Bruns, Axel (2009): »Vom Gatekeeping zum Gatewatching. Modelle der journalistischen Vermittlung im Internet«. In: Neuberger, Christoph, Christian Nuernbergk, Melanie Rischke (Hg.): *Journalismus im Internet*. Profession – Partizipation – Technisierung. Wiesbaden: VS Verlag für Sozialwissenschaften. S. 107.

53 Luhmann, Niklas (1996): *Die Realität der Massenmedien*. 2., erweiterte Aufl. Opladen: Westdeutscher Verlag. S. 9.

54 Zur ökonomischen Situation im Printbereich siehe: Schnibben, Cordt (2015): »Knast, wenn du lügst!«. In: *Der Spiegel*. H. 10. S. 80–86.

55 Siehe insgesamt: Newman, Nic, Richard Fletcher, David A. L. Levy, Rasmus Kleis Nielsen (2016): *Reuters Institute Digital News Report 2016*. https://reutersinstitute.politics.ox.ac.uk/sites/default/files/Digital-News-Report-2016.pdf (abgerufen am 06.03.2017). Sowie: Fichtner, Ullrich (2017): »Die große Erosion«. In: *Der Spiegel*. H. 1. S. 23.

56 Unterschiedliche Umfrageergebnisse, auf die hier zurückgegriffen wird, referiert Krüger, Uwe (2016): *Mainstream*. Warum wir den Medien nicht mehr trauen. München: Beck. S. 19ff.

57 Lobo, Sascha (2016): *Das Ende der Gesellschaft – Von den Folgen der Vernetzung*. Schriftenreihe zur Tübinger Mediendozentur. Köln: Herbert von Halem Verlag. S. 19.

58 Die Begegnung und Verbindung von Gegenkultur und Computerkultur hat Fred Turner fulminant beschrieben, siehe: Turner, Fred (2006): *From Counterculture to Cyberculture*. Stewart Brand, the Whole Earth Network, and the Rise of Digital Utopianism. Chicago, London: The University of Chicago Press.

59 Siehe hierzu: Baumgärtel, Tilman (2013): »Das Ende der Utopie«. In: *NZZ.ch* (04.07.2013). http://www.nzz.ch/feuilleton/das-ende-der-utopie-1.18110281 (abgerufen am 10.11.2015).

60 Der Amerikanist Michael Butter weist darauf hin, dass Verschwörungstheorien im Europa des 18. Jahrhunderts ein anderes, sehr viel besseres Image und einen anderen Status besaßen – sie waren vergleichsweise anerkannte

Deutungsmuster, vertreten von Mitgliedern der gesellschaftlichen Elite. Siehe hierzu: Butter, Michael (2017): »Dunkle Komplotte. Zur Geschichte und Funktion von Verschwörungstheorien«. In: *Politikum*. 3. Jg. H. 3. S. 8ff.

61 Symptomatisch ist, dass auch Wissenschaftler bemüht sind, Verschwörungstheorien von ihrem Negativimage zu befreien und sie als vorschnell marginalisierte und zu Unrecht stigmatisierte Deutungsmuster zu präsentieren. Zu diesem Versuch einer Ehrenrettung siehe die programmatischen Einführungsbeiträge in: Anton, Andreas, Michael Schetsche, Michael K. Walter (Hg.) (2014): *Konspiration*. Soziologie des Verschwörungsdenkens. Wiesbaden: Springer Fachmedien.

62 Diese Zusammenstellung aus der Leipziger »Mitte«-Studie entnehme ich: Fichtner, Ullrich (2017): »Die große Erosion«. In: *Der Spiegel*. H. 1. S. 26f.

63 Zur Begriffserläuterung siehe: Lehman, Joseph G. (2010): »An Introduction to the Overton Window of Political Possibility«. In: *Mackinac Center for Public Policy* (08.04.2010). http://www.mackinac.org/12481 (abgerufen am 20.03.2017).

64 Tufekci, Zeynep (2016): »Adventures in the Trump Twittersphere«. In: *NY-Times.com* (31.03.2016). http://www.nytimes.com/2016/03/31/opinion/campaign-stops/adventures-in-the-trump-twittersphere.html?_r=0 (abgerufen am 20.09.2016).

65 Stein, Joel (2016): »How Trolls Are Ruining the Internet«. In: *time.com* (18.08.2016). http://time.com/4457110/internet-trolls/ (abgerufen am 21.03.2017).

66 Duggan, Maeve (2014): »Online Harassment«. In: *Pew Research Center* (22.10.2014). http://www.pewinternet.org/files/2014/10/PI_OnlineHarassment_72815.pdf (abgerufen am 20.03.2017).

67 Siehe: Suler, John (2004): »The Online Disinhibition Effect«. In: *CyberPsychology & Behaviour*. 7. Jg. H. 3. S. 321–326.

68 Zu dieser Formel siehe: Pörksen, Bernhard (2015): »Der Hass der Besserwisser«. In: *Der Spiegel*. H. 2. S. 72–73.

69 Sunstein, Cass R. (2009): *Infotopia*. Wie viele Köpfe Wissen produzieren. Frankfurt am Main: Suhrkamp Verlag. S. 119f.

70 Siehe exemplarisch: Brodnig, Ingrid (2016): *Hass im Netz*. Was wir gegen Hetze, Mobbing und Lügen tun können. Wien: Christian Brandstätter Verlag.

71 Siehe: Edelmann (2017): »2017 Edelman Trust Barometer Reveals Global Implosion of Trust (Press Release)«. In: *edelman.com* (15.01.2017). http://www.edelman.com/news/2017-edelman-trust-barometer-reveals-global-implosion/ (abgerufen am 15.03.2017).

72 Siehe exemplarisch Hatr.org.

73 Diese Foren waren das bevorzugte Betätigungsfeld eines Amerikaners, der unter dem Pseudonym *Violentacrez* auftrat. Er galt bis zu seiner Enttarnung als einer der bösartigsten Trolle des Netzes. Zu den Details siehe: Brodnig, Ingrid (2013): *Der unsichtbare Mensch*. Wie die Anonymität im Internet unsere Gesellschaft verändert. Wien: Czernin. S. 95ff.

74 Nuhr, Dieter (2015): »Wir leben im digitalen Mittelalter. Bericht aus dem Shitstorm«. In: *FAZ.net* (17.07.2015). http://www.faz.net/aktuell/feuilleton/

medien/dieter-nuhr-ueber-shitstorms-digitales-mittelalter-13706268.html (abgerufen am 28.07.2015).

75 Frank, Arno (2013): *Meute mit Meinung*. Über die Schwarmdummheit. Zürich, Berlin: Kein & Aber. S. 14.

76 Zur Charakterisierung der fünften Gewalt greife ich auf Passagen aus folgendem Essay zurück: Pörksen, Bernhard (2015): »Trolle, Empörungsjunkies und kluge Köpfe. Die fünfte Gewalt des digitalen Zeitalters«. In: *cicero.de* (17.04.2015). http://cicero.de/berliner-republik/trolle-empoerungsjunkies-und-kluge-koepfe-die-fuenfte-gewalt-des-digitalen (abgerufen am 03.03.2017).

77 Wolf, Fritz (2015): »*Wir sind das Publikum!*«. Autoritätsverlust der Medien und Zwang zum Dialog. Eine Studie der Otto Brenner Stiftung. Frankfurt am Main: Otto Brenner Stiftung.

78 Zu den Kritikpunkten der Kommentierenden und der Frage der Repräsentativität der Kritiker siehe: Prochazka, Fabian, Wolfgang Schweiger (2016): »Medienkritik online. Was kommentierende Nutzer am Journalismus kritisieren«. In: *SCM*. 5. Jg. H. 4. S. 454–469.

79 Zu solchen Gewaltdrohungen siehe exemplarisch die Pamphlete des Autors Akif Pirinçci.

80 Schultz, Tanjev (2016): »›I'm a Serious Reporter‹. Profi- und Amateurjournalismus im Lichte deliberativer Demokratietheorie. Ein Zentrum-Peripherie-Modell«. In: *Medien Journal*. 40. Jg. H. 2. S. 57.

81 Der Begriff des Konnektivs, den ich hier vorschlage, verdankt den Analysen der Politikwissenschaftler W. Lance Bennett und Alexandra Segerberg entscheidende Anregungen, die die Logik kollektiven und konnektiven Handelns auf erhellende Weise kontrastieren. Siehe: Bennett, W. Lance, Alexandra Segerberg (2012): »The Logic of Connective Action. Digital Media and the Personalization of Contentious Politics«. In: *Information, Communication & Society*. 15. Jg. H. 5. S. 739–768.

82 Zitiert nach: Viner, Katharine (2015): »Der Aufstieg des Lesers«. In: *freitag.de* (26.03.2015). https://www.freitag.de/autoren/the-guardian/der-aufstieg-des-lesers (abgerufen am 05.10.2016).

3 Die Autoritätskrise – oder die Schmerzen der Sichtbarkeit

83 Zu den Details der öffentlichen Wahrnehmbarkeit von Roosevelts Lähmung: Pressman, Matthew (2013): »The Myth of FDR's Secret Disability«. In: *time.com* (12.07.2013). http://ideas.time.com/2013/07/12/the-myth-of-fdrs-secret-disability/ (abgerufen am 19.04.2017). Sowie: Associated Press (2013): »Prof: FDR Film Shows Wheelchair«. In: *politico.com* (10.07.2013). http://www.politico.com/story/2013/07/franklin-delano-roosevelt-wheelchair-footage-093942 (abgerufen am 19.04.2017). Und: Berndt, Christina (2014): »Vom gut gehüteten Geheimnis zum Gesundheits-Liveticker«. In: *SZ.de* (12.01.2014). http://www.sueddeutsche.de/politik/kranke-politiker-vom-gut-gehueteten-geheimnis-zum-gesundheits-liveticker-1.1860204 (abgerufen am 19.04.2017).

84 Zum Gang der Ereignisse siehe: Medick, Veit (2016): »Der Mann, der Clintons Kampagne ins Wanken brachte«. In: *Spiegel Online* (19.09.2016). http://www.spiegel.de/politik/ausland/hillary-clinton-hobbyfotograf-filmte-kollaps-am-ground-zero-a-1112834.html (abgerufen am 22.11.2016). Sowie: Lapowsky, Issie (2016): »The Making Of Hillary Clinton's Most Unwanted Viral Video«. In: *Wired* (09.12.2016). https://www.wired.com/2016/09/making-hillary-clintons-unwanted-viral-video/ (abgerufen am 19.04.2017).

85 Siehe Pörksen, Bernhard (2015): »Es entsteht eine grell ausgeleuchtete Welt, ein monströses Aquarium, in dem kaum noch etwas verborgen bleibt«. In: *Zeit Online* (21.02.2015). http://www.zeit.de/2015/08/medien-macht-angst-anpassung-oezdemir-cannabis (abgerufen am 12.04.2017).

86 Zur Revision der Interaktions- und Situationssoziologie von Erving Goffman siehe: Meyrowitz, Joshua (1990): »Redefining the Situation. Extending Dramaturgy into a Theory of Social Change and Media Effects«. In: Riggins, Stephen Harold (Hg.): *Beyond Goffman.* Studies on Communication, Institution, and Social Interaction. Berlin, New York: Mouton de Gruyter. Insbesondere S. 87ff.

87 Meyrowitz, Joshua (1990): *Wie Medien unsere Welt verändern.* Die Fernseh-Gesellschaft II. Weinheim, Basel: Beltz. S. 10f. (Hervorhebungen im Original).

88 Altman, Lawrence K. (2016): »How Healthy Is Hillary Clinton? Doctors Weigh In«. In: *NYTimes.com* (18.09.2016). http://www.nytimes.com/2016/09/19/us/politics/hillary-clinton-health.html?_r=0 (abgerufen am 30.09.2016).

89 Enzensberger, Hans Magnus (1997): *Zickzack.* Aufsätze. Frankfurt am Main: Suhrkamp Verlag. S. 116.

90 Siehe Bentham, Jeremy (1791): *Panopticon*: Or, the Inspection-House. Dublin: Thomas Byrne.

91 Foucault, Michel (1977): *Überwachen und Strafen.* Die Geburt des Gefängnisses. Frankfurt am Main: Suhrkamp Verlag. S. 251ff.

92 Mann, Steve, Joseph Ferenbok (2013): »New Media and the Power Politics of Sousveillance in a Surveillance-Dominated World«. In: *Surveillance & Society.* 11. Jg. H. 1/2, S. 18–34.

93 Zu diesen und den folgenden Zahlenangaben siehe: Herrmann, Sebastian (2016): »Wer knipst, gewinnt«. In: *SZ.de* (12.08.2016). http://www.sueddeutsche.de/panorama/fotografie-wer-knipst-gewinnt-1.3118844 (abgerufen am 10.04.2017). Sowie: Kannenberg, Axel (2016): »›Statistisch gesehen‹: Das Smartphone frisst die Digitalkamera«. In: *Heise Online* (21.09.2016). https://www.heise.de/newsticker/meldung/Statistisch-gesehen-Das-Smartphone-frisst-die-Digitalkamera-3328281.html (abgerufen am 10.04.2017).

94 Stahl, Eberhard (2010): »Lob der Intransparenz«. In: Schulz von Thun, Friedemann, Dagmar Kumbier (Hg.): *Impulse für Kommunikation im Alltag.* Kommunikationspsychologische Miniaturen 3. Reinbek bei Hamburg: Rowohlt. S. 225.

95 Siehe: Morozov, Evgeny (2013): *Smarte neue Welt.* Digitale Technik und die Freiheit des Menschen. München: Karl Blessing Verlag. S. 141ff.

96 Meyrowitz, Joshua (1990): *Überall und nirgends dabei.* Die Fernseh-Gesellschaft I. Weinheim, Basel: Beltz. S. 143.

97 Ebd. S. 319.

98 Körner, Torsten (2013): »Das Verzwergen der Helden. Charisma in Zeiten des Internet«. In: *tagesspiegel.de* (17.08.2013). http://www.tagesspiegel.de/medien/digitale-welt/charisma-in-zeiten-des-internet-das-verzwergen-der-helden/8651514.html (abgerufen am 13.01.2015).

99 Siehe hierzu in anderem Zusammenhang: Pörksen, Bernhard, Hanne Detel (2012): *Der entfesselte Skandal*. Das Ende der Kontrolle im digitalen Zeitalter. Köln: Herbert von Halem Verlag. S. 81f.

100 Siehe exemplarisch: Mayer-Schönberger, Viktor (2010): *Delete*. Die Tugend des Vergessens in digitalen Zeiten. Berlin: University Press.

101 Lasica, Joseph Daniel (1998): »The Net Never Forgets«. In: *Salon* (25.11.1998). http://www.salon.com/1998/11/25/feature_253/ (abgerufen am 05.05.2017).

102 Siehe SalahEldeen, Hany M., Michael L. Nelson (2012): »Losing My Revolution. How Many Resources Shared on Social Media Have Been Lost?« In: Zaphiris, Panayiotis, George Buchanan, Edie Rasmussen, Fernando Loizides (Hg.): *Theory and Practice of Digital Libraries*. Berlin, Heidelberg: Springer. S. 125–137.

103 Zitiert nach: Brand, Stewart (2000): *Das Ticken des langen Jetzt*. Zeit und Verantwortung am Beginn des neuen Jahrtausends. Frankfurt am Main: Suhrkamp Verlag. S. 90.

104 Simanowski, Roberto (2004): »Erinnern und Vergessen im Netz«. In: Lotz, Christian, Thomas R. Wolf, Walther Ch. Zimmerli (Hg.): *Erinnerung*. Philosophische Perspektiven. München: Fink. S. 258.

105 Siehe in anderem Zusammenhang und im Blick auf eine andere Medienepoche auch: Postman, Neil (1992): *Wir amüsieren uns zu Tode*. Urteilsbildung im Zeitalter der Unterhaltungsindustrie. Frankfurt am Main: Fischer. S. 161.

106 Zum Zusammenhang von Autorität, Akzeptanz und Medialisierung am Beispiel religiöser Kommunikation siehe: Hjarvard, Stig (2016): »Mediatization and the Changing Authority of Religion«. In: *Media, Culture and Society*. 38. Jg. H. 1. S. 8–17.

107 Münkler, Herfried (1994): »Die Moral der Politik. Politik, Politikwissenschaft und die soziomoralische Dimension politischer Ordnungen«. In: Leggewie, Claus (Hg.): *Wozu Politikwissenschaft?* Über das Neue in der Politik. Darmstadt: Wissenschaftliche Buchgesellschaft. S. 237.

108 Siehe Schertz, Christian, Dominik Höch (2011): *Privat war gestern*. Wie Medien und Internet unsere Werte zerstören. Berlin: Ullstein Buchverlage. S. 30f.

109 Zum Begriff der informationellen Verunsicherung und zum Folgenden siehe auch: Pörksen, Bernhard (2015): »Es entsteht eine grell ausgeleuchtete Welt, ein monströses Aquarium, in dem kaum noch etwas verborgen bleibt«. In: *Zeit Online* (21.02.2015). http://www.zeit.de/2015/08/medien-macht-angst-anpassung-oezdemir-cannabis (abgerufen am 12.04.2017).

110 Am Rande: Der gegenwärtige Hype um das Influencer-Marketing wird vor diesem Hintergrund erklärbar. Denn Influencer sind die *Prototypen der Kumpelhaftigkeit* und *Helden der Gewöhnlichkeit* im Verkaufsgeschäft. Ihre Autorität resultiert aus ihrer vermeintlichen Authentizität.

111 Zitiert nach: Köppel, Christian (2015): »Einer gegen alle«. In: *tagesanzeiger.ch* (07.08.2015). http://www.tagesanzeiger.ch/ausland/amerika/trump-schliesst-kandidatur-als-parteiloser-nicht-aus/story/27013588 (abgerufen am 08.05.2017).

112 Meyrowitz, Joshua (1990): *Überall und nirgends dabei.* Die Fernseh-Gesellschaft I. Weinheim, Basel: Beltz. S. 314. (Hervorhebungen im Original).

113 Siehe hierzu: Drobinski, Matthias (2010): »Idole in der Gesellschaft. Sehnsucht nach Vorbildern«. In: *SZ.de* (06.04.2010). http://www.sueddeutsche.de/politik/idole-in-der-gesellschaft-sehnsucht-nach-vorbildern-1.4708 (abgerufen am 05.11.2016).

4 Die Behaglichkeitskrise – oder der Kollaps der Kontexte

114 Zur genauen Rekonstruktion der Abläufe siehe: Backes, Thierry, Wolfgang Jaschensky, Katrin Langhans, Hannes Munzinger, Benedict Witzenberger, Vanessa Wormer (2010): »Timeline der Panik«. In: *SZ.de* (01.10.2016). http://gfx.sueddeutsche.de/apps/57eba578910a46f716ca829d/www/ (abgerufen am 07.03.2017). Überdies: Gennies, Sidney (2016): »Informierst du dich noch, oder hetzt du schon?«. In: *tagesspiegel.de* (24.07.2016). http://www.tagesspiegel.de/politik/muenchen-und-social-media-informierst-du-dich-noch-oder-hetzt-du-schon/13918410.html (abgerufen am 12.09.2016).

115 Cammarata, Patricia (2016): »+++ Ich brauche keine Liveticker +++«. In: *Das Nuf Advanced* (23.07.2016). http://dasnuf.de/ich-brauche-keine-livetikker/ (abgerufen am 11.08.2016).

116 Coupland, Douglas (2010): *Marshall McLuhan.* Eine Biografie. Stuttgart: Tropen Verlag. S. 23f.

117 Pariser, Eli (2012): *Filter Bubble.* Wie wir im Internet entmündigt werden. München: Carl Hanser Verlag.

118 Meckel, Miriam (2011): »Weltkurzsichtigkeit. Wie der Zufall aus unserem digitalen Leben verschwindet«. In: Der *Spiegel.* H. 38. S. 120–121.

119 Seemann, Michael (2014): *Das neue Spiel.* Strategien für die Welt nach dem digitalen Kontrollverlust. Freiburg: orange-press. S. 185 und 194f. Sowie: Seemann, Michael (2017): »Das Regime der demokratischen Wahrheit IV – It's the Culture, Stupid«. In: *ctrl-verlust.net* (20.03.2017). http://www.ctrl-verlust.net/breitbart-alt-right-filterbubble/ (abgerufen am 22.05.2017).

120 McLuhan, Marshall (2011): »Die mechanische Braut«. In: Baltes, Martin, Rainer Höltschl (Hg.): *Marshall McLuhan.* Freiburg: orange-press. S. 76.

121 Siehe hierzu auch: Postman, Neil (1987): *Das Verschwinden der Kindheit.* Frankfurt am Main: Fischer. S. 99f.

122 Siehe hierzu auch: Meyrowitz, Joshua (1990): *Wie Medien unsere Welt verändern.* Die Fernseh-Gesellschaft II. Weinheim, Basel: Beltz. S. 111.

123 Radisch, Iris (2005): »Phrasen, die keiner mehr kennt«. In: *Zeit Online* (24.02.2005). http://www.zeit.de/2005/09/L-Kempowski (abgerufen am 30.05.2017).

124 Über den Zusammenhang von Informations-Integration, sozialen Spannungen und dem Wunsch nach gesellschaftlicher Partizipation schreibt Meyrowitz mit großer Kenntnis, siehe beispielsweise: Meyrowitz, Joshua (1990): *Überall und nirgends dabei.* Die Fernseh-Gesellschaft I. Weinheim, Basel: Beltz. S. 256f.

125 Himmelsbach, Nadine (2012): »Unser Alltag ist besser als euer bester Tag«. In: *SZ.de* (25.08.2012). http://www.sueddeutsche.de/leben/reiche-kids-inszenieren-sich-auf-instagram-unser-alltag-ist-besser-als-euer-bester-tag-1.1449423 (abgerufen am 11.08.2016). Sowie: Salloum, Raniah (2014): »Reiche Iraner bei Instagram: Die Angeber von Teheran«. In: *Spiegel Online* (12.10.2014). http://www.spiegel.de/politik/ausland/iran-die-richs-kids-of-tehran-verlieren-gegen-die-poor-kids-a-996415.html (abgerufen am 11.08.2016).

126 Lobo, Sascha (2016): *Das Ende der Gesellschaft – Von den Folgen der Vernetzung.* Schriftenreihe zur Tübinger Mediendozentur. Köln: Herbert von Halem Verlag. S. 16 (Hervorhebung im Original).

127 Wayne, Teddy (2016): »The Trauma of Violent News on the Internet«. In: *NYTimes.com* (10.09.2016). https://www.nytimes.com/2016/09/11/fashion/the-trauma-of-violent-news-on-the-internet.html?_r=0 (abgerufen am 08.03.2017).

128 Ein vergleichbarer Fall ist das Schmähvideo *Innocence of Muslims,* das den Propheten Mohammed u.a. als Frauenheld, Homosexuellen, Kinderschänder und blutrünstigen Feldherrn präsentiert. Dieses Video – angeblich ein Trailer für einen längeren Film – wurde auf YouTube gepostet, blieb zunächst unbemerkt, bis Anfang September 2012 eine arabisch synchronisierte Fassung veröffentlicht wurde. Bei Protesten in Ländern wie Pakistan, Afghanistan oder Libyen kamen in der Folge allein bis Ende September mehr als 50 Menschen ums Leben. Zur Dynamik der Konfliktentwicklung siehe im Detail: Garton Ash, Timothy (2016): *Redefreiheit.* Prinzipien für eine vernetzte Welt. München: Carl Hanser Verlag. S. 96ff.

129 Die Redewendung vom *Sauerstoff der Publizität* geht auf die einstige britische Premierministerin Margaret Thatcher zurück, die 1985 – nach einer Flugzeugentführung durch eine Terrorgruppe – die Medien scharf kritisierte und einen Verhaltenskodex der Terrorberichterstattung und die gezielte Ignoranz von Attentätern forderte. Zu diesem Vorschlag siehe: Mascolo, Georg, Peter Neumann (2016): »Warum sich die Berichterstattung über Terror ändern muss«. In: *SZ.de* (07.08.2016). http://www.sueddeutsche.de/medien/journalismus-warum-sich-die-berichterstattung-ueber-terror-aendern-muss-1.3108867 (abgerufen am 09.09.2016).

130 Zum Folgenden siehe: Gerhart, Ann, Ernesto Londoño (2010): »Pastor Terry Jones's Koran-Burning Threat Started with a Tweet«. In: *washingtonpost.com* (10.09.2010). http://www.washingtonpost.com/wp-dyn/content/article/2010/09/10/AR2010091007428.html (abgerufen am 19.06.2017). Und: Kolawole, Emi (2010): »Terry Jones Timeline: It All Started with a Tweet«. In: *voices.washingtonpost.com* (11.09.2010). http://voices.washingtonpost.com/44/2010/09/terry-jones-timeline-it-all-st.html (abgerufen am 20.06.2017). Sowie: Weaver, Matthew (2010): »Qur'an Burning: From Facebook

to the World's Media, How the Story Grew«. In: *theguardian.com* (10.09.2010). https://www.theguardian.com/world/2010/sep/10/quran-burning-how-the-story-grew (abgerufen am 20.06.2017).

131 Zu diesem Mechanismus und der Fallanalyse siehe: Holiday, Ryan (2013): *Operation Shitstorm*. Berufsgeheimnisse eines professionellen Medien-Manipulators. Kulmbach: Plassen Verlag. S. 46ff.

132 Es ist bemerkenswert, dass diese Gruppe bereits 2008 in den Straßen Washingtons eine Koranverbrennung durchgeführt hat, jedoch von den Medien ignoriert wurde. In der Folge blieb die Gewalteskalation aus. Dies deutet erneut auf die Mitverantwortung der Medien für das Geschehen hin. Siehe: Knickerbocker, Brad (2010): »Florida Church May Not Burn Qurans, But Kansas Church Says It Will«. In: *The Christian Science Monitor* (10.09.2010). http://www.csmonitor.com/USA/Society/2010/0910/Florida-church-may-not-burn-Qurans-but-Kansas-church-says-it-will (abgerufen am 20.06.2017).

133 CNN (2010): »Lessons from the Whole Quran Episode«. In: *edition.cnn.com* (14.09.2010). http://edition.cnn.com/2010/OPINION/09/13/quran.case.roundup/index.html (abgerufen am 20.06.2017).

134 Zur Verbreitungsdynamik siehe im Detail: Myers, Steve (2011): »Florida Quran Burning, Afghanistan Violence Raise Questions about the Power of Media Blackouts«. In: *poynter.org* (06.04.2011). https://www.poynter.org/2011/florida-quran-burning-afghanistan-violence-raise-questions-about-the-power-of-media-blackouts/126878/ (abgerufen am 20.06.2017). Sowie: Myers, Steve (2011): »How the Quran Burning Story Skipped the U.S. as It Spread from Gainesville around the World«. In: *poynter.org* (07.04.2011). http://www.poynter.org/2011/how-the-quran-burning-story-skipped-the-u-s-as-it-spread-from-gainesville-around-the-world/126616/ (abgerufen am 19.06.2017).

135 Myers, Steve (2011): »Florida Quran Burning, Afghanistan Violence Raise Questions about the Power of Media Blackouts«. In: *poynter.org* (06.04.2011). https://www.poynter.org/2011/florida-quran-burning-afghanistan-violence-raise-questions-about-the-power-of-media-blackouts/126878/ (abgerufen am 20.06.2017).

136 Fetscher, Caroline (2011): »Was müssen wir wissen?«. In: *tagesspiegel.de* (27.04.2011). http://www.tagesspiegel.de/medien/interessant-heisst-nicht-relevant-was-muessen-wir-wissen/4105422.html (abgerufen am 19.06.2017).

137 Bercovici, Jeff (2011): »When Journalism 2.0 Kills«. In: *forbes.com* (07.04.2011). https://www.forbes.com/sites/jeffbercovici/2011/04/07/when-journalism-2-0-kills/#4d96a65f1f0a (abgerufen am 19.06.2017).

138 Zu diesem Fall siehe: Pörksen, Bernhard, Hanne Detel (2012): *Der entfesselte Skandal*. Das Ende der Kontrolle im digitalen Zeitalter. Köln: Herbert von Halem Verlag. S. 118ff.

139 Wang, Grace (2008): »The Old Man Who Lost His Horse«. In: *China Digital Times* (11.05.2008). http://chinadigitaltimes.net/2008/05/grace-wang-the-old-man-who-lost-his-horse-video-added/ (abgerufen am 26.08.2011).

140 Die Linguisten Peter Koch und Wulf Oesterreicher haben den Begriff der *konzeptionellen Mündlichkeit* geprägt. Gemeint ist, dass Art und Stil der Ein-

lassung – die sprunghafte, umgangssprachliche, eben nicht durchgeformte Formulierung – signalisiert, dass man situations- und momentbezogen spricht. In Analogie zur konzeptionellen Mündlichkeit und dem analysierten Fall könnte man von der *konzeptionellen Flüchtigkeit* von Äußerungen und Handlungen sprechen: Wang Qianyuan selbst glaubt, allein für den Moment in einer konkreten Situation zu agieren, faktisch werden jedoch ihre Äußerungen und Ad-hoc-Aktivitäten fixiert und einem größeren Publikum bekannt. Zum Hintergrund siehe: Koch, Peter, Wulf Oesterreicher (1985): »Sprache der Nähe – Sprache der Distanz. Mündlichkeit und Schriftlichkeit im Spannungsfeld von Sprachtheorie und Sprachgeschichte«. In: *Romanistisches Jahrbuch*. Bd. 36. S. 15–43.

141 Diese (für die Zwecke dieses Buches leicht variierte) Abbildung ist der Publikation von Bernhard Pörksen und Hanne Detel entnommen, in der auch der Begriff und die unterschiedlichen Formen der Kontextverletzung genauer bestimmt werden. Siehe: Pörksen, Bernhard, Hanne Detel (2012): *Der entfesselte Skandal*. Das Ende der Kontrolle im digitalen Zeitalter. Köln: Herbert von Halem Verlag. S. 234ff.

142 Glaser, Peter (2009): »Kulturelle Atomkraft«. In: *berliner-zeitung.de* (25.08.2009). http://www.berliner-zeitung.de/die-digitalisierung-zersetzt-alte-medienformen---ihre-atome-suchen-hitzig-nach-neuer-synthese-kulturelle-atomkraft-14979222 (abgerufen am 23.07.2017).

143 Dieser Abschnitt basiert auf folgenden Artikeln, die ich für dieses Buch erweitert habe: Pörksen, Bernhard (2016): »Klick! Mich! An!«. In: *Zeit Online* (13.09.2016). http://www.zeit.de/2016/35/online-medien-aufmerksamkeit-buzzfeed (abgerufen am 03.03.2017). Sowie: Pörksen, Bernhard (2016): »Die Erregungsindustrie der Viral-Plattformen«. In: *POP. Kultur und Kritik*. H. 9. S. 50–53.

144 Lobo, Sascha (2009): »Die bedrohte Elite. Frank Schirrmacher und der Kulturpessimismus. Eine Gegenrede«. In: *Der Spiegel*. H. 50. S. 143.

145 Battelle, John (2003): »The Database of Intentions«. In: *John Battelle's Searchblog* (13.11.2003). http://battellemedia.com/archives/2003/11/the_database_of_intentions.php (abgerufen am 12.06.2017).

146 Die Macht der Messsysteme belegt auch folgende mediensoziologische Untersuchung: Petre, Caitlin (2015): »The Traffic Factories: Metrics at Chartbeat, Gawker Media, and The New York Times«. In: *Tow Center for Digital Journalism* (07.05.2015). http://towcenter.org/research/traffic-factories/ (abgerufen am 23.02.2016).

147 Man muss gerechterweise ergänzen, dass *BuzzFeed* immer wieder auch vorzüglich recherchierte Enthüllungsgeschichten publiziert.

148 Zu diesem Fall siehe: Unbekannt (2014): »Die Umarmung, die die Welt seit Jahrzehnten rührt«. In: *welt.de* (25.08.2014). https://www.welt.de/vermischtes/article131576801/Die-Umarmung-die-die-Welt-seit-Jahrzehnten-ruehrt.html (abgerufen am 31.05.2017). Sowie: Williamson, Dianne (2013): »Twins Still Popular after All These Years«. In: *telegram.com* (17.02.2013). http://www.telegram.com/article/20130217/COLUMN01/102179821 (abgerufen am 31.05.2017).

149 Williamson, Dianne (2013): »Twins Still Popular after All These Years«. In: *telegram.com* (17.02.2013). http://www.telegram.com/article/20130217/COLUMN01/102179821 (abgerufen am 31.05.2017).

150 Die Viral- und Clickbaiting-Formeln einzelner Plattformen, die mit der Andeutung und der Verrätselung arbeiten, hat Jakob Steinschaden übersichtlich zusammengefasst, siehe: Steinschaden, Jakob (2016): »Anatomie des Clickbaiting: So ködern uns Upworthy, BuzzFeed und Co.«. In: *Netzpiloten Magazin* (21.04.2016). http://www.netzpiloten.de/anatomie-des-clickbaiting-koedern-uns-upworthy-buzzfeed-und-co/ (abgerufen am 23.02.2016).

151 Dass es tatsächlich primär emotionale Geschichten sind, die sich viral verbreiten, zeigt auch die Studie von Jonah Berger und Katherine L. Milkman; sie haben, basierend auf fast 7000 Artikeln, untersucht, welche Artikel es auf die »most emailed list« der *New York Times* geschafft haben. Auch hier dominieren Gefühle wie Wut, Freude, Angst. Siehe Berger, Jonah, Katherine L. Milkman (2012): »What Makes Online Content Viral?«. In: *Journal of Marketing Research*. 49. Jg. H. 2. S. 192–205.

152 Boyd, Danah (2009): »Streams of Content, Limited Attention: The Flow of Information through Social Media«. In: *danah.org* (17.11.2009). http://www.danah.org/papers/talks/Web2Expo.html (abgerufen am 12.06.2017).

153 Siehe u.a.: Unbekannt (2015): »Ein Jäger wird zur Hassfigur«. In: *Spiegel Online* (29.07.2015). http://www.spiegel.de/panorama/getoeteter-loewe-in-simbabwe-us-jaeger-wird-zur-hassfigur-a-1045805.html (abgerufen am 31.05.2017).

154 Siehe: Hertreiter, Laura (2015): »Hetzjagd auf den Löwenjäger«. In: *SZ.de* (29.07.2015). http://www.sueddeutsche.de/panorama/nach-tod-von-cecil-hetzjagd-auf-den-loewenjaeger-1.2587541 (abgerufen am 31.05.2017). Der Originalartikel des Mordaufrufes ist nach wie vor verfügbar: Morgan, Piers (2015): »I'd Love to Go Hunting One Day with Dr Walter Palmer the Killer Dentist … So I Can Stuff and Mount Him for MY Office Wall«. In: *Mail Online* (28.07.2015). http://www.dailymail.co.uk/news/article-3177611/PIERS-MORGAN-d-love-hunting-one-day-Dr-Walter-Palmer-killer-dentist-stuff-mount-office.html (abgerufen am 19.06.2017).

155 Maramba, Joseph (2015): »Wer bitte ist Cecil?«. In: *Zeit Online* (07.08.2015). http://www.zeit.de/kultur/2015-08/cecil-loewe-simbabwe-afrika/komplettansicht (abgerufen am 31.05.2017).

156 Ebd.

157 McLuhan, Marshall (2011): »Medien verstehen – die Ausweitungen des Menschen«. In: Baltes, Martin, Rainer Höltschl (Hg.): *Marshall McLuhan*. Freiburg: orange-press. S. 156.

158 Zum Folgenden siehe auch: Pörksen, Bernhard (2014): »Tanz um den Redwood«. In: *tagesspiegel.de* (20.06.2014). http://www.tagesspiegel.de/medien/digitale-welt/tamagotchi-gefuehle-tanz-um-den-redwood/10077354.html (abgerufen am 06.03.2017).

159 Siehe: Rushkoff, Douglas (2014): *Present Shock*. Wenn alles jetzt passiert. Freiburg: orange-press. Sowie: Rheingold, Howard (2012): *Net Smart*. How to Thrive Online. Cambridge, London: The MIT Press.

160 Minkmar, Nils (2016): »Gereiztes Land: Kurz vorm Durchdrehen« (22.02.2016). http://www.spiegel.de/kultur/gesellschaft/fluechtlingskrise-deutschland-ist-kurz-vorm-durchdrehen-a-1078368.html (abgerufen am 15.07.2016).

161 Safranski, Rüdiger (2003): *Wieviel Globalisierung verträgt der Mensch?* München: Carl Hanser Verlag. S. 78f.

162 Ebd., S. 82f.

163 Strauß, Botho (2013): »Der Plurimi-Faktor. Anmerkungen zum Außenseiter«. In: *Der Spiegel*. H. 31. S. 108ff. (Hervorhebung im Original).

164 In eine ähnliche Richtung zielt mein Vorschlag einer *Skandaldidaktik*, siehe: Pörksen, Bernhard (2010): »Skandal!«. In: *Chrismon* (28.05.2010). http://chrismon.evangelisch.de/artikel/2010/bernhard-poerksen-skandal-4318 (abgerufen am 08.04.2017).

5 Die Reputationskrise – oder die Allgegenwart des Skandals

165 Die Rekonstruktion basiert primär auf folgenden Quellen: McGrath, Ben (2006): »Aleksey the Great«. In: *newyorker.com* (23.10.2006). http://www.newyorker.com/magazine/2006/10/23/aleksey-the-great (abgerufen am 24.07.2017). Des Weiteren: Pasternack, Alex (2013): »Aleksey Vayner, Whose Tale the Internet Mocked, Has Died at 29«. In: *Vice* – Motherboard Blog (24.01.2013). https://motherboard.vice.com/en_us/article/pgg8vb/aleksey-vayner-death-video (abgerufen am 24.07.2017). Sowie: Trotter, J. K. (2013): »Aleksey Vayner Reported Dead in New York«. In: *IvyGate* (23.01.2017). https://www.ivygateblog.com/2013/01/aleksey-vayner-reported-dead-in-new-york/ (abgerufen am 23.01.2017). Sowie: Unbekannt (2013): »›Do Not, Anyone, Sell This Idiot ANY Pills!‹ The Desperate Last Messages to Former Yale Student Infamous for ›Impossible Is Nothing‹ Résumé Who Is Reportedly ›Dead at Age 29 from an Overdose‹«. In: *Mail Online* (24.01.2013). http://www.dailymail.co.uk/news/article-2267861/Aleksey-Vayner-Impossible-Nothing-r-sum-star-dead-overdose.html (abgerufen am 25.07.2017).

166 Gross, Johannes (1965): »Phänomenologie des Skandals«. In: *Merkur*. 19. Jg. H. 205. S. 400.

167 Schütze, Christian (1985): *Skandal*. Eine Psychologie des Unerhörten. Bern, München: Scherz Verlag. S. 326.

168 Hondrich, Karl Otto (2002): *Enthüllung und Entrüstung*. Eine Phänomenologie des politischen Skandals. Frankfurt am Main: Suhrkamp Verlag. S. 40.

169 Als Hintergrundliteratur zu diesem Kapitel möchte ich auf folgende Arbeiten verweisen: Bergmann, Jens, Bernhard Pörksen (2009) (Hg.): *Skandal!* Die Macht öffentlicher Empörung. Köln: Herbert von Halem Verlag. Pörksen, Bernhard, Hanne Detel (2012): *Der entfesselte Skandal*. Das Ende der Kontrolle im digitalen Zeitalter. Köln: Herbert von Halem Verlag. Sowie: Trinkner, Kati (2016): *Netzopfer*. Das Individuum im Fokus digitaler Öffentlichkeit. Unveröffentlichte Masterarbeit. Eberhard Karls Universität Tübingen.

170 Zur Geschichte von Justine Sacco siehe: Biddle, Sam (2014): »Justine Sacco Is Good at Her Job, and How I Came To Peace with Her«. In: *Gawker* (20.12.2014). http://gawker.com/justine-sacco-is-good-at-her-job-and-how-i-came-to-pea-1653022326 (abgerufen am 24.07.2017). Des Weiteren: Trinkner, Kati (2016): *Netzopfer*. Das Individuum im Fokus digitaler Öffentlichkeit. Unveröffentlichte Masterarbeit. Eberhard Karls Universität Tübingen. Sowie: Ronson, Jon (2016): *In Shitgewittern*. Wie wir uns das Leben zur Hölle machen. Stuttgart: Tropen Verlag.

171 Zum Begriff des prominenten Vermittlers siehe: Pörksen, Bernhard, Hanne Detel (2012): *Der entfesselte Skandal*. Das Ende der Kontrolle im digitalen Zeitalter. Köln: Herbert von Halem Verlag. S. 140. Sowie: Gladwell, Malcolm (2002): *Tipping Point*. Wie kleine Dinge Großes bewirken können. 4. Aufl. München: Goldmann. S. 47ff.

172 Für die Detailrekonstruktion sei erneut auf folgendes Buch verwiesen: Ronson, Jon (2016): *In Shitgewittern*. Wie wir uns das Leben zur Hölle machen. Stuttgart: Tropen Verlag. S. 74ff.

173 Biddle, Sam (2014): »Justine Sacco Is Good at Her Job, and How I Came To Peace with Her«. In: *Gawker* (20.12.2014). http://gawker.com/justine-sacco-is-good-at-her-job-and-how-i-came-to-pea-1653022326 (abgerufen am 20.07.2017).

174 Siehe hierzu auch die Geschichte des Nobelpreisträgers Tim Hunt, der wegen angeblich sexistischer Ausfälle angegriffen wurde. Pörksen, Bernhard (2015): »Der digitale Pranger. Reputationsverluste in der Empörungsdemokratie der Gegenwart«. In: *Forschung & Lehre*. 22. Jg. H. 10. S. 808–809.

175 Aber es ist, wie für ein Konnektiv typisch, nicht nur Zustimmung möglich. Denkbar ist es auch, den Hashtag mit Eigeninteresse zu kapern. Paradebeispiel des sogenannten *Hashtag-Hijacking* ist in diesem Fall u.a. die Firma Gogo, die Wi-Fi-Empfang während eines Fluges anbietet. »Bevor du das nächste Mal vor Abflug etwas Dämliches tweetest«, so schreibt man, »achte darauf, dass Du in einem @Gogo-Flieger sitzt! CC: @Justine Sacco.«

176 Solove, Daniel J. (2007): *The Future of Reputation*. Gossip, Rumor, and Privacy on the Internet. New Haven, London: Yale University Press. S. 37.

177 Zitiert nach: Ronson, Jon (2016): *In Shitgewittern*. Wie wir uns das Leben zur Hölle machen. Stuttgart: Tropen Verlag. S. 294.

178 Hitzler, Ronald (1987): »Skandal: Karrierebremse oder Karrierevehikel? Inszenierungsprobleme Bonner Parlamentarier«. In: *Sozialwissenschaftliche Informationen*. 16. Jg. H. 1. S. 24.

179 Sloterdijk, Peter (2007): »Am Medienhimmel. Ein Gespräch mit Jana Kühle und Sugárka Sielaff«. In: Bergmann, Jens, Bernhard Pörksen (Hg.): *Medienmenschen*. Wie man Wirklichkeit inszeniert. Münster: Solibro. S. 273.

180 Zahlreiche Beispiele finden sich in folgendem Buch: Jacquet, Jennifer (2015): *Scham*. Die politische Kraft eines unterschätzten Gefühls. Frankfurt am Main: Fischer. Siehe insbesondere S. 137ff.

181 Die Fallanalyse basiert auf folgenden Quellen, die durch Recherchen der Vorfälle um Lindsey Stone im Netz ergänzt wurden. D'Amato, Pete (2015): »Non-Profit

Worker Who Provoked Fury with Disrespectful Arlington Photo Tells How She Lost Her Job, Can't Date and Now Lives in Fear«. In: *Mail Online* (23.02.2015). http://www.dailymail.co.uk/news/article-2964489/I-really-obsessed-reading-Woman-fired-photo-giving-middle-finger-Arlington-National-Cemetery-says-finally-Google-without-fear.html (abgerufen am 24.07.2017). Des Weiteren: Trinkner, Kati (2016): *Netzopfer*. Das Individuum im Fokus digitaler Öffentlichkeit. Unveröffentlichte Masterarbeit. Eberhard Karls Universität Tübingen, siehe insbesondere S. 50ff. Sowie: Ronson, Jon (2016): *In Shitgewittern*. Wie wir uns das Leben zur Hölle machen. Stuttgart: Tropen Verlag. S. 215ff.

182 Zitiert nach: D'Amato, Pete (2015): »Non-Profit Worker Who Provoked Fury with Disrespectful Arlington Photo Tells How She Lost Her Job, Can't Date and Now Lives in Fear«. In: *Mail Online* (23.02.2015). http://www.dailymail.co.uk/news/article-2964489/I-really-obsessed-reading-Woman-fired-photo-giving-middle-finger-Arlington-National-Cemetery-says-finally-Google-without-fear.html (abgerufen am 24.07.2017).

183 Stone, Lindsey, Jamie Schuh (2012): »Lindsey Stone and Jamie Schuh's Statement about Arlington Photo«. In: *WMUR-TV* (21.11.2012). http://www.wmur.com/article/lindsey-stone-and-jamie-schuh-s-statement-about-arlington-photo/5177904 (abgerufen am 24.07.2017).

184 Ronson, Jon (2016): *In Shitgewittern*. Wie wir uns das Leben zur Hölle machen. Stuttgart: Tropen Verlag. S. 282.

185 Jon Ronson war nicht gewillt, die Folgen seines Experiments zu diskutieren.

186 Die mögliche Rufschädigung durch das Autocomplete-System von Google, das womöglich – kaum sucht man nach einem Namen – Zusatz-Vorschläge macht (unter Umständen: »Escort«, »Satanist«, »Vergewaltiger«), hat Evgeny Morozov kenntnisreich beschrieben. Siehe: Morozov, Evgeny (2013): *Smarte neue Welt*. Digitale Technik und die Freiheit des Menschen. München: Karl Blessing Verlag. S. 241ff.

187 Seemann, Michael (2014): *Das neue Spiel*. Strategien für die Welt nach dem digitalen Kontrollverlust. Freiburg: orange-press. S. 38.

188 Zitiert nach: Ebd. S. 17.

189 Seemann, Michael (2011): »Vom Kontrollverlust zur Filtersouveränität«. In: *Carta* (06.04.2011). http://carta.info/39625/vom-kontrollverlust-zur-filtersouveranitat/comment-page-1/ (abgerufen am 30.05.2011).

190 Dass auch Digitalexperten – Whistleblower, Wikileaks-Protagonisten, IT-Spezialisten – nicht gegen den Kontrollverlust gefeit sind, wird immer wieder deutlich. Nur ein einziges kurioses Beispiel: John McAfee, reich gewordener Erfinder einer Antivirus-Software, wurde im Jahr 2012 in einem Mordfall gesucht. McAfee ließ sich im Verlauf seiner Flucht von Journalisten des Magazins *Vice*, die ihn begleiteten, mit einem iPhone fotografieren. Als das Bild auf einer Website gepostet wurde, konnte man über die Metadaten in der Bilddatei des eingebauten GPS-Empfängers rekonstruieren, an welchem Ort in Guatemala die Aufnahme entstand. Zu diesem Fall siehe: Fuest, Benedikt (2012): »McAfee nach absurder Jagd in Guatemala gestellt«. In: *welt.de* (06.12.2012).

https://www.welt.de/vermischtes/weltgeschehen/article111867155/McAfee-nach-absurder-Jagd-in-Guatemala-gestellt.html (abgerufen am 10.07.2017). Zum Begriff der Möglichkeitsblindheit siehe umfassender: Pörksen, Bernhard, Hanne Detel (2012): *Der entfesselte Skandal.* Das Ende der Kontrolle im digitalen Zeitalter. Köln: Herbert von Halem Verlag. S. 234.

191 Zur strategischen Benutzung von Leaks in Wahlkämpfen und zur Macht von Desinformation auf der politischen Weltbühne siehe: Rosenbach, Marcel (2017): »Krieg mit den Leaks«. In: *Der Spiegel.* H. 3. S. 30–31.

192 Die wachsende Bedeutung des Image- und Reputationsmanagements illustriert beispielsweise die Befragung von Kommunikationsverantwortlichen aus Nordamerika, Europa, Asia Pacific und Lateinamerika, die allerdings schon deshalb mit einer gewissen Vorsicht zu genießen ist, weil sie von einer PR-Agentur und einer Unternehmens- und Personalberatung stammt. PR-Agenturen lieben es, die Bedeutung und Unverzichtbarkeit der PR zu betonen. Eine Zusammenfassung der zentralen Ergebnisse findet sich in folgendem Pressetext: Weber Shandwick (2016): »Studie Rising CCO: Digitale Kommunikation und Mitarbeiter-Engagement sind Top Prioritäten von CCOs«. In: *webershandwick.de* (10.10.2016). http://webershandwick.de/press_release/rising-cco-vi-studie/ (abgerufen am 24.07.2017).

193 Greenslade, Roy (2014): »PRs Outnumber Journalist in the US by a Ratio of 4,6 to 1«. In: *theguardian.com* (14.04.2014). https://www.theguardian.com/media/greenslade/2014/apr/14/marketingandpr-usa (abgerufen am 20.02.2017).

194 Die Formen der Beeinflussung, die beispielsweise angewendet werden, um das Negativimage von Ruanda, Sri Lanka, Saudi-Arabien oder Kasachstan aufzupolieren, werden in folgendem Artikel beschrieben: Booth, Robert (2010): »Does This Picture Make You Think of Rwanda?«. In: *theguardian.com* (03.08.2010). https://www.theguardian.com/media/2010/aug/03/london-pr-rwanda-saudi-arabia (abgerufen am 24.07.2017).

195 Kurz, Constanze (2010): »Wenn die Zensur reichlich alt aussieht«. In: *FAZ.net* (20.08.2010). http://www.faz.net/aktuell/feuilleton/debatten/digitales-denken/aus-dem-maschinenraum-14-wenn-die-zensur-reichlich-alt-aussieht-11027346.html (abgerufen am 30.08.2011).

196 Siehe exemplarisch: Watzlawick, Paul (1994): »Bausteine ideologischer ›Wirklichkeiten‹«. In: Watzlawick, Paul (Hg.): *Die erfundene Wirklichkeit.* Wie wissen wir, was wir zu wissen glauben? Beiträge zum Konstruktivismus. 8. Aufl. München, Zürich: Piper. S. 221ff.

197 Zu diesem Fall siehe im Detail: Pörksen, Bernhard (2014): »Seht her, die nackte Seele!«. In: *Die Zeit.* Nr. 11. S. 52.

198 Die Zitate und Einschätzungen entnehme ich folgendem Artikel: Viner, Katharine (2016): »Die Wahrheit in Zeiten des Internets«. In: *freitag.de* (28.09.2016). https://www.freitag.de/autoren/the-guardian/die-wahrheit-in-zeiten-des-internets (abgerufen am 20.09.2016).

199 Smith, Ben (2017): »Why BuzzFeed News Published the Dossier«. In: *NYTimes.com* (23.01.2017). https://www.nytimes.com/2017/01/23/opinion/why-buzzfeed-news-published-the-dossier.html?_r=0 (abgerufen am 08.02.2017).

200 Michal, Wolfgang (2012): »Der Bobby-Car-Effekt«. In: *freitag.de* (29.03.2012). https://www.freitag.de/autoren/der-freitag/der-bobby-car-effekt (abgerufen am 20.09.2016).

201 Hondrich, Karl Otto (2002): *Enthüllung und Entrüstung.* Eine Phänomenologie des politischen Skandals. Frankfurt am Main: Suhrkamp Verlag. S. 72.

202 Zitiert nach: Michal, Wolfgang (2012): »Der Bobby-Car-Effekt«. In: *freitag.de* (29.03.2012). https://www.freitag.de/autoren/der-freitag/der-bobby-car-effekt (abgerufen am 20.09.2016).

203 Kepplinger, Hans Mathias (2005): *Die Mechanismen der Skandalierung.* Die Macht der Medien und die Möglichkeiten der Betroffenen. 2., aktual. Aufl. München: Olzog. S. 86f.

204 Ebd. S. 156.

205 Die Reaktionen auf Skandalisierungsprozesse erinnern an die Reaktionen von Todkranken auf ihre Diagnose, die die Psychiaterin Elisabeth Kübler-Ross in Form eines Phasenmodells beschrieben hat: Am Anfang stehen Leugnung und Zorn, es folgen Abwehr, Verhandlungsversuche und Depressionen, schließlich die Akzeptanz des Unvermeidlichen. (Diese letzte Phase ist bei Skandalisierungsopfern jedoch keineswegs die Regel; die Schmach der öffentlichen Attacke bleibt zumeist schmerzhaft, und es gelingt den Betroffenen nur selten, mit der Situation ihren Frieden zu machen.)

206 Siehe zu diesem Einwand auch: Leyendecker, Hans (2009): »Der Rechercheur. Ein Gespräch mit Sarah-Lynn Paetzel und Florian Diekmann«. In: Bergmann, Jens, Bernhard Pörksen (Hg.): *Skandal!* Die Macht öffentlicher Empörung. Köln: Herbert von Halem Verlag. S. 211.

207 Siehe exemplarisch auch die vergleichsweise aktuelle Veröffentlichung von Thomas Meyer, der aus der Perspektive eines erbosten Linken argumentiert, aber ebenso den Denkschemata der Negativisten (strikte Gatekeeperorientierung, Manipulations- und Kampagnenthesen, die primär pessimistische Beurteilung von Skandalisierungsprozessen) verhaftet ist: Meyer, Thomas (2015): *Die Unbelangbaren.* Wie politische Journalisten mitregieren. Berlin: Suhrkamp Verlag.

6 Die konkrete Utopie der redaktionellen Gesellschaft

208 Die Darstellung des Falles stützt sich auf die folgenden Artikel: Satter, Raphael (2012): »AP Exclusive: Witness to Paris Officer's Death Regrets Video«. In: *apnews.com* (11.01.2015). https://www.apnews.com/5e1ee93021b941629186882f03f1bb79 (abgerufen am 28.08.2017). Sowie: Altrogge, Georg (2015): »Charlie Hebdo und die Medienmoral: Darf man ein Exekutionsvideo zeigen?«. In: *meedia.de* (08.01.2015). http://meedia.de/2015/01/08/charlie-hebdo-und-die-medienmoral-darf-man-ein-exekutions-video-zeigen/ (abgerufen am 21.08.2017). Zu dieser Schlüsselszene und zu den folgenden Überlegungen siehe auch: Pörksen, Bernhard (2015): »Pöbeleien im Netz ersticken Debatten.

Wir brauchen endlich Regeln!«. In: *Zeit Online* (09.07.2015). http://www.zeit.de/2015/26/journalisten-medien-verantwortung-debatten-regeln (abgerufen am 03.03.2017).

209 Karig, Friedemann (2015): »Terrorbilder im Netz: Teile und herrsche« (10.02.2015). https://krautreporter.de/384--terrorbilder-im-netz-teile-und-herrsche (abgerufen am 12.05.2015).

210 Habermas, Jürgen (2016): *Theorie des kommunikativen Handelns.* Band 1. *Handlungsrationalität und gesellschaftliche Rationalisierung.* 10. Aufl. Frankfurt am Main: Suhrkamp Verlag. S. 52f.

211 Siehe hierzu kritisch: Sarcinelli, Ulrich (2002): »Medienkompetenz in der politischen Bildung«. In: *bpb.de* (26.05.2002). http://www.bpb.de/apuz/25559/medienkompetenz-in-der-politischen-bildung?p=all (abgerufen am 19.07.2017).

212 Siehe hierzu: Arndt, Adolf (1966): »Die Rolle der Massenmedien in der Demokratie«. In: Löffler, Martin (Hg.): Die Rolle der Massenmedien in der Demokratie. München, Berlin: Beck. S. 1.

213 Der Begriff der redaktionellen Gesellschaft stammt von dem Medienwissenschaftler John Hartley, der ihn jedoch auf denkbar naive Weise verwendet. Er meint, dass die Tatsache, dass jeder publizieren kann, auch jeden Menschen gleichsam automatisch in einen Journalisten verwandele. Er glaubt, die redaktionelle Gesellschaft sei schon da, und vertritt eine Vorstellung von Journalismus, die diesen aus jeder normativen und professionellen Einbettung löst, letztlich auch keine Unterscheidung von Journalismus, PR, Werbung und Propaganda erlaubt und tradierte Grenzziehungen ignoriert. Veröffentlichen heißt für ihn letztlich: journalistisch publizieren. Ich greife den Begriff von Hartley hier auf, jedoch mit entschieden anderer Zielrichtung. Ich betrachte die redaktionelle Gesellschaft als konkrete Utopie, dies auf der Grundlage einer normativen Vorstellung von gutem Journalismus. Zur Unterschiedlichkeit der Konzepte siehe: Hartley, John (2000): »Communicative Democracy in a Redactional Society: The Future of Journalism Studies«. In: *Journalism.* 1. Jg. H. 1. S. 39–48. Zur Kritik von Hartley siehe auch: Neuberger, Christoph (2004): »Konkurrenz oder Ergänzung zum professionellen Journalismus? Teil II«. In: *politik-digital.de* (24.10.2004). http://politik-digital.de/themen/zehn-jahre-online-journalismus/netzkulturneuberger_konkurrenz2-shtml-2791/ (abgerufen am 12.09.2016).

214 Solche vergleichende Analysen, die einen länderübergreifenden Wertekonsens zeigen, hat Claudia Paganini in ihrer noch unveröffentlichten Habilitationsschrift mit großer Genauigkeit erarbeitet.

215 Zum Verhältnis von Erkenntnistheorie und Journalismus siehe insgesamt: Pörksen, Bernhard (2015): *Die Beobachtung des Beobachters.* Eine Erkenntnistheorie der Journalistik. Heidelberg: Carl-Auer Verlag.

216 Pöttker, Horst (2008): »Öffentlichkeit als Sisyphusarbeit. Über unlösbare Widersprüche des Journalismus«. In: Pörksen, Bernhard, Wiebke Loosen, Armin Scholl (Hg.): Paradoxien des Journalismus. Theorie – Empirie – Praxis. Wiesbaden: VS Verlag für Sozialwissenschaften. S. 69.

217 Pöttker, Horst (2017): »Wahrheit und Wahrhaftigkeit. Grundbegriffe der Kommunikations- und Medienethik (Teil 7)«. In: *Communicatio Socialis.* 50. Jg. H. 1. S. 88 (Hervorhebung im Original).

218 Lippmann, Walter (1964): *Die öffentliche Meinung.* München: Rütten + Loening Verlag. S. 63.

219 Kovach, Bill, Tom Rosenstiel (2014): *The Elements of Journalism.* What Newspeople Should Know and the Public Should Expect. 3., überarb. u. aktual. Aufl. New York: Three Rivers Press. S. 128.

220 Zu diesem Begriff und zum Folgenden siehe auch: Pörksen, Bernhard (2016): »Die postfaktische Universität«. In: *Zeit Online* (29.12.2016). http://www.zeit.de/2016/52/wissenschaft-postfaktisch-rationalitaet-ohnmacht-universitaeten (abgerufen am 07.03.2017).

221 Zitiert nach: Garton Ash, Timothy (2016): *Redefreiheit.* Prinzipien für eine vernetzte Welt. München: Carl Hanser Verlag. S. 149.

222 Schultz, Tanjev (2016): »›I'm a serious reporter‹. Profi- und Amateurjournalismus im Lichte deliberativer Demokratietheorie. Ein Zentrum-Peripherie-Modell«. In: *Medien Journal.* 40. Jg. H. 2. S. 61.

223 Siehe hierzu: Schwan, Gesine (2006): »Was anders werden muss in der Bildung«. In: *Tempo.* Jubiläumsausgabe 20 Jahre Tempo. S. 356.

224 Zur Unterscheidung von *Verstehen, Verständnis* und *Einverständnis* siehe grundlegend: Schulz von Thun, Friedemann (2010): »Verstehen – Verständnis – Einverständnis«. In: Schulz von Thun, Friedemann, Dagmar Kumbier (Hg.): *Impulse für Kommunikation im Alltag.* Kommunikationspsychologische Miniaturen 3. Reinbek bei Hamburg: Rowohlt. S. 13–39.

225 Zu den kommunikativen Vorbedingungen des demokratischen Miteinanders siehe auch: Müller, Henrik (2016): »Die Donald Trumps sind überall«. In: *Spiegel Online*; http://www.spiegel.de/wirtschaft/soziales/populismus-die-donald-trumps-sind-ueberall-muellers-memo-a-1074896.html (abgerufen am 07.06.2016).

226 Kovach, Bill, Tom Rosenstiel (2014): *The Elements of Journalism.* What Newspeople Should Know and the Public Should Expect. 3., überarb. u. aktual. Aufl. New York: Three Rivers Press. S. 242f.

227 Zum Folgenden siehe: Krainer, Larissa (2001): *Medien und Ethik.* Zur Organisation medienethischer Entscheidungsprozesse. München: kopaed Verlag. Sowie: Pörksen, Bernhard (2008): »Schule des Sehens. Aporien und Paradoxien des Journalismus als zentrale Elemente einer Fachdidaktik«. In: Pörksen, Bernhard, Wiebke Loosen, Armin Scholl (Hg.): *Paradoxien des Journalismus.* Theorie – Empirie – Praxis. Wiesbaden: VS Verlag für Sozialwissenschaften. S. 663–678.

228 Zur Geschwindigkeits-Genauigkeitsparadoxie siehe: Wegner, Jochen (2016): »Die fünf Paradoxien der Livemedien und der Mythos des Oknos«. In: *Zeit Online* (25.07.2016). http://www.zeit.de/gesellschaft/2016-07/online-journalismus-medien-amoklauf-muenchen (abgerufen am 11.08.2016).

229 Garton Ash, Timothy (2016): *Redefreiheit.* Prinzipien für eine vernetzte Welt. München: Carl Hanser Verlag. S. 306 (Hervorhebung im Original).

230 In diese Richtung argumentiert beispielsweise Wolfgang Michal in einem ausgewogenen Essay, der das Konzept einer bürgernahen Journalistenschule in der redaktionellen Gesellschaft kritisch analysiert. Siehe: Michal, Wolfgang (2017): »Journalisten als Lehrer der Nation?«. In: *wolfgangmichal.de* (17.01.2017). http://www.wolfgangmichal.de/2017/01/journalisten-als-lehrer-der-nation/ (abgerufen am 14.06.2017).

231 Kovach, Bill, Tom Rosenstiel (2014): *The Elements of Journalism*. What Newspeople Should Know and the Public Should Expect. 3., überarb. u. aktual. Aufl. New York: Three Rivers Press. S. 289ff.

232 Das Konzept eines Schulfaches habe ich in einem früheren Essay skizziert, die entsprechenden Überlegungen wurden für die Zwecke dieses Buch erweitert. Siehe: Pörksen, Bernhard (2016): »Wir lernen Netz«. In: *Zeit Online* (03.03.2016). http://www.zeit.de/2016/09/digitalisierung-soziale-netzwerke-ueberwachung-mediennutzung-schulfach (abgerufen am 07.03.2017).

233 Diese medienökologische Perspektive diskutiert Neil Postman in folgendem Beitrag: Postman, Neil (1992): *Das Technopol*. Die Macht der Technologien und die Entmündigung der Gesellschaft. Frankfurt am Main: Fischer. S. 26f.

234 Bemerkenswert ist, dass schon Walter Lippmann in seinem Buch *Public Opinion* in eine ähnliche Richtung denkt und »das Studium des Irrtums« als »eine anregende Einführung ins Studium der Wahrheit« empfiehlt. »In dem Maße, wie unser Geist immer stärker seines eigenen Subjektivismus bewusst wird«, so schreibt er, »finden wir an der objektiven Methode ein Wohlgefallen, das sonst dort nicht herrscht.« Lippmann, Walter (1964): *Die öffentliche Meinung*. München: Rütten + Loening Verlag, S. 276.

235 Morin, Edgar (2001): *Seven Complex Lessons in Education for the Future*. Paris: UNESCO Publishing. S. 12.

236 Diesen Abschied vom Ideal der Belehrung habe ich in dem Buch *Die Beobachtung des Beobachters* im Blick auf die Pädagogik und Didaktik beschrieben; ich greife hier auf diese Überlegungen und einzelne Formulierungen zurück, siehe insbesondere: Pörksen, Bernhard (2015): *Die Beobachtung des Beobachters*. Eine Erkenntnistheorie der Journalistik. Heidelberg: Carl-Auer Verlag. S. 219ff.

237 Merkmale einer dialogischen Haltung beschreiben Kenneth N. Cissna und Rob Anderson in folgendem Buch: Cissna, Kenneth N., Rob Anderson (2002): *Moments of Meeting*. Buber, Rogers, and the Potential for Public Dialogue. Albany: State University of New York Press. Siehe insbesondere S. 9ff.

238 Der dialogische Journalismus ist dem ähnlich, was der einstige *Guardian*-Chefredakteur Alan Rusbridger *open journalism* genannt hat. Gemeinsam ist beiden Berichterstattungsmustern ein anderes Verhältnis zum Publikum; ich betrachte die Dialogorientierung jedoch als einen umfassenderen, ganzheitlicheren Ansatz. *Open journalism* scheint mir zu sehr auf Recherchebeiträge und Hilfsdienste der Leser fokussiert. Überdies ist guter Journalismus prinzipiell offen für Außenanregungen, sonst handelt es sich nicht um Journalismus, sondern um ideologisches Publizieren; insofern hat das Schlagwort etwas von einem Pleonasmus. Zu Rusbridgers Konzept und seinen vielfälti-

gen Anregungen siehe die folgenden Veröffentlichungen: Ellis, Justin (2012): »Alan Rusbridger on The Guardian's Open Journalism, Paywalls, and Why They're Pre-planning More of the Newspaper«. In: *niemanlab.org* (29.05.2012). http://www.niemanlab.org/2012/05/alan-rusbridger-on-the-guardians-open-journalism-paywalls-and-why-theyre-pre-planning-more-of-the-newspaper/ (abgerufen am 21.08.2017). Sowie: Unbekannt (2012): »Q&A with Alan Rusbridger: The Future of Open Journalism«. In: *theguardian.com* (25.03.2012). https://www.theguardian.com/commentisfree/2012/mar/25/alan-rusbridger-open-journalism (abgerufen am 21.08.2017).

239 Viner, Katharine (2015): »Der Aufstieg des Lesers«. In: *freitag.de* (26.03.2015). https://www.freitag.de/autoren/the-guardian/der-aufstieg-des-lesers (abgerufen am 05.10.2016).

240 Siehe erneut: Ebd.

241 Zur Unterscheidung von Souveränität erster und zweiter Ordnung siehe grundsätzlich: Pörksen, Bernhard, Friedemann Schulz von Thun (2014): *Kommunikation als Lebenskunst.* Heidelberg: Carl-Auer Verlag. S. 87f.

242 Zum Problem der mangelnden Diversität im Journalismus siehe grundsätzlich: Jones, Harrison (2016): »Journalism's Lack of Diversity Threatens Its Long-term Future«. In: *theguardian.com* (04.08.2016). https://www.theguardian.com/media/2016/aug/04/journalism-diversity-newspapers (abgerufen am 22.11.2016).

243 Den Begriff des *Gatereporting* hat die Medienwissenschaftlerin Hanne Detel erfunden, sie versteht ihn jedoch in einem enger gefassten Sinne, als ich dies tue – nämlich als Bezeichnung für reflektierende Berichte über Netzphänomene und Netzinteressantheiten. Nach meiner Auffassung ist es angebracht, diesen Begriff breiter und in strikter Analogie zum elementaren Prozess des *Gatekeeping* zu fassen, siehe hierzu auch meinen Essay, auf den ich hier zurückgreife: Pörksen, Bernhard (2016): »Die postfaktische Universität«. In: *Zeit Online* (29.12.2016). http://www.zeit.de/2016/52/wissenschaft-postfaktisch-rationalitaet-ohnmacht-universitaeten (abgerufen am 07.03.2017). Zur ursprünglichen Begriffsverwendung siehe: Detel, Hanne (2017): *Netzprominenz.* Entstehung, Erhaltung und Monetarisierung von Prominenz im digitalen Zeitalter. Köln: Herbert von Halem Verlag. S. 178f.

244 Zu entsprechenden Programmen siehe: Tückmantel, Ulli (2016): »Fakten und Fiktionen im Internetzeitalter: Lügen haben schnelle Beine«. In: *wz.de* (05.02.2016). http://www.wz.de/home/politik/fakten-und-fiktionen-im-internetzeitalter-luegen-haben-schnelle-beine-1.2116595 (abgerufen am 08.02.2017). Sowie: The News Literacy Project: *About.* Our Mission. http://www.thenewsliteracyproject.org/about/our-mission (abgerufen am 28.08.2017). Oder auch: Schraven, David (2017): »Reporterfabrik gegründet. Web-Akademie für Journalismus«. In: *correctiv.org* (15.01.2017). https://correctiv.org/blog/2017/01/15/reporterfabrik-gegruendet/ (abgerufen am 14.06.2017).

245 Zu dieser Diskussion siehe: Garton Ash, Timothy (2016): *Redefreiheit.* Prinzipien für eine vernetzte Welt. München: Carl Hanser Verlag. S. 459ff.

Inhaltsmoderation auf den Philippinen«. In: *netzpolitik.org* (27.04.2016). https://netzpolitik.org/2016/die-digitale-muellabfuhr-kommerzielle-inhaltsmoderation-auf-den-philippinen/ (abgerufen am 19.09.2016).

255 Denkbar ist, dass man beispielsweise zwischen unterschiedlichen Varianten der algorithmischen Strukturierung zu wählen vermag. »So könnte es möglich sein«, so schlagen Konrad Lischka und Christian Stöcker vor, »den eigenen News Feed von einem algorithmischen System ordnen zu lassen, das nur Verweise zu Nachrichtenquellen mit transparent definierten Mindestanforderungen anzeigt (denkbare Mindestanforderungen: Einhaltung des Trennungsgebots von Redaktion und Verlag, z.B. Impressum, Mitwirkung in Selbstregulierung usw.).« Lischka, Konrad, Christian Stöcker (2017): *Digitale Öffentlichkeit.* Wie algorithmische Prozesse den gesellschaftlichen Diskurs beeinflussen. Arbeitspapier. Gütersloh: Bertelsmann Stiftung. S. 26.

256 Es ist offensichtlich, dass Plattformen im Dialog mit dem Medienpublikum und anderen Stakeholdern – eben aufgrund ihres Zwitterstatus im Grenzbereich zwischen neutraler Vermittlung und redaktioneller Entscheidung – eigene Formen der Konkretisierung entwickeln müssen. So lässt sich beispielsweise das Prinzip der Wahrheitsorientierung nicht wie in einer journalistischen Redaktion umsetzen. Dies hieße nämlich: strenge Kontrolle der Inhalte *vor* der Publikation. Die besondere Herausforderung besteht darin, wie dies in Teilen bereits geschieht, Signale der Seriosität und der Informationsqualität zu etablieren, ohne in Richtung einer vorschnellen Bevormundung abzugleiten. Siehe hierzu: Müller von Blumencron, Mathias (2016): »Trennt Propaganda von Wahrheit!«. In: *faz.net* (05.02.2016). http://www.faz.net/aktuell/politik/inland/luegen-im-internet-spannen-ein-netz-der-verwirrung-14052436.html (abgerufen am 08.02.2016).S

246 Zu den Argumenten der Plattformbetreiber – und ihrer Widerlegung – siehe im Detail: Napoli, Philip M., Robyn Caplan (2017): »Why Media Companies Insist They're Not Media Companies, Why They're Wrong, and Why It Matters«. In: *First Monday*. 22. Jg. H. 5.

247 Zitiert nach: Garton Ash, Timothy (2016): *Redefreiheit*. Prinzipien für eine vernetzte Welt. München: Carl Hanser Verlag. S. 149.

248 Es ist aufschlussreich, dass ein Bewusstsein für den Einfluss von Algorithmen auf Seiten der User fehlt. Dies zeigen diverse Befragungen. So gaben mehr als 60 Prozent der befragten Facebook-Nutzer an, dass ihnen die Beiträge sämtlicher »Freunde« angezeigt würden. Andere waren irritiert über die enorme Zahl der Babyfotos, die sie zu sehen bekamen, und gelangten zu der Auffassung, junge Mütter würden das soziale Netzwerk gleichsam mit Säuglingsbildern fluten, was jedoch nicht stimmt. Diese Bilder wurden vom Facebook-Algorithmus bevorzugt, weil sie besonders viele Likes erhielten und besonders intensiv kommentiert wurden. Zu den verschiedenen Untersuchungen siehe: Lischka, Konrad, Christian Stöcker (2017): *Digitale Öffentlichkeit*. Wie algorithmische Prozesse den gesellschaftlichen Diskurs beeinflussen. Arbeitspapier. Gütersloh: Bertelsmann Stiftung. S. 14 sowie S. 59.

249 Die Analogie der getönten Brille verdanke ich Eli Pariser, siehe: Pariser, Eli (2012): *Filter Bubble*. Wie wir im Internet entmündigt werden. München: Carl Hanser Verlag. S. 18.

250 Zum Konzept der Filtersouveränität siehe: Seemann, Michael (2014): *Das neue Spiel*. Strategien für die Welt nach dem digitalen Kontrollverlust. Freiburg: orange-press. S. 193ff.

251 Der Versand von Textbausteinen ohne identifizierbare Ansprechpartner ist einem nur halbwegs ernsthaften Diskurs unwürdig.

252 Es ist z.B. weitgehend unbekannt, dass einzelne Beschwerdeführer (wie z.B. das britische Innenministerium) aufgrund der erfolgreichen Lobbyarbeit und des Drucks von Regierungen bei YouTube privilegiert behandelt und systematisch bevorzugt werden. Ihre Meldung anstößiger Inhalte wird schneller bearbeitet und führt in 90 Prozent der Fälle zur Löschung von Posts, so die Aussage einer Topmanagerin der Plattform. Zum Vergleich: Nur bei 30 Prozent der Normalbeschwerden kommt es zu einer Löschung. Siehe hierzu: Garton Ash, Timothy (2016): *Redefreiheit*. Prinzipien für eine vernetzte Welt. München: Carl Hanser Verlag. S. 365.

253 Im Umgang mit neonazistischen Gruppen positionieren sich unterschiedliche Plattformen (z.B. Airbnb, Google, PayPal) inzwischen sehr deutlich. Zu den einzelnen Maßnahmen siehe: Beuth, Patrick (2017): »Kein Netz für Nazis«. In: *Zeit Online* (17.08.2017). http://www.zeit.de/digital/internet/2017-08/daily-stormer-cloudflare-internet-infrastruktur-provider (abgerufen am 28.08.2017).

254 Das Outsourcing von derartigen Drecks- und Löscharbeiten – vornehm *Commercial Content Moderation* genannt – wird in folgendem Beitrag beschrieben: Reuter, Markus (2016): »Die digitale Müllabfuhr: Kommerzielle